入門
国際取引の法務

【付】英文国際契約書例

牛嶋 龍之介 著

発行 民事法研究会

はしがき

　「民事訴訟法及び民事保全法の一部を改正する法律」（平成23年法律第36号）が、2011年4月28日に可決され成立したことにより、国際倒産、国際仲裁、国際私法、国際裁判管轄という一連の民事司法の国際化のための法制の整備が完成しました。

　私は、日本弁護士連合会での法制審議会の委員のバックアップ活動を通じて、国際私法および国際裁判管轄の整備について、関与する機会を持つことができました。その活動の延長として、「自由と正義」（2010年5月号）の特集「国際法の理論と実務」の中に収録された拙稿「国際カルテル事件における外国購入者からの損害賠償請求訴訟と独禁法の域外適用」を読まれた民事法研究会から白羽の矢を立てていただいたのが、本書が生まれるきっかけになりました。

　公法、私法および手続法を縦断する国際取引の法務についての実務的な入門書、それも可能であれば、単独著書として刊行いただきたいとの依頼を受けて、逡巡しました。しかし、弁護士登録以来、中規模の法律事務所で、比較的幅広い分野の国際取引の法務を取り扱ってきた経験がありましたので、元来の楽天的な性格から引き受けてしまいました。

　国内の法律問題については、弁護士の実践的なガイドブックが数多く出版されていますが、国際取引については、類書が見当たりません。私も会員となっているAmerican Bar Association（ABA）では、国際法部会の中に地域・分野ごとの多くの委員会があって、米国外の弁護士も加わって活発に活動し、実践的なガイドブックを多く出版しています。また、International Chamber of Commerce（ICC）も、国際仲裁だけでなく、国際取引についても、モデル契約を含む実践的なガイドブックを多く出版しています。本書の執筆にあたっては、これらの出版物にも多くのインスピレーションを受けています。

はしがき

　本書は、実際に国際取引の法務に関与する企業法務担当者および弁護士が直面する問題について、契約実務、紛争解決その他の諸問題の観点からまとめたものです。私の所属する三宅・山崎法律事務所内での若手弁護士有志との勉強会も開催し、その際の意見も反映しています。

　本書は、基礎知識から実践へと架橋する入門書であって、さらに専門書によって問題を掘り下げてほしいと思います。少しでも多くの方に読んでいただき、日本の企業の国際化に微力ながら役立てば幸せです。

　最後に、幅広い実務の経験をする機会を与えてくださった三宅・山崎法律事務所の三宅能生弁護士に感謝の意を表します。また、民事法研究会の田口信義社長および担当者としてお世話いただいた南伸太郎氏に御礼申し上げます。

　2011年8月

牛嶋　龍之介

目　次

第1章　総　論

- I　国際取引の対象 …………………………………………2
- II　契約の意義 ……………………………………………2
- III　各国実質法、条約およびモデル法 ……………………3
  - 1　各国の実質法 ………………………………………3
  - 2　多国間条約 …………………………………………4
  - 3　モデル法に基づく立法 ……………………………5
- IV　絶対的強行法規等のコンプライアンス ………………6
  - 1　絶対的強行法規等の適用 …………………………6
  - 2　自国法および外国法のコンプライアンス ………6
- V　法廷地の国際私法および手続法 ………………………7
  - 1　法廷地の国際私法 …………………………………7
  - 2　法廷地の手続法 ……………………………………7
  - 3　仲裁合意 ……………………………………………8

第2章　国際取引の契約実務

- I　国際売買取引および国際投資取引 ……………………10
  - 1　直接売買 ……………………………………………10
    - (1)　総　論 …………………………………………10
    - (2)　取引条件 ………………………………………10

目　次

　　(3)　瑕疵担保責任・保証責任……………………………………………11
　　(4)　検査およびクレームの時期および方法 ………………………11
　　(5)　所有権移転時期 …………………………………………………12
　　(6)　支払方法 …………………………………………………………12
　　(7)　救済方法 …………………………………………………………12
　　(8)　準拠法および裁判管轄または仲裁 ……………………………13
　2　販売店契約、代理店契約およびフランチャイズ契約…………………13
　　(1)　総　論 ……………………………………………………………13
　　　〔図1〕販売店と代理店／14
　　　(ア)　販売店契約／14
　　　(イ)　代理店契約／14
　　　(ウ)　フランチャイズ契約／15
　　(2)　代理店保護法 ……………………………………………………16
　　(3)　独禁法 ……………………………………………………………16
　　(4)　販売店契約の主要条項 …………………………………………18
　　　(ア)　排他性／18
　　　(イ)　最低購入量／18
　　　(ウ)　商　品／18
　　　(エ)　販売地域──並行輸入／19
　　　(オ)　競争品の取扱制限／19
　　　(カ)　契約期間および終了／20
　　　(キ)　個別売買契約／21
　　　(ク)　知的財産権／21
　3　合弁契約……………………………………………………………………21
　　(1)　総　論 ……………………………………………………………21
　　(2)　契約交渉 …………………………………………………………22
　　(3)　合弁契約の主要条項 ……………………………………………23

　　　　(ア)　合弁契約および合弁会社設立の許認可／23

　　　　(イ)　合弁会社の形態／24

　　　　(ウ)　合弁会社のファイナンス／25

　　　　(エ)　合弁契約の終了／26

　　　　(オ)　合弁会社の株式譲渡／27

　　　　(カ)　合弁会社の経営およびデッドロック／28

　　　　(キ)　定款および関連契約／30

　4　M&A（株式取得および資産取得）……………………………………30

　　(1)　総　論……………………………………………………………………30

　　　　(ア)　資産取得／31

　　　　(イ)　株式取得／31

　　(2)　デュー・デリジェンス…………………………………………………32

　　(3)　株式取得契約……………………………………………………………33

　　(4)　資産取得契約……………………………………………………………34

Ⅱ　国際商業会議所（ICC）インコタームズ……………………36

　1　総　論…………………………………………………………………………36

　　(1)　定　義……………………………………………………………………36

　　(2)　インコタームズ2010年版………………………………………………36

　2　11の取引条件…………………………………………………………………38

　　　〔図2〕Incoterms 2000（売主から買主へ危険の移転）／38

　　(1)　工場渡し（EXW）………………………………………………………39

　　(2)　運送人渡し（FCA）……………………………………………………39

　　(3)　輸送費保険料込み（CIP）………………………………………………39

　　(4)　関税込持込渡し（DDP）…………………………………………………39

　　(5)　本船渡し（FOB）………………………………………………………40

　　(6)　運賃保険料込み（CIF）…………………………………………………40

　3　取扱範囲………………………………………………………………………41

目　次

　　4　特約による変型……………………………………………………41
Ⅲ　国際物品売買取引に関する国際連合条約（CISG）………………41
　1　総　論………………………………………………………………41
　2　適用範囲……………………………………………………………42
　　〔図3〕CISGの適用範囲／42
　3　主要な規定…………………………………………………………43
　　⑴　口頭契約………………………………………………………43
　　⑵　契約の成立……………………………………………………44
　　⑶　書式の争い……………………………………………………44
　　⑷　引渡しおよび危険の移転……………………………………45
　　⑸　売主の保証責任………………………………………………45
　　⑹　物品の検査およびクレームの提起期間……………………46
　　⑺　契約違反についての救済……………………………………46
　4　契約による適用の排除の適否および方法………………………47
Ⅳ　代金決済の方法………………………………………………………48
　1　支払方法……………………………………………………………48
　　⑴　オープン・アカウント………………………………………48
　　⑵　前払い…………………………………………………………49
　　⑶　荷為替手形……………………………………………………49
　　⑷　荷為替信用状…………………………………………………49
　　〔図4〕取消不能、確認、荷為替信用状取引の流れ／50
　2　通貨および為替リスクの管理……………………………………52
　　⑴　為替リスク管理の必要性……………………………………52
　　⑵　為替リスク管理の手法………………………………………52
　　　㋐　外国為替先物予約／52
　　　㋑　通貨先物取引／53
　　　㋒　通貨オプション／53

6

㈎　通貨スワップ／53

　3　与信管理および貿易保険……………………………………………54

　　⑴　与信管理システムの構築……………………………………………54

　　⑵　貿易保険の活用………………………………………………………54

第3章　国際取引をめぐる紛争の解決

Ⅰ　準拠法および絶対的強行法規等 …………………………………58

　1　準拠法……………………………………………………………………58

　　⑴　総　論…………………………………………………………………58

　　⑵　国・法域ごとの準則…………………………………………………58

　　⑶　法の適用に関する通則法……………………………………………59

　　⑷　準拠法条項……………………………………………………………60

　　　㈎　総　論／60

　　　㈑　訴訟の場合／60

　　　㈒　仲裁の場合／61

　2　絶対的強行法規等………………………………………………………61

　　⑴　絶対的強行法規………………………………………………………61

　　⑵　契約以外の法律関係…………………………………………………62

　　　㈎　物権等および債権の譲渡／62

　　　㈑　法　人／62

　　　㈒　知的財産権／63

　　⑶　公序則…………………………………………………………………63

Ⅱ　国際裁判管轄および国際仲裁合意 ………………………………64

　1　国際裁判管轄……………………………………………………………64

　　⑴　総　論…………………………………………………………………64

目　次

　　(2)　米国、EUのルール ……………………………………………64
　　(3)　日本のルール …………………………………………………66
　　　(ア)　民事訴訟法の規定／66
　　　(イ)　民事保全法の規定／67
　　(4)　条　約 …………………………………………………………67
　　(5)　管轄合意に関する実務上の留意点 …………………………67
　2　国際仲裁合意………………………………………………………68
　　(1)　総　論 …………………………………………………………68
　　　(ア)　国際仲裁機関の利用／69
　　　(イ)　仲裁法／69
　　　(ウ)　調停の活用／70
　　(2)　仲裁条項 ………………………………………………………70
　　　(ア)　合意すべき事項／70
　　　(イ)　仲裁の対象となる紛争／71
　　　(ウ)　仲裁地、仲裁機関および仲裁規則／71
　　　(エ)　仲裁合意の有効性／72
　　　(オ)　証拠調べの方法および弁護士費用の負担／72
　　　(カ)　紛争当事者の守秘義務／72
　　　(キ)　当事者選任仲裁人／73
　　　(ク)　和解への移行／73

Ⅲ　外国等に対する民事裁判権および国際投資協定仲裁………………74
　1　外国等に対する民事裁判権………………………………………74
　　(1)　総　論 …………………………………………………………74
　　(2)　米国、EUの状況 ……………………………………………75
　　(3)　日本の状況──外国等に対する我が国の民事裁判権に関する法律 ……75
　2　国際投資協定仲裁…………………………………………………76
　　(1)　総　論 …………………………………………………………76

(2)　国際投資協定仲裁の活用……………………………………76
Ⅳ　送達および証拠調べ………………………………………………78
　1　送　達………………………………………………………………78
　　(1)　送達に関する条約…………………………………………………78
　　(2)　送達に関する国際司法共助………………………………………78
　　　(ア)　概　要／78
　　　(イ)　訴訟実務上の留意点／79
　2　証拠調べ……………………………………………………………80
　　(1)　証拠調べに関する条約……………………………………………80
　　(2)　証拠調べに関する国際司法共助…………………………………80
　　　(ア)　概　要／80
　　　(イ)　訴訟実務上の留意点／81
　3　外国公文書の認証…………………………………………………82
Ⅴ　国際訴訟競合………………………………………………………84
　1　総　論………………………………………………………………84
　2　判　例………………………………………………………………85
　　(1)　規制消極説…………………………………………………………85
　　(2)　承認可能性予測説…………………………………………………85
　　(3)　利益衡量説…………………………………………………………86
　3　フォーラム・ノン・コンヴィニエンス…………………………87
　　(1)　概　要………………………………………………………………87
　　(2)　要　件………………………………………………………………88
　　(3)　訴訟実務上の留意点………………………………………………88
Ⅵ　外国判決および外国仲裁判断の承認・執行……………………89
　1　外国判決の承認・執行……………………………………………89
　　(1)　総　論………………………………………………………………89
　　(2)　要　件………………………………………………………………90

(ｱ)　法令または条約により外国裁判所の裁判権が認められること／90
　　　(ｲ)　敗訴の被告が訴訟の開始に必要な呼出しもしくは命令の送達（公示送達その他これに類する送達を除く）を受けたことまたはこれを受けなかったが応訴したこと／91
　　　(ｳ)　判決の内容および訴訟手続が日本における公の秩序または善良の風俗に違反しないこと／92
　　　(ｴ)　相互の保証があること／92
　　(3)　執行判決 ………………………………………………………93
　2　外国仲裁判断の承認・執行 ……………………………………94
Ⅶ　国際倒産 …………………………………………………………95
　1　倒産実体法の準拠法 ……………………………………………95
　2　国際倒産手続 ……………………………………………………95
　　(1)　総　論 …………………………………………………………95
　　(2)　日本の倒産手続の対外効 ……………………………………96
　　(3)　配当調整 ………………………………………………………97
　　(4)　国際倒産管轄 …………………………………………………98
　　(5)　外国倒産手続の承認援助手続 ………………………………99
　　(6)　国際並行倒産 ………………………………………………100

第4章　国際取引の法務を構成する諸問題

Ⅰ　国際取引と独禁法 ……………………………………………104
　1　総　論 ……………………………………………………………104
　　(1)　各国の独禁法 …………………………………………………104
　　　(ｱ)　独禁法の整備および執行 …………………………………104
　　　(ｲ)　日本の独禁法 ………………………………………………105

　　　　㈦　米国の独禁法……………………………………………………105
　　　　㈢　EUの独禁法 …………………………………………………107
　　⑵　独禁法の域外適用 ……………………………………………………108
　　⑶　WTOの競争政策協定 ………………………………………………109
　2　競争制限的協定に対する規制 ……………………………………………109
　　〔図5〕水平的取引制限／110
　　〔図6〕垂直的取引制限／110
　　⑴　日本での規制 …………………………………………………………110
　　⑵　米国での規制 …………………………………………………………110
　　⑶　EUでの規制 …………………………………………………………111
　3　合弁の独禁法問題 …………………………………………………………113
　　⑴　日本での規制 …………………………………………………………113
　　⑵　米国での規制 …………………………………………………………113
　　⑶　EUでの規制 …………………………………………………………114
　4　企業結合規制 ………………………………………………………………115
　　⑴　総　論 …………………………………………………………………115
　　　　㈠　企業結合の類型および審査基準／115
　　〔図7〕企業結合の類型／116
　　　　㈡　市場の確定／116
　　　　㈦　セーフ・ハーバー／117
　　　　㈢　軽減要素／117
　　　　㈣　問題解消措置／117
　　⑵　日本での規制 …………………………………………………………117
　　⑶　米国での規制 …………………………………………………………120
　　⑷　EUでの規制 …………………………………………………………122
Ⅱ　国際取引と貿易問題 …………………………………………………………123
　1　世界貿易機関（WTO）と自由貿易協定（FTA）………………………123

目　次

　　(1)　世界貿易機関（WTO）………………………………………123
　　(2)　自由貿易協定（FTA）…………………………………………127
　2　貿易救済措置 ……………………………………………………128
　　(1)　アンチダンピング措置 ………………………………………129
　　　(ア)　アンチダンピング協定／129
　　　(イ)　不当廉売関税の規定／130
　　　(ウ)　独禁法との関係／131
　　(2)　補助金相殺措置 ………………………………………………132
　　　(ア)　補助金協定／132
　　　(イ)　相殺関税の規定／133
　　(3)　セーフガード（緊急輸入制限）………………………………133
　　　(ア)　セーフガード協定／133
　　　(イ)　関税引き上げの規定／134
　3　関税関連問題 ……………………………………………………135
　　(1)　関税率表 ………………………………………………………135
　　(2)　原産地認定 ……………………………………………………136
　4　技術障壁に関する協定（TBT協定）と相互承認協定（MRA）……136
　　(1)　技術障壁に関する協定（TBT協定）………………………136
　　(2)　相互承認協定（MRA）………………………………………137
　5　一般的例外規定 …………………………………………………138
　6　輸出管理 …………………………………………………………138
　　(1)　国際的な枠組み ………………………………………………138
　　(2)　日本での規制 …………………………………………………139
　　〔図8〕**輸出管理**／140
　　　(ア)　リスト規制／140
　　　(イ)　キャッチオール規制／140
　　　(ウ)　積替え規制・仲介貿易取引規制／142

(3)　自主管理体制の整備 ………………………………………143
　　(4)　米国での規制 …………………………………………………143
Ⅲ　外国公務員贈賄防止およびマネー・ロンダリング防止 …………144
　1　外国公務員贈賄防止 …………………………………………………144
　　(1)　OECD条約に基づく措置 ……………………………………144
　　(2)　日本での規制 …………………………………………………145
　　(3)　米国での規制 …………………………………………………145
　　　(ｱ)　反贈賄条項／146
　　　(ｲ)　帳簿および記録条項／146
　　(4)　OECD条約外の国際的な取組み ……………………………147
　　(5)　商業賄賂 ………………………………………………………147
　2　マネー・ロンダリング防止 …………………………………………148
Ⅳ　国際取引と税務問題 …………………………………………………149
　1　駐在員事務所、支店および子会社 …………………………………149
　　(1)　駐在員事務所 …………………………………………………149
　　　(ｱ)　定　義／149
　　　(ｲ)　恒久的施設（PE）／150
　　　(ｳ)　駐在員事務所の設置／150
　　(2)　支　店 …………………………………………………………151
　　　(ｱ)　定　義／151
　　　(ｲ)　所得の帰属／151
　　　(ｳ)　支店の設置／151
　　　(ｴ)　外為法の規制／152
　　(3)　子会社 …………………………………………………………153
　　　(ｱ)　定　義／153
　　　(ｲ)　子会社の設立／153
　　　(ｳ)　外為法の規制／153

目　次

　　　　(エ)　ハイブリッド・エンティティ／154
　2　非居住者および外国法人に対する支払いにかかる源泉徴収 ……… 154
　3　外国税額控除 ……………………………………………………………… 155
　4　外国子会社から受ける配当等の益金不算入 ………………………… 157
　5　2国間租税条約 …………………………………………………………… 158
　　(1)　適用対象 ……………………………………………………………… 158
　　(2)　限度税率 ……………………………………………………………… 159
　　(3)　タックス・スペアリング …………………………………………… 159
　　(4)　税務当局間の協力 …………………………………………………… 159
　6　移転価格に対する課税 ………………………………………………… 160
　　(1)　定　義 ………………………………………………………………… 160
　　(2)　国外関連者 …………………………………………………………… 160
　　　　(ア)　資本関係／160
　　　　(イ)　実質的支配関係／161
　　　〔図9〕間接保有事例（その1）／161
　　　〔図10〕間接保有事例（その2）／161
　　(3)　独立企業間価格の算定方法 ………………………………………… 162
　　　　(ア)　棚卸資産の売買取引／162
　　　　(イ)　棚卸資産の売買取引以外の取引／163
　　(4)　更正決定 ……………………………………………………………… 163
　7　過小資本対策税制 ……………………………………………………… 163
　　(1)　定　義 ………………………………………………………………… 163
　　(2)　適用対象 ……………………………………………………………… 164
　　　　(ア)　国外支配株主等／164
　　　　(イ)　資金供給者等／165
　　　　(ウ)　国外支配株主等の資本持分／165
　8　タックスヘイブン対策税制 …………………………………………… 165

14

(1)　定　義 …………………………………………………………165
　　　(2)　適用対象 ………………………………………………………165
　　　　(ア)　特定外国子会社等／166
　　　　(イ)　同族株主グループ／166
　　　(3)　適用除外基準 …………………………………………………166
　　　(4)　合算所得 ………………………………………………………167
Ⅴ　国際取引と労務・出入国管理 ………………………………………167
　1　労働契約の準拠法および国際裁判管轄 …………………………167
　　　(1)　準拠法——労働者保護の強行規定 …………………………167
　　　(2)　国際裁判管轄 …………………………………………………168
　　　　(ア)　日本の裁判所が国際管轄を有する場合／168
　　　　(イ)　当事者による管轄権の合意／169
　　　(3)　国際仲裁合意 …………………………………………………169
　2　営業秘密保護および競業禁止 ……………………………………170
　　　(1)　守秘義務および競業避止義務 ………………………………170
　　　(2)　想定される紛争 ………………………………………………170
　　　　(ア)　外国企業の日本支店に雇用された外国人の労働者が退職後に
　　　　　　本国に帰国し、競業避止義務に違反して事業主に損害を与える
　　　　　　ケース／170
　　　　(イ)　日本企業に雇用された外国人の労働者が退職後に本国に帰国
　　　　　　し、競業避止義務に違反して事業主に損害を与えるケース、ま
　　　　　　たは、日本企業に雇用された日本人の労働者が外国企業に引き
　　　　　　抜かれ、退職後に外国で競業避止義務に違反して事業主に損害
　　　　　　を与えるケース／171
　　　(3)　守秘義務および競業避止義務をめぐる紛争の国際裁判管轄 …………171
　3　2国間社会保障協定 ………………………………………………172
　　　(1)　定　義 …………………………………………………………172

15

目　次

　　(2)　日米社会保障協定 …………………………………………………173
　　　　(ｱ)　社会保障制度の日米比較／173
　　　　(ｲ)　二重加入の防止／173
　　　　(ｳ)　保険料掛け捨ての防止／174
　4　出入国管理 ……………………………………………………………174
　　(1)　ビ　ザ ……………………………………………………………174
　　(2)　在留資格制度 ……………………………………………………175
　　(3)　シェンゲン協定 …………………………………………………176
　　(4)　短期滞在 …………………………………………………………176
　　(5)　各種就労ビザ ……………………………………………………177

Ⅵ　国際取引と環境問題 ……………………………………………………178
　1　環境関連条約 …………………………………………………………179
　　(1)　多国間環境条約 …………………………………………………179
　　(2)　予防原則 …………………………………………………………180
　2　自由貿易と環境関連条約の整合性 …………………………………181
　　(1)　WTOの役割 ……………………………………………………181
　　(2)　貿易制限の例外取扱い …………………………………………181
　　(3)　環境保護を目的とする規格規制 ………………………………182
　　(4)　衛生植物検疫措置 ………………………………………………182

Ⅶ　国際技術ライセンス契約 ………………………………………………183
　1　知的財産権の保護と準拠法 …………………………………………183
　　(1)　準拠法 ……………………………………………………………183
　　　　(ｱ)　知的財産権の実施権の許諾／184
　　　　(ｲ)　知的財産権の侵害／184
　　　　(ｳ)　職務発明／185
　　(2)　知的財産権保護の法体系と国際的な保護 ……………………185
　　(3)　並行輸入における国際消尽 ……………………………………186

(4)　途上国のライセンス規制 …………………………………………187
　　　　〔図11〕水平的制限行為／188
　　　　〔図12〕垂直的制限行為／188
　　2　知的財産権と独禁法 ……………………………………………………188
　　　(1)　総　論 ……………………………………………………………188
　　　　(ｱ)　日本での規制／189
　　　　(ｲ)　米国での規制／189
　　　　(ｳ)　EUでの規制／190
　　3　知的財産権と輸出管理 …………………………………………………192
　　4　国際裁判管轄 ……………………………………………………………193
　　　(1)　設定の登録により発生する知的財産権の存否または効力に関する
　　　　訴え ……………………………………………………………………193
　　　(2)　知的財産権の登録に関する訴え …………………………………194
　　　(3)　知的財産権の侵害に関する訴え …………………………………195
Ⅷ　越境サービス契約 …………………………………………………………195
Ⅸ　国際電子商取引 ……………………………………………………………197
　　1　定　義 ……………………………………………………………………197
　　2　電子商取引および電子署名に関する法制 ……………………………197
　　　(1)　モデル法およびガイドライン ……………………………………197
　　　(2)　日本の法制 …………………………………………………………198
　　　　(ｱ)　電子署名及び認証業務に関する法律／198
　　　　(ｲ)　電子消費者契約及び電子承諾通知に関する民法の特例に関す
　　　　　る法律／199
　　　　(ｳ)　電子商取引及び情報財取引等に関する準則／199
　　　　(ｴ)　電子商取引における消費者トラブルの解決／199
　　　　(ｵ)　e-文書法／199
　　3　国際電子商取引の準拠法および国際裁判管轄（事業者間およ

目　　次

　　　び事業者・消費者間)……………………………………………200
　　(1)　事業者間の電子商取引 ……………………………………200
　　(2)　事業者・消費者間の電子商取引 …………………………200
　　　(ｱ)　準拠法──消費者保護の強行規定／200
　　　(ｲ)　国際裁判管轄／202
　　　(ｳ)　国際仲裁合意／203
　　　(ｴ)　消費者の常居所地の消費者保護法についての知識の必要性／203

・参考資料
（資料1）Sales Contract（売主用の売買契約書）／204
（資料2）Purchase Contract（買主用の売買契約書）／210
（資料3）Distributorship Agreement（販売店契約書）／216
（資料4）Joint Venture Agreement（合弁契約書）／225
（資料5）Stock Purchase Agreement（株式取得契約書）／243
（資料6）Asset Purchase Agreement（資産取得契約書）／247
（資料7）License Agreement（ライセンス契約書）／254

・事項索引 ……………………………………………………………260
・著者紹介 ……………………………………………………………266

第1章

総　論

第1章 総論

I 国際取引の対象

　企業間の国際取引の中心は物品の売買であり、海外での物品の販売のために現地の代理店や販売店を使うことも多い。現地のパートナーとの関係が深まれば、合弁会社を設立して海外での物品の販売を行ったり、海外で製造するために現地のパートナーと合弁会社を設立することもある。また、海外にすでに存在する会社または事業を買収して製造・販売したり、全部を買収する場合だけでなく、一部買収して現地パートナーとの合弁会社となる場合もある。

　最近では、さらに広く競争事業者間の共同研究開発などの業務提携が国際的に行われるようになってきている。企業間の国際的な技術のライセンスは、合弁などの国際取引の重要な一部を構成するとともに、海外での製造・販売のためのライセンス単独でも巨額な投資をすることなく外国市場に進出するための有効な手段として利用されている（第4章Ⅶ参照）。

　また、インターネットを通じた電子商取引の進展により、企業間だけでなく、消費者も国際取引の当事者となることも多くなっている（第4章Ⅸ参照）。

　そのほか、国際取引の対象としては、国際的な建設プロジェクトに関連する取引、国際的なサービスの提供に関連する取引、国際的な機器のリースに関連する取引、国際的な貨物運送に関連する取引、国際的な金融・保険に関連する取引、国際的な電気通信に関連する取引、国際的な会計士、弁護士、医者等の専門職サービスに関連する取引などもあげられる。

II 契約の意義

　国際取引においては、契約書がとても重要である。もちろん、国内取引に

おいても、契約書は重要であるが、日本企業同士では慣行に従って取引が行われるため、契約書は作成されないか、または、簡単な契約書しか作成されないことが多い。

　国際取引では、相手方企業は文化や考え方が異なるうえ、日本語での意思の疎通ができず、共通の法および取引慣行もない場合が多く、紛争を未然に防止するためには、契約書を作成して、当事者の権利・義務について詳細に決めておく必要がある。

　しかし、契約書にいかに有利な条項を盛り込むかに腐心しすぎても、かえって取引の成立を阻害することになりかねないし、詳細な契約書を作成しても、特に継続的な取引の場合、実際にはそのような契約書によらずに運用されていることが多く、紛争になって初めて契約書を見直すことも多い。紛争を未然に防止するには、当事者の良好な関係の構築こそが重要である。

　また、紛争とまではならなくても、良好な関係が構築されていなければ、たとえ詳細な契約書を作成しても、継続的な取引は両当事者の失望する成果しか得られず、解消に向かうことになってしまうことが多い。

Ⅲ　各国実質法、条約およびモデル法

1　各国の実質法

　国際取引では、契約によって準拠法が選択され、または、準拠法の選択がない場合にも、法廷地である各国の準拠法を決定するルールである国際私法によって、外国の実質法が適用される。したがって、適用される外国の実質法についても勉強して知識を有しておく必要がある。

　たとえば、外国が大陸法の国である場合は、日本法と同じ法体系に基づくので、同じ法原則が適用されることが多い。これに対して、英米法は日本法と異なる法原則に基づくので、勉強して理解しておく必要がある。日本との

第1章 総 論

国際取引の多いアジア諸国も英米法の原則に基づく法を有するので、英米法の法原則に関する知識は、国際取引にかかわる者として必須といえよう。

2 多国間条約

　現在のところ、租税条約などの重要な2国間条約もあるが、国際取引にかかわる多国間条約として実務のうえで知っておく必要があるのは、日本についても2009年8月1日に発効した「国際物品売買契約に関する国際連合条約」[1]（ウィーン売買条約またはCISG）である。

　また、手続法に関するものとして、次の①〜④が重要である（なお、②〜④は、ハーグ国際私法会議[2]で採択されたものである）。

① 外国仲裁判断の承認および執行に関する条約[3]（ニューヨーク条約）
② 民事訴訟手続に関する条約[4]（民訴条約）
③ 民事または商事に関する裁判上および裁判外の文書の外国における送達および告知に関する条約[5]（ハーグ送達条約）
④ 外国公文書の認証を不要とする条約[6]（ハーグ認証不要条約）

　しかし、国際取引といっても、実際に条約の活躍する場面はまだまだ少ないのが現状である。

　また、条約ではないが、国際商業会議所[7]（ICC）が国際取引に適用されるルールの統一化をめざして作成した「INCOTERMS：インコターム

1　United Nations Convention on Contracts for the International Sales of Goods
2　Hague Conference on Private International Law
3　Convention on the Recognition and Enforcement of Foreign Arbitral Awards
4　Convention on Civil Procedure
5　Convention on the Service Abroad of Judicial and Extrajudicial Documents in Civil or Commercial Matters
6　Convention Abolishing the Requirement of Legalization for Foreign Public Documents
7　International Chamber of Commerce

ズ」[8]や「荷為替信用状に関する統一規則および慣行」[9]（UCP）は、当事者が契約や信用状に取り込むことによって利用されることが多い。

3　モデル法に基づく立法

　国際連合国際商取引委員会[10]（UNCITRAL：アンシトラル）が、モデル法を作成して、各国がそれに基づいた立法を行って国際的な統一法が形成されることがある。

　連邦制の米国国内でも、各州がモデル法に従って立法することが多く、特に、統一商事法典[11]（UCC）は、州間の取引だけでなく、国際取引でも広く利用されている（2003年にUCCの「第2編　売買」が多くの点で現代化するために大幅に改正されたが、いずれの州も立法で採用していないため、本書では2003年改正前のUCCを引用する）。

　日本では、実質法ではモデル法に基づく立法はなく、手続法では2000年に成立し、2001年4月1日から施行された「外国倒産処理手続の承認援助に関する法律」（平成12年法律第129号）がUNCITRAL国際倒産モデル法[12]に基づいて立法され、2003年に成立し、2004年3月1日から施行された「仲裁法」（平成15年法律第138号）がUNCITRAL国際商事仲裁モデル法[13]に基づいて立法された。

8　International Commercial Terms
9　Uniform Customs and Practice for Documentary Credits
10　United Nations Commission on International Trade Law
11　Uniform Commercial Code
12　UNCITRAL Model Law on Cross-Boarder Insolvency
13　UNCITRAL Model Law on International Commercial Arbitration

第1章　総　論

Ⅳ　絶対的強行法規等のコンプライアンス

1　絶対的強行法規等の適用

　各国の準拠法を決定するルールである国際私法によっても、法廷地の絶対的強行法規の適用を排除することはできない。絶対的強行法規は、実質法上の強行法規の中でも特に強行性が強く、契約における準拠法の合意とは独立して適用される。したがって、国際取引では、絶対的強行法規の適用が問題となることが少なくない。たとえば、代理店契約では、準拠法を契約で合意しても、自国の代理店を保護する法律によって契約の一方的な解約が有効と認められず、または、補償が要求されることがある（第2章Ⅰ2(2)参照）。

　また、契約に規定されているすべての事項が契約の成立および効力の問題として性質決定されて準拠法が当事者の合意で定まるとは限らない。たとえば、合弁契約では、準拠法を契約で合意しても、合弁会社の設立等の組織に関する事項については、合弁会社の従属法である設立準拠法によらなければならない（第2章Ⅰ3(3)(ア)参照）。知的財産権のライセンス契約では、準拠法を契約で合意しても、ライセンスする知的財産権の出願等に関する事項については、知的財産権の保護国法によって判断されることになる（第4章Ⅶ1参照）。

2　自国法および外国法のコンプライアンス

　国際取引では、自国および外国の法令遵守（コンプライアンス）にも配慮する必要がある。

　たとえば、販売店契約で、対象となる商品が武器に利用される可能性がある場合、自国の輸出管理に関する法令遵守だけでなく原産地国の再輸出管理に関する法令遵守が必要となる場合もあるし（第4章Ⅱ6参照）、また、商品

のユーザーが外国政府機関である場合、輸出先国の公務員への賄賂に関する法令遵守だけでなく自国の外国公務員への賄賂に関する法令遵守が必要となる（第4章Ⅲ1参照）。

また、競争関係にある外国会社の株式の取得や営業の譲受けによるM&Aでは、影響する市場を見極めたうえで、影響する市場の法域の政府当局に事前届出をして一定の市場における競争を実質的に制限することとならないか審査を受ける必要がある（第4章Ⅰ3参照）。

Ⅴ　法廷地の国際私法および手続法

1　法廷地の国際私法

国際取引に関する紛争が訴訟となった場合、法廷地の国際私法によって国際取引に適用される準拠法が決定される。日本の場合は、2006年に成立し、2007年1月1日から施行された「法の適用に関する通則法」（平成18年法律第78号）が国際私法に該当する。

各国の国際私法は同じでなく、法廷地によって別々のルールが適用される。たとえば、英米法の国では、国際私法についても、制定法がない場合は、各国および各州で判例法が形成されているし、EUでは、EU加盟国にのみ適用がある規則が制定されている。

2　法廷地の手続法

国際取引に関する訴訟は、法廷地の手続法に従って行われる。どこの国の裁判所によって紛争解決するかが国際裁判管轄の問題（第3章Ⅱ参照）であり、外国の裁判所でなされた判決が他国で効力を有するかが外国判決の承認・執行の問題（第3章Ⅵ参照）となる。

日本では、民事訴訟法118条および民事執行法24条が外国判決の承認・執

行について規定している。また、国際裁判管轄については、判例によって判断されていたが、2011年の民事訴訟法および民事保全法の改正により、国際裁判管轄のルールが制定法化された[14]。

一方、英米法の国では、国際裁判管轄および外国判決の承認・執行についても、各国および各州で制定法がない場合には、判例法が形成されているし、EUでは、EU加盟国にのみ適用がある規則が制定されている。

EU規則によって、国際私法や国際裁判管轄および外国判決の承認・執行について、統一化がされているものの、国際的な統一化は進んでおらず、国際私法や国際裁判管轄に関する規定を含む特殊な条約を除いて、日本について発効している一般的な条約は、まだ存在しない。

3　仲裁合意

仲裁合意がある場合も、仲裁手続および準拠法は、仲裁合意が定めた仲裁規則によって決定されるが、仲裁規則で定めがない事項については、仲裁地の仲裁法に従って決定される。

外国仲裁判断の承認・執行については、日本の場合、仲裁法45条は、国内仲裁判断および外国仲裁判断を問わずに適用されるとともに、日本を含めて多くの国が「外国仲裁判断の承認および執行に関する条約」（ニューヨーク条約）の締約国となっている（第3章Ⅵ2参照）。

---

[14] この改正は、2011年4月28日に可決され成立し、2011年5月2日に公布された（平成23年法律第36号）。施行日は、公布の日から起算して1年を超えない範囲内において政令で定める日であり、2012年1月1日から施行される見込みである。

第2章

国際取引の契約実務

I　国際売買取引および国際投資取引

1　直接売買

(1)　総　論

　日本企業が海外に商品を販売する場合、商品の性質上、買主が限られていれば、直接売買の形式がとられることが多い。直接売買は、買主からの引き合いに応じて、見積を出した後に、裏面に一般条項が印刷されている売買契約書または注文書ないしは注文請書によって成立することが多い。

　継続的な売買の場合には、発注書のフォームを添付した売買基本契約書が締結される。相手方の作成した契約条件は、自己に有利に作成してあるので、内容を十分検討したうえで、適用のある契約条件を相手方と交渉する必要がある。裏面に一般条項が印刷されている注文書および注文請書によって契約が成立する場合は、「書式の争い」の問題が生じるので、一般条項についても交渉して、それを裏面に印刷した売買契約書を締結することが勧められる（「書式の争い」については、Ⅲ3(3)参照。本書に登載した売買契約書（資料1および資料2参照）は、売主または買主が日本の会社である場合のもので、裏面に一般条項の印刷されている形式をとっている）。

　また、ICCの公表しているモデル売買契約[1]は、より網羅的で、さまざまな場合を想定して選択できる形式となっているので、契約書作成の際に参考とされることをお勧めする。

(2)　取引条件

　取引の価格や引渡しに関する条件は、INCOTERMSを利用して合意がな

---

[1] International Chamber of Commerce, ICC Model International Sale Contract (2008)

されるのが通常である。INCOTERMSの最新版は、2010年版で、11種類の取引条件について規定している。

売買契約では、どの取引条件が適用されるかを、取引条件に応じて、EXW、FCA、DAT、DAP、DDP、FASおよびFOBの場合は引渡しが行われ、買主に危険の移転する地、CPT、CIP、CFRおよびCIFの場合はそこまでの運送賃が支払われる仕向地が明記されたうえで、取引条件が「INCOTERMS」の最新版によって解釈される旨を明記する必要がある。

INCOTERMSは、輸出入手続、運送および保険の手配、引渡し、危険の移転、費用の分担などを主として規定するルールであり、売買契約のすべての条項を網羅するものではない。なお、INCOTERMSで網羅されている事項でも特約で変更することはできるので、特約をする場合には、売買契約で明確に規定しておく必要がある（「INCOTERMS」については、II参照）。

(3) 瑕疵担保責任・保証責任

売主としては、瑕疵担保責任や保証責任を免責または制限する必要があり、買主としては、瑕疵担保責任や保証責任を確保する必要がある。

日本の民法・商法が準拠法であれば、特約で免責しない限り隠れた瑕疵についての瑕疵担保責任を売主が負い（民法570条）、米国のUCCが準拠法であれば、明示に排除または制限しない限り売主の商品性に関する黙示保証責任（UCC 2 —314条）および特定の目的への適合性の黙示保証責任（UCC 2 —315条）を負う。また、免責が認められる方法や範囲についても、準拠法によって異なるので、注意が必要である。

なお、米国のUCCでは、売主の商品性に関する黙示保証責任および特定の目的への適合性の黙示保証責任の排除または制限は書面で顕著な形で記載されなければならないとされているために（UCC 2 —316(2)条）、大文字で記載されている契約書を見ることが多い。

(4) 検査およびクレームの時期および方法

検査およびクレームの時期および方法についても売買契約に明記しておく

ことが重要である。

　日本の商法が準拠法の商事売買では、受領後に遅滞なく検査し、売主が悪意でない限り、瑕疵または数量不足の場合は直ちに、隠れた瑕疵の場合は6カ月以内に通知しないとクレームする権利を失うが（商法526条）、これだけでは十分とはいえない。売主としては、買主からのクレームを理由に代金支払いを拒絶されることを避けるために、検査およびクレームの時期を買主の受領直後に制限するとともに、クレームの正当性を確認する方法を明記しておく必要がある。

　⑸　**所有権移転時期**

　所有権の移転については、INCOTERMSで規定されていない。したがって、代金の支払いを確保する必要があるため、代金支払いの完了まで所有権を売主に留保する場合には、売買契約で明記する必要がある。

　また、商品の転売が予定されている場合は、善意の第三者が有効に所有権を取得してしまうので（民法192条参照）、売主が所有権を留保していることを商品自体に明記するなどの方法をとらない限り意味がなく、国際売買取引では、やはり後述する代金支払方法で代金の支払いの確保が図られるべきである。

　⑹　**支払方法**

　国際売買取引では、代金支払いの確保ができる方法としては、代金前払いを除いて、荷為替信用状が唯一勧められるものである。荷為替信用状による代金決済を合意しておけば、所有権留保による代金支払い確保は必要ない（荷為替信用状の仕組みについては、Ⅳ1⑷参照）。

　⑺　**救済方法**

　瑕疵担保責任や保証責任に対する救済方法としては、日本の商法が準拠法の商事売買では、契約の解除または代金減額もしくは損害賠償であるが（商法526条）、買主にとっては商品の交換や修理のほうがより合理的な場合があるので、売買契約で明記しておく必要がある。

また、契約違反一般に関する救済方法として、契約解除の要件の規定や損害賠償について制限する場合には、その制限の規定が売買契約に置かれる。商品の交換や修理を含めた契約の履行を強制することは、日本法が準拠法の場合は当然に認められるが、英米法が準拠法の場合は、特定履行として商品がユニークで損害賠償では十分な救済となり得ない場合に限って認められるにすぎない（UCC 2 ―716条）。

(8) 準拠法および裁判管轄または仲裁

　国際売買契約で、準拠法および裁判管轄または仲裁について合意しておかないと、相手国の国際私法および国際裁判管轄のルールによって相手国の法が準拠法となって、相手国の裁判所に国際裁判管轄が認められるおそれがある。

　日本企業にとっては、日本法が準拠法となって、紛争については日本の裁判所で訴訟ができることが有利であることは間違いないので、合意がないと思わぬ不利益を被ることとなる。しかし、相手方によっては、日本企業が自己に有利な主張だけをしていては、取引自体ができなくなってしまう場合もあるので、準拠法および裁判管轄または仲裁合意するに際しては、譲歩が必要となってくる。

　準拠法については、CISGにすること、裁判管轄については、たとえ日本で確定判決を得ても相手方の国での執行が必要であり、相手国で執行できなければ意味がなく、相手国の裁判所で確定判決をもらったほうが効率的かつ経済的な場合もあること、仲裁では、第三国または被申立人国を仲裁地とすることなどを検討する必要がある（詳しくは、Ⅲ、第3章Ⅰ・Ⅱ参照）。

2　販売店契約、代理店契約およびフランチャイズ契約

(1) 総　論

　日本のメーカーが海外で商品を販売する場合、海外の現地の販売店、代理店またはフランチャイジーを使って市場を開拓する必要があることが多い。

13

〔図1〕 販売店と代理店

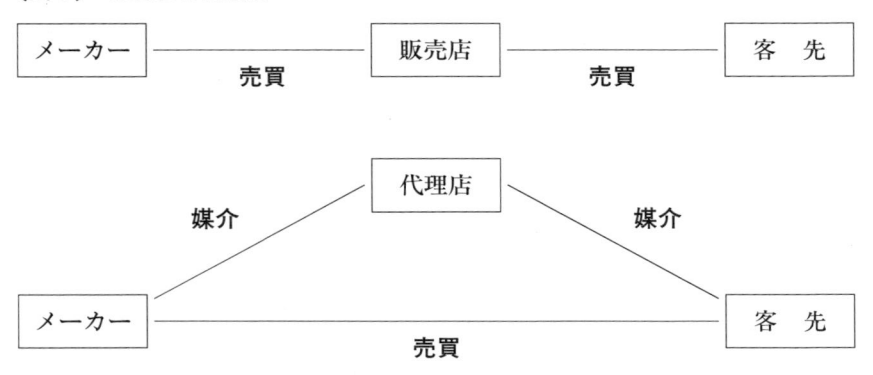

```
メーカー ——売買—— 販売店 ——売買—— 客　先

              代理店
         媒介       媒介
メーカー ————売買———— 客　先
```

　販売店契約、代理店契約またはフランチャイズ契約は、商品の売買とともに広く商品の販売のための現地パートナーを利用した合弁でもある。こうした合弁には、共同で商品開発するもの、商品の製造および販売をライセンスするものなどの形態もある。

　日本の国内取引では、販売店と代理店は必ずしも明確に区別されていないが、国際取引では、その違いを明確に認識しておく必要がある（〔図1〕参照）。

　㋐　販売店契約

　販売店契約では、メーカーと販売店との間で売買契約が締結される。

　販売店は、売買契約に基づき、輸入した商品を転売するために客先との間で売買契約を締結する。販売店が商品の在庫を保有して販売するのが通常であるが、客先との間で売買契約を締結してから仕入れる場合もある。客先への販売価格は販売店が自分で決めて、販売価格と仕入価格との差額が販売店の利益となる。

　㋑　代理店契約

　代理店契約では、代理店が本人であるメーカーのリスク負担において客先に商品を販売することになり、売買契約は本人であるメーカーと客先との間

に締結される。

　代理店は、本人を拘束する売買契約を締結する代理権を有する場合は少なく、売買契約の締結を媒介するだけである。代理店は代金回収を支援するが、客先が倒産して代金が回収できない場合のリスクは、代理店ではなく本人であるメーカーが負担する。また、代理店はクレームの窓口となるが、商品に瑕疵があった場合の責任は代理店ではなく本人であるメーカーが負担する。

　代理店は、本人であるメーカーから、商品の販売実績に応じてコミッションを受け取る。なお、日本のメーカーが商品を輸出する場合に客先とはメーカーが直接交渉しても日本の商社を使う場合が多いが、日本の商社はコミッションを受け取るが、法的には商品をメーカーから買い受けて、客先に再販売しており、形式的には販売店であるが、実質的には代理店であり、コミッションは物流や代金回収の責任に対する対価となっている。

　㈱　フランチャイズ契約

　フランチャイズ契約には、製造フランチャイズ、販売フランチャイズ、サービスフランチャイズ等のさまざまな形態がある。

　販売フランチャイズは、販売店の中でも、特に販売店が小売販売の場合、フランチャイザーであるメーカーがフランチャイジーである販売店に対して、特定の商標およびノウハウを使用する権利をライセンスして、フランチャイジーである販売店の商品販売について、統一的な方法で支援するとともに統制する場合である。販売フランチャイズ契約は、販売店契約とライセンス契約の双方の性格があり、国によっては、双方の面からの規制を受けることがある。

　国際的なフランチャイズを展開する場合、海外の特定の地域内のフランチャイジーの指名をマスターフランチャイジーに委ねることが多い。この場合には、フランチャイザーとマスターフランチャイジーとの間でマスターフランチャイズ契約が締結され、マスターフランチャイジーとフランチャイジーとの間でフランチャイズ契約が締結される。

本書には、日本の会社が排他的販売店となる場合の販売店契約書（資料3参照）を登載したが、ICCにより、モデル販売店契約[2]、モデル商業代理店契約[3]およびモデル国際フランチャイジング契約[4]が公表されており、契約書作成の際に参考となる。

(2) 代理店保護法

代理店契約は、日本企業が海外市場に進出するに際して、簡便な方法であるが、代理店保護法により、代理店の登録が要求されて、代理店契約の終了に補償が要求されることが多い。

EUでは、理事会指令[5]により加盟各国の代理店保護法の統一化が図られている。契約の即時終了を正当化する代理店の債務不履行等のない限り、代理店契約の終了に際して1年間の報酬分の補償が要求される。また、期間の定めのない代理店契約を終了させる場合には、1年目は1カ月、2年目は2カ、3年目以降は3カ月の最低通知期間が要求される。代理店契約で準拠法を日本法で合意しても、絶対的強行法規として、EU加盟国の代理店保護法が適用される。

中近東の国々にも同様の代理店保護法があるが、販売店も代理店と同様に取り扱われる場合があるので、注意が必要である。中南米の国々にも代理店保護法が多い。

(3) 独禁法

代理店契約では、本人であるメーカーと代理店は経済的に一体とみられる

---

2 International Chamber of Commerce, ICC Model Distributorship Contract (2010)

3 International Chamber of Commerce, ICC Commercial Agency Contract (2010)

4 International Chamber of Commerce, ICC Model International Franchising Contract (2000)

5 Council Directive 86/653/EEC of 18 December 1986 on the coordination of the laws of the Member States relating to self-employed commercial agents

ので、親会社と子会社との関係と同様に、その間での競争制限的な協定が独占禁止法（以下、本書では特に断りがないときは、各国の独占禁止法のことを「独禁法」という）の観点から問題視されることはない。販売店契約の当事者は売主と買主の関係であり、フランチャイズ契約の当事者も売主と買主の関係の場合があるので、そのような販売ルートの上流と下流にいる当事者間の垂直的な競争制限的な協定について、独禁法の問題が生じる。

　たとえば、米国では、裁判所の判例で合理の原則[6]で判断されることが確立されているので、自己のブランド内の競争制限効果があっても他のメーカーのブランドとの間の競争促進効果のある販売店契約やフランチャイズ契約の条項が違法となることはない。

　また、EUでは、欧州委員会の一括適用免除規則[7]で、市場シェアが30％を超えなければ、EU競争法上問題ないとされているが、ハードコア制限[8]または免除対象外制限[9]となる場合は、欧州委員会の一括適用免除規則の適用がないので、そのような制限となる販売店契約やフランチャイズ契約の条項は避ける必要がある。市場シェアが30％を超える場合には、当然に違法となるのではなく、欧州委員会のガイドラインに従って競争制限的な協定となるか否かおよび競争制限的な協定となってもそれが正当化されるか否かについて判断する必要がある。

　メーカーが販売店に販売する価格は、当事者間の合意で自由に決められるが、メーカーが販売店の再販売価格の維持行為を行うことは、多くの国の独禁法で禁止されている。独禁法による競争制限的協定に対する規制の詳細に

---

[6] Rule of reason
[7] Commission Regulation (EU) No 330/2010 of 20 April 2010 on the application of Article 101(3) of the Treaty on Functioning of the European Union to categories of vertical agreements and concerted practices
[8] Hardcore restrictions
[9] Excluded restrictions

ついては、第4章 I 1以下で詳しく述べる。

(4) 販売店契約の主要条項

(ア) 排他性

　一定の商品について、一定の販売地域において、メーカーが単一の販売店のみを指名して、メーカーが直接または間接に販売しないことを約束するか否かは、販売店契約で最も重要な交渉事項である。

　単一の（sole）販売店にすぎない場合であれば、メーカーが直接販売することを必ずしも禁止するものではないが、排他的な（exclusive）販売店の場合は、メーカーも直接販売することによって販売店と競争することも禁止することになる。販売店に排他的な販売権を与えれば、販促活動を積極的に行う動機づけとなるのでメーカーにとっても利点があるが、メーカーとしては自己または他の販売店を使って市場開拓することが妨げられることになる。

　たとえば、中近東の国では、排他的販売店契約は、代理店契約と同様に取り扱われることになっている場合があるので、注意が必要である。

(イ) 最低購入量

　販売店に排他的な販売権を与える場合には、メーカーとしては自己または他の販売店を使って市場開拓をすることができないので、販促活動を積極的に行う義務を課すとともに、個数または金額によって最低購入量を規定して、その違反がある場合に、販売店契約をメーカーが解除できるようにしておく必要がある。契約期間中の最低購入量を合意して契約に記載するには困難を伴う場合もあるが、メーカーとしては、違反の場合には販売店契約の解除ではなく、排他的販売権を返上させる余地を残すことによって譲歩する場合もある。

(ウ) 商　品

　販売店契約の対象とする商品を特定しておく必要がある。定義の条項で、商品を定義する場合が多い。

　また、添付書類でリストアップしておけば、対象商品を変更する場合には、

添付書類を差し替えることによって本文を変更せずに対象商品を変更することができる。

　　(エ)　販売地域――並行輸入

　販売地域を国またはその一部で特定しておく必要がある。定義の条項で、販売地域を定義することが多い。

　また、販売地域が数カ国に及ぶ場合には、添付書類でリストアップしておけば、販売地域を変更する場合には、添付書類を差し替えることによって本文を変更せずに販売地域を変更することができる。

　販売地域や販売先の制限については、メーカーが販売店の競争を制限する競争制限的協定となるので、独禁法上の問題が生じる。

　たとえば、米国では、合理の原則によって総合的に判断するのが判例であるので、競争促進効果があれば、違法となることはない。

　また、EUでは、欧州委員会の一括適用免除規則では、販売地域や販売先の制限はハードコア制限となっているが、メーカーに留保または他の販売店に与えた排他的な販売地域や販売先での積極的な販売を制限することはハードコア制限とならないので、そのような規定の仕方であれば、違法とならない。したがって、EU域内での並行輸入は、販売店が積極的に販売地域外で販売活動することなく、販売地域外の業者が販売の目的で購入している限り、禁止することはできない。

　　(オ)　競争品の取扱制限

　契約期間中にメーカーが、販売店に自社の商品の販売に専念させるために、競争品の製造、購入、販売または再販売を禁止する場合が多い。メーカーが販売店の競争を制限する協定となるので、独禁法上の問題が生じる。

　たとえば、米国では、合理の原則によって総合的に判断するのが判例であるので、競争促進効果があれば、違法となることはない。

　また、EUでは、欧州委員会の一括適用免除規則では、無期限または5年を超える競争品取扱い禁止義務を課す場合には、免除対象外制限となり、一

括適用免除の適用がないので、そのような競争制限条項のある場合は、契約期間を5年以内として、自動更新としない必要がある。

　(カ)　契約期間および終了

　日本法を準拠法とした場合にも、販売店契約は期間の定めをしておかないと、判例により、相当の予告期間を設けるか、相当の損失補償をしないと、やむを得ない事由がない限り中途解約することはできない（名古屋高判昭和46・3・29判時634号50頁）。ただし、期間の定めがあっても、自動更新としていると、同様の法理が適用される可能性がある（札幌高決昭和62・9・30判時1258号76頁）。したがって、メーカーとしては、一定の期間前に更新しない旨の通知をしない限り自動更新とするより、合意がある場合のみ更新することにするのが望ましい。

　また、期間の定めをしても、期間満了前に解約できるのは、合理的理由がある場合に制限しておかないと、期間の定めがないものとみなされるおそれがある。合理的理由なしに解約できるようにする場合には、相当の予告期間を設ける必要がある。期間の定めがない場合または期間の定めがないとみなされる場合、最低何カ月あれば十分であるかについて、日本の判例で確立されているわけではないが、メーカーが合理的理由なしに解約する場合には、最低6カ月から1年の予告期間は必要である。なお、代理店契約の場合は、現地の代理店には、EU、中近東および中南米では、現地の代理店保護法の適用があり、中近東では販売店も代理店と同様に取り扱われる場合があるので、日本法を準拠法としても、現地の代理店保護法についても知っておく必要がある。

　また、販売店が在庫を保有して商品を販売している場合、販売店契約の終了に際して、メーカーとしては商品の販売を認めずに在庫を廃棄させたいが、販売店としては、在庫のメーカーによる買取りや終了後一定の期間の販売を要求することが多い。したがって、それについて合意して、販売店契約に規定しておくことが望ましい。

(キ) 個別売買契約

個別売買契約に適用のある売買の一般条項についても、販売店契約に盛り込まれるのが通常であるが、販売契約に基づく売買の一般条項が、注文書または注文請書に記載されている売買の一般条項と矛盾しないようにする必要がある。両者に矛盾がある場合には、販売店契約の規定が個別売買契約の規定に優先することを明記しておく必要がある。

(ク) 知的財産権

販売店としては、商品が販売地域で第三者の特許権、著作権、商標権等の知的財産権を侵害していた場合には、損害賠償請求や差止請求を受けるために、そのような請求を受けた場合にはメーカーから補償を受ける必要がある。メーカーとして、そのような責任を負ってまで販売地域で商品を販売したくない場合は、補償義務がない旨を明記しておく必要がある。

また、販売店が商品の販促活動のためにメーカーの商標を使用する場合には、商標の使用許諾を受けておく必要がある。販売店契約で商標の使用許諾の規定を置く場合が多いが、別途商標ライセンス契約を締結する場合もある。

3 合弁契約

(1) 総論

国際取引における合弁の意味は多様で、海外の建設プロジェクトに入札するためのコンソーシアム契約のように契約のみによる合弁もあるが、一般的には合弁会社を設立する場合を意味する。

合弁会社は、合弁の当事者によって新たに設立する場合だけでなく、一方当事者が設立している会社の株式を他方当事者が譲渡または引受けにより取得することによっても組成される。合弁会社は合弁の当事者によって支援を受けて運営されるため、合弁の当事者間の合弁契約（会社設立後の場合は、株主間契約と呼ばれることが多い）に加えて、合弁会社と合弁の一方当事者との関連契約が必要となる。

たとえば、合弁会社が、合弁の一方当事者から技術援助と知的財産権のライセンスを受けて商品の製造を行う場合には、技術援助およびライセンス契約が、合弁会社の設立後に締結される関連契約として必要であり、その雛形を合弁契約に添付する必要がある。

　また、合弁会社が、合弁の一方当事者から商品を購入してその商標を使用して販売する場合には、販売店契約および商標ライセンス契約が、合弁会社の設立後に締結される関連契約として必要であり、その雛形を合弁契約に添付する必要がある。

　合弁会社は、現地の法に準拠して設立されるため、会社の設立、定款、会社の機関、会社の解散・清算等は現地の会社法を準拠法とせざるを得ず、現地の会社法を調査してそれに精通する必要がある。本書には、イスラエルの合弁会社を設立する場合の合弁契約書（資料4参照）を登載している。

　なお、海外の建設プロジェクトに入札するためのコンソーシアム契約のように契約のみによる合弁もあるが、最近では競争事業者間での国際的な業務提携により、情報交換、共同研究開発、共同生産、共同購入、共同販売・物流・販促、標準化などが行われており、これらは、合弁会社が設立されずに、契約のみによる場合が多い。

　独禁法上、合弁会社の設立が企業結合に該当する場合があるとともに、合弁契約の条項が競争制限的協定に該当して、独禁法の規制を受ける場合もある（第4章Ⅰ参照）。

　(2)　**契約交渉**

　合弁契約では、海外の現地の企業とリスクを分担して事業を進め、共同して合弁会社を経営するため、事業が失敗したからといって容易に撤退できないので、合弁契約の相手として十分に信用できる企業を選ぶことが最も重要である。

　経済環境の変化に起因する失敗も含めて、合弁は50％超が失敗に終わるとの評価もあるが、それでも合弁が利用されるのは、単独で進出するには難し

い市場では、現地の企業のノウハウを借りる必要があるし、製造に不可欠な技術を現地の企業が有している場合にはそれを提供してもらう必要があるので、代理店・販売店や単なる技術ライセンスという形より、長期の関係を望む場合には、合弁契約を選択することになる。また、外資規制のある国の場合には、単独で進出することはできず、現地の企業の資本参加が必要となる。合弁は長期の関係を前提としているが、実際には、単独で進出するまでの過渡的なビジネスの形態ともいえる。

　合弁契約は、合弁会社の定款や関連契約を含めると長文となるため、当初から契約書を作成するのではなく、交渉の過程で、秘密保持契約やレター・オブ・インテント[10]を締結してから交渉を進めて、最終的な合弁契約の締結に至ることが多い。秘密保持契約は、合弁を検討するにあたり、相互に有用な秘密情報を交換するために、相手方に一定の期間または無期限に秘密保持義務を課すために締結される。レター・オブ・インテント（メモランダム・オブ・アンダースタンディング[11]という表題にする場合も多い）では、最終契約が締結されるまでは法的な拘束力を有しないことを明記したうえで、合弁契約を締結する意向があることを表明するとともに、合弁契約に盛り込まれる基本的事項を記載して、排他的交渉権があることを規定しておくのが通常である。

(3)　合弁契約の主要条項

(ア)　合弁契約および合弁会社設立の許認可

　日本で合弁会社を設立する場合には問題とならないが、外資を規制している国で合弁会社を設立する場合には、外資が禁止されている事業分野では合弁はできないが、外資が制限的に認められている事業分野では、現地企業との合弁に限定され、外資が多数株主となれないなどの規制がある。その場合

10　Letter of Intent
11　Memorandum of Understanding

には、合弁会社の設立や合弁契約および定款について、現地政府機関の許認可が必要となる。合弁契約では、現地の合弁当事者に政府の許認可を取得する責任があり、政府の許認可を条件に効力が発生することを明記する。

　(イ)　合弁会社の形態

　中国のように外国の企業と中国の企業のための合弁会社を用意している場合を除き、現地の会社法によってどのような形態の会社を設立できるか選択できる場合が多いので、それを合弁契約に明記する。株主の有限責任が確保されていて、会社の存続期間の限定されない、日本の株式会社に相当する会社形態が選択されることが多い。

　英米法の国では、日本の合名会社、合資会社、合同会社および有限責任事業組合に相当するパートナーシップ[12]、リミテッド・パートナーシップ[13]、米国でのリミテッド・ライアビリティー・カンンパニー[14]および英国でのリミテッド・ライアビリティー・パートナーシップ[15]を利用する場合もある。日本の合名会社、合資会社および合同会社は、パススルー課税までは認められていないが、パートナーシップ、リミテッド・パートナーシップ、米国でのリミテッド・ライアビリティー・カンンパニーおよび英国でのリミテッド・ライアビリティー・パートナーシップは、合弁会社が納税主体とならず、組合員や社員が納税主体となるパススルー課税が税務上有利な場合に利用される。

　ロシアでは、2009年7月から株主間契約の有効性が立法で認められたばかりで[16]、その運用が確立していないために、依然としてロシアの企業との合

12　Partnership
13　Limited Partnership
14　Limited Liability Company
15　Limited Liability Partnership
16　Federal Law No. 312-FZ of December 30, 2008 On Amending Part One of the Civil Code of the Russian Federation and Certain Legislative Acts of the Russian Federation

弁でもロシア以外の国で合弁会社を設立して、ロシアに子会社を設立することが多い。

　(ウ)　合弁会社のファイナンス

　合弁会社の設立時のファイナンスと設立後のファイナンスについて、合弁契約に明記する必要がある。

　(A)　設立時のファイナンス

　設立時のファイナンスは、合弁の当事者によって、株式の引受け・払込みによって主として行われる。出資額と出資割合は、合弁会社の経営・支配の問題との関連で決定されることになる。現地企業が現物出資する場合も多いが、その際は、現地の法で現物出資および現物出資の対象の財産の所有権移転の各要件を充足する必要がある。

　また、設立時のファイナンスは、合弁の当事者からの借入れを併用することも多い。この場合、合弁会社と合弁の当事者とのローン契約の雛形が合弁契約に添付されて、合弁会社設立時にローン契約が締結される。その際には、資本に比べて貸付けの割合が大きくなると、合弁会社の支払う利息が損金に算入することを制限する過小資本対策税制に注意する必要がある（第4章Ⅳ7参照）。

　また、合弁の当事者が合弁会社からローンの返済を確保する方法についての現地法の検討が必要となる。

　(B)　設立後のファイナンス

　設立後のファイナンスについては、合弁会社の事業の売上で運転資金を賄うか、または、合弁会社が自らの信用に基づいて金融機関等の第三者から融資を受けるのが理想である。ところが、それだけでは運転資金が不足する事態は避けられないので、それに備えて一般的に、両当事者の合意によって合弁の当事者の出資割合に応じた増資または貸付けを行うことを規定しておくことが多い。それでは、法的に何ら追加出資義務がないことになるので、設立後数年間の事業計画と予算について合意できれば、それを合弁契約に添付

して、合弁会社が採用することが望ましい。ただし、合弁契約に合弁の当事者の合弁会社との競業避止義務が規定されている場合、何らの法的な義務がないからといって、追加出資を拒否した後に現地100％子会社を使って合弁会社と同じ事業を行うと、合弁の相手方を排除する悪意のもとで競業避止義務違反を理由に莫大な損害賠償を命じられかねないので注意が必要である。

　また、増資による場合は、有限責任の関係で、合弁の当事者の合意が必要とされるのが通常であるが、一方の合弁当事者が株式の引受けを拒否した場合は、他方の当事者が残りの株式を引き受けることによって、議決権を希薄化することができることを明記しておく必要がある。

　　　(エ)　合弁契約の終了

　合弁契約では、契約期間を長期または合弁会社の株式を保有する限り無期限とすることが通常であるが、実際には合弁が失敗して短期に解消されることが多いため、解消について合弁契約で定めておく必要がある。合弁会社を設立しているので、合弁契約を終了させる事由を定めておくだけでなく、合弁会社を解散・清算させるのか、または、合弁会社を会社として存続させて、合弁契約の一方の当事者が他方の当事者の保有する株式を買い取るかを選択する必要がある。

　合弁契約の終了事由としては、一方当事者の債務不履行や破産等の通常の契約の終了事由に加えて、合弁会社の特定の収益目標を定めて、未達成の場合の契約を終了する権利を当事者に与えることが多い。合弁契約の関連契約の契約期間も合弁契約の契約期間と一致させる必要がある。

　合弁契約の終了事由がある場合に、合弁契約の一方の当事者が他方の当事者の保有する株式を買い取るコール・オプション条項を入れる際には、株式の購入価格を決定する方法を定めておく必要がある。また、債務不履行当事者の保有する株式を買い取る場合には、適正な評価額ではなく、額面価格もしくは発行価格または簿価純資産価格にするなどディスカウントした価格にするのが通常である。ただし、たとえば、インドでは、インド準備銀行

(RBI) の価格ガイドランで評価した額を下回ることができないとする規則があるために[17]、それに従った適正な評価額でなければ、有効な条項ではなくなる場合がある。株式の購入価格を決定する煩雑な手続を回避するために、相手方に売却したい価格を提示させ、その価格で購入するか、または、その価格で相手方に自己の保有する株式を相手方に購入させるか選択権を有するロシアン・ルーレット条項[18]を用いる場合もある。

　㈥　**合弁会社の株式譲渡**

　合弁契約では、合弁の相手方を信用して契約を締結して合弁会社を設立しているので、合弁契約の譲渡だけでなく合弁会社の株式の譲渡を制限する規定を置く必要がある。合弁の当事者が保有する合弁会社の株式の全部を第三者に譲渡してしまえば、合弁契約を存続させることはできなくなる。

　他方で、合弁会社の株式の第三者への譲渡は、合弁会社の解散や合弁会社の株式の買取りとともに、合弁の解消の手段であるので、その選択がどのような場合にどのような条件でできるか合弁契約で明確にしておくことが重要である。

　第三者への株式譲渡を認める条項には、以下の①〜④がある。

① 　ファースト・リフューザル・ライト条項[19]

② 　ファースト・オファー・ライト条項[20]

③ 　ドラッグ・アロング・ライト条項[21]

④ 　タグ・アロング・ライト条項[22]

　国際合弁契約では、合弁の当事者が第三者に合弁会社の株式を譲渡する前

17　RBI/2004-05/207 A.P. (DIR Series) Circular No. 16
18　Russian Roulette
19　Rights of Fist Refusal
20　Rights of First Offer
21　Drag-Along Rights
22　Tag-Along Rights

に、最初に他の合弁の当事者に第三者と同様の条件で申込みをさせる上記①ファースト・リフューザル・ライト条項を置くのが一般的である。

　合弁会社の株式の譲渡を望む合弁の当事者が最初に合弁の他の当事者に譲渡の申込みをすることを要求する上記②ファースト・オファー・ライト条項は、どのような価格で申し込むかが問題で、申込みが拒絶されて、第三者に譲渡できても、当初の合弁の当事者への申込価格より有利であれば、再度当初の合弁の当事者へその条件で申し込む必要がある。

　上記③④は、米国の合弁会社でよく使われるもので、③ドラッグ・アロング・ライト条項は、多数株主が第三者に合弁会社の株式を譲渡する際に、第三者が少数株主の存在を望まない場合、少数株主の保有する株式を譲渡させることができ、④タグ・アロング・ライト条項は、逆に、多数株主が第三者に合弁会社の株式を譲渡する際に、少数株主がその保有する株式も一緒に譲渡させることができる。いずれにしても、第三者への合弁会社の株式の譲渡を認める場合には、第三者が合弁契約の条項を承認して、それに拘束されることを条件とする必要がある。

　　㈎　合弁会社の経営およびデッドロック
　⒜　合弁会社の経営

　合弁会社の経営については、合弁会社の設立準拠法で認められた範囲で選択できるものについて、合弁契約で規定しておく必要がある。株主総会の招集、定足数、決議要件および重要決議事項、取締役会の構成、招集、代理の可否、定足数、決議要件および重要決議事項、その他の役員等の会社の機関の構成・役割についても規定しておく必要がある。

　会社の機関は各国の会社法等によって異なり、日本の会社の機関とは異なるので、注意が必要である。たとえば、英米法の国では、取締役と役員は兼任が可能であるが、別の会社の機関であり、代表取締役および内部的な監査役は存在せず、監査役といえば外部の監査人のことを意味し、取締役は取締役会の構成員にすぎず、業務執行はマネジメント・ディレクター[23]またはプ

レジデント[24]、セクレタリー[25]、トレジャラー[26]等の役員によって行われる。また、中国の合弁会社では、株主総会は存在せずに、取締役会と代表取締役に相当する董事会と董事長が存在し、総経理が業務執行を行い、監査役も存在する。

　また、多数株主の場合と少数株主の場合でも注意すべき点は異なってくる。50：50の合弁の場合は、両当事者の合意がなければ、経営についての決定はできなくなる。多数株主と少数株主の場合は、多数決で多数株主が経営について決定できるので、少数株主としては、重要な決議事項については法律上特別多数が要求されるので、その特別多数決を阻止する株式を保有している必要があり、特別多数を阻止する株式を保有していない場合は、合弁契約で、株主総会および取締役会の定足数で両当事者およびその選任した取締役の出席を定足数として拒否権をもつか、株主総会および取締役会の重要決議事項を全員一致として拒否権をもつか、または重要な権限を有する役員を選任する権利によって拒否権をもつ必要がある。逆に、多数株主としては、それらを阻止して合弁会社の経営の決定権を確保する必要がある。外資規制との関係で、少数株主とならざるを得ない場合も出てくる。極端な場合は、現地企業に名目だけ株主となってもらい、株主間ですべての経営の決定権を外国企業が有する合意をすることもあるが、そのような外資規制の脱法的な方法が現地法で有効となるか検討する必要がある。

　(B)　デッドロック

　50：50の合弁の場合だけでなく、多数株主と少数株主の場合でも少数株主が拒否権をもつと、デッドロックが生じる可能性があるので、その解消方法について、合弁契約に規定する必要がある。合弁会社を解散・清算するか、

23　Managing Director
24　President
25　Secretary
26　Treasurer

合弁契約の一方の当事者が他方の当事者の保有する株式を買い取ることをデッドロックの解消方法として規定することが多い。株式の買取りの場合は、合弁契約の終了の場合と同様に、株式の購入価格を決定する方法を定めておく必要がある。

デッドロックは、当事者のコミュニケーション不足による意見の相違に起因することが多いので、株式の買取りに至る前に、合弁の担当者より高い地位の当事者の役員が話し合う機会を設けるなどのメカニズムを合弁契約に規定しておくことが多い。

　㈑　定款および関連契約

英米法の国では、定款は基本定款[27]と付属定款[28]または基本定款[29]と通常定款[30]に分かれている。合弁契約の条項は、設立準拠法で許される限り、定款に反映させて作成して、合弁契約にあらかじめ添付しておくべきである。合弁契約は債権契約としての効力しかなく、それに違反しても契約当事者間での契約準拠法に基づく債務不履行責任の救済を受けることができるだけで、違反した合弁会社の行為を無効にすることまではできないが、定款違反であれば、設立準拠法のもとで無効が認められる可能性が出てくる。

合弁の当事者の合弁会社の運営を支援する役割は、合弁契約に雛形が添付されて合弁会社の設立後に合弁会社と合弁の当事者との間で締結される関連契約に詳細が盛り込まれることになる。

4　M&A（株式取得および資産取得）

(1)　総　論

国内企業と外国企業との合併、会社分割、株式交換および株式移転といっ

27　Articles of Incorporation
28　Bylaws
29　Memorandum of Association
30　Articles of Association

た法定の企業結合は認められないのが一般的なので、国際取引でのM&Aは、主として、対象企業の資産の取得または対象企業の株式の取得によって行われる。

　(ア)　資産取得

　資産の取得の場合は、買主は必要な資産だけを取得し、必要な負債だけを引き受けることができる。日本では、判例（最大判昭和40・9・22民集19巻6号1600頁）によれば、一定の事業目的のために組織化され、有機的一体として機能する財産の譲渡だけが商法上および会社法上の事業（営業）譲渡に該当する。そのため、事業（営業）譲渡には、個別の資産の譲渡とは異なり、競業避止義務（商法16条、会社法21条）、株主総会の特別決議（会社法467条1項、309条2項11号）、反対株主の株式買取請求権（同法469条）等の特別な法定の効果が認められている。資産を取得した買主は、適正な時価を反映した資産取得代金を取得価額として、減価償却費を課税所得計算上の損金の額に算入できるとともに、資産を将来譲渡した場合の譲渡益（または譲渡損）を計算できる。資産を譲渡した売主には、資産に応じた譲渡収益が課税所得計算上の益金の額に算入され、その後に売主が解散すれば、解散により出資額を超えて支払いを受けた株主は、配当を受けたものとみなされて課税される。

　(イ)　株式取得

　株式の取得による場合は、対象企業の事業を隠れた負債も含めてすべて引き継ぐことになる。対象企業の100％株式を取得しない場合は、対象企業は残った株主との間の合弁会社となる。株式を譲渡した売主は、資産の譲渡の場合のような二重課税を回避できるが、株式を取得した買主は、適正な時価で取得した株式については減価償却ができないのみならず、対象会社の資産の一般的には適正な時価より低い取得価額がそのまま引き継がれることになる。隠れた負債および税金の観点からは、買主としては、資産の取得が有利であるが、売主としては株式を取得してもらうのが有利である。

(2) デュー・デリジェンス[31]

　M&Aでは、既存の企業を買収することになるので、対象企業のデュー・デリジェンスと呼ばれる詳細な調査が必要である。法律事務所が担当する法律デュー・デリジェンスと会計事務所の担当する財務会計デュー・デリジェンスが行われる。環境上の懸念がある場合には、専門家によって環境監査が行われる場合もある。

　法律デュー・デリジェンスとしては、会社の組織に関する書類、株式譲渡の記録、重要な契約および債務、財産の権利関係、政府の許認可、係属中の訴訟、税法、労働法、環境法その他の関連法令の遵守等を調査する。多くの案件において、デュー・デリジェンス用の資料を集めるためにオンラインのデータルームが利用されている。調査の結果は、一定の前提および制限を付けたデュー・デリジェンス報告書にまとめられる。デュー・デリジェンスの前に提供される対象企業に関する秘密情報についての買主の守秘義務を規定する守秘義務契約が締結されるのが通常である。同時に、買収価格またはその決定方法およびその他の重要な買収条件を記載したレター・オブ・インテント（メモランダム・オブ・アンダースタンディングという表題にする場合も多いが、ターム・シート[32]と呼ばれる契約条件を列挙するだけの形式のものを作成する場合もある）が締結されるが、複雑な買収事案では、それがデュー・デリジュンスの後に締結される場合もある。

　レター・オブ・インテントは、当事者に対する法的拘束力がなく、最終契約に取って代わられることを予定している。レター・オブ・インテントの記載の具体性によっては、裁判所によって法的拘束力が認められるリスクがあるので、法的拘束力がない趣旨であれば、法的拘束力がないことをレター・オブ・インテントに明記しておくべきある。反対に、独占的交渉権を買主に

31　Due diligence
32　Term Sheet

与える条項等に法的拘束力を与える必要がある場合には、その条項に限り法的拘束力があることを明記する必要がある。

株式取得および事業譲受けには、独禁法上、一定の規模に達すると、影響のある国の独禁法当局への事前の届出義務と調査中の待機期間が設けられているので、注意が必要である（第4章Ⅰ参照）。また、合弁会社の場合と同様に、外資規制のある国では、同様な注意が必要となる。

(3) 株式取得契約

株式取得契約は、その内容としては、売主が株式を売り渡し、買主が株式を買い受けるだけであるので、契約の形態としては極めて簡単であり、外国企業が日本に支店または子会社を設立することなく買主となることができる。

株式取得代金の支払いと株式譲渡のために対象企業の従属法である設立準拠法で要求される株券の交付等の形式的手続が、クロージングの際に行われる。

日本では、株式の譲渡には、消費税、印紙税等が課税されることはない。日本にPE（恒久的施設）を有しない非居住者および外国法人が、日本の子会社株式を他者に譲渡した、いわゆる事業譲渡類似株式譲渡の場合、日本では、国内源泉所得となるので、注意が必要である（第4章Ⅳ参照）。

株式の取得の場合は、負債も含めて対象企業の事業をそのまま引き継ぐことになるので、合弁会社の株主が合弁会社の株式を買い取るような場合を除いて、デュー・デリジェンスの範囲が広範となるとともに、詳細な表明および保証を売主に行わせたうえで、その違反により生じた損害についての補償責任を売主に負わせる必要がある。対象会社の締結している契約には、対象会社の所有者または支配の変更がある場合には、契約の相手方の同意を要求するものがあるので、注意が必要である。

本書には、対象企業が日本の会社で、株式譲渡により合弁契約を終了させる場合の株式取得契約書（資料5参照）を登載したが、外国の会社の株式取得契約については、米国法曹協会の公表しているモデル株式取得契約[33]が参考となる。対象企業が外国の会社である場合、環境上の懸念、従業員向け福

33

利厚生、知的財産権等に関する詳細な表明および保証に関する条項を含むために、株式取得契約が長文となることが多い。

(4) 資産取得契約

資産取得契約は、複雑な契約形態となる。買主が外国企業の場合、株式の取得と異なり、資産の取得の結果、日本国内で取引を継続して行うことになる場合には、支店または子会社の設立登記をする必要がある（会社法817条1項、933条1項参照）。

資産取得契約で、譲渡の対象となる資産を特定して、引き受ける負債を特定する。それによって、買主は隠れた債務を引き受けることを回避できるが、各国の制定法や判例で買主が債務を引き受けることになる場合がある。日本でも、売主の商号を引き続き使用する場合（商法17条、会社法22条）または売主の事業によって生じた債務を引き受ける旨の広告をした場合（商法18条、会社法23条）には、資産取得契約の規定にかかわらず、買主が債務を引き受けることになる。

資産取得代金の支払いと資産譲渡のため形式的手続が、クロージングの際に行われるが、資産によって譲渡のための形式的手続が異なる。日本法が準拠法の場合には、①不動産についての移転登記、②動産についての引渡し、③自動車等の特定の動産についての移転登録、④債権についての確定日付による譲渡通知、⑤登録を要求される知的財産権についての移転登録等が必要となるが、準拠法によって譲渡のための形式的手続が異なる。

資産の譲渡には、資産によっては消費税、印紙税、登録免許税等が日本では課税されるが、各国の同様な内国税の課税について注意する必要がある。

日本では、事業譲渡によって労働契約および労働協約を引き継ぐには、従業員の個別の同意（民法625条1項）および労働組合の同意がそれぞれ必要と

---

33 American Bar Association, Model Stock Purchase Agreement with Commentary (2010)

されているが、労働契約および労働協約を自動的に引き継ぐか否かは国によって異なる。従業員全員の労働関係を引き継がない場合の退職金の支払いや企業年金の精算等についても定めておく必要がある。従業員全員の労働関係を引き継ぐ場合も、国によっては退職金の支払いを要求されたり、企業年金の企業掛金の拠出不足について責任追及を受ける可能性があるので、注意が必要である。

特殊な場合を除いて、契約上の地位の譲渡には相手方の同意が原則として要求されるので、同意が得られなかった場合の措置について定めておく必要がある。顧客から支払いを受ける商品またはサービスの代金については、クロージングまでに前払いを売主が顧客から受けていれば、クロージング時に調整が必要である。また、クロージング後も、誤って売主または買主が顧客から商品またはサービスの代金支払いを受けた場合には、その代金を買主または売主に送金する必要がある。

事業に必要な政府の許認可の譲渡が不可能な場合は、買主が新たに政府の許認可を申請する必要がある。

資産譲渡代金は、クロージング時点以前の財務諸表に基づいて決定されるが、クロージング後に作成されるクロージング時点での財務諸表に基づいて調整されることになる。ただし、簡略化のために、そのような資産譲渡代金の調整は、省略されることも多い。

日本では、詳細な表明および保証を売主にさせるのは一般的でない。詳細な表明および保証を売主にさせるにしても、売主は事業譲渡の後に解散・清算する場合が多いので、表明および保証の違反によって生じた損害の補償責任を売主に負わせても十分ではなく、代金の一部を第三者のエスクロー口座と呼ばれる第三者預託口座にクロージング後も一定期間は預けることを検討する必要がある。

売主の競業避止義務については、日本の商法および会社法では、特約のない場合は事業譲渡から20年と定められているが（商法16条、会社法21条）、国

によって競業避止義務の有効性および有効となる範囲は異なる。

　本書には、対象企業が外国の会社の日本支店で、その事業を日本子会社が譲り受ける場合の資産取得契約書（資料6参照）を登載したが、外国の会社の資産取得契約については、米国法曹協会の公表しているモデル資産取得契約[34]が参考となる。対象企業が外国の会社である場合、資産譲渡のため形式的手続が複雑となるうえに、詳細な表明および保証に関する条項を含むために、株式取得契約が長文となることが多い。

II　国際商業会議所（ICC）インコタームズ

1　総　論

(1)　定　義

　国際商業会議所[35]（ICC）が国際売買契約に適用されるルールの統一化をめざして作成したのが「INCOTERMS」であり、これは、国際商業条件（International commercial terms）の略語である。INCOTERMSは、国際売買契約の鍵となる要素である、輸出入手続、運送および保険の手配、引渡し、危険の移転、費用の分担等を規定するルールである。1936年に初めて刊行されてから、1953年、1967年、1976年、1980年、1990年および2000年の改定を経て、INCOTERMSの最新版は、2010年版となっている。

(2)　インコタームズ2010年版

　2010年版では、初めて国際売買契約と国内売買契約の両方に適用されることが正式に認められた。これは、EU等の地域貿易協定による貿易ブロック化の動きの中で、形式的な国境の意味が重要でなくなってきていることを反

34　American Bar Association, Model Asset Purchase Agreement with Commentary（2001）

35　International Chamber of Commerce

映したものである。

　また、2010年版では、13種類の取引条件から11種類の取引条件に整理された。新しい取引条件の「DATターミナル持込渡し」(DELIVERED AT TERMINAL) が「DEQ埠頭持込渡し」(DELIVERED EX QUAY) に代わって導入され、新しい取引条件の「DAP仕向地持込渡し」(DELIVERED AT PLACE) が「DAF国境持込渡し」(DELIVERED AT FRONTIER)、「DES本船持込渡し」(DELIVERED EX SHIP) および「DDU関税抜き持込渡し」(DELIVERED DUTY UNPAID) に替わって導入されたものである（〔図２〕参照）。これらの新しい取引条件は、輸送形態のいかんを問わず利用できる。

　さらに、2010年版では、ロンドン保険業者協会[36]の協会貨物約款[37]の修正に初めて対応して、保険契約については、売主の義務の場合、伝統的な協会貨物約款のSGフォーム証券[38]ではなく、1982年から新しく制定された協会貨物約款のMARフォーム証券[39]の(C)条件または同種の約款の最小担保によるものとし、買主の要求がある場合、買主が売主の要求する必要情報を提供する限り、買主の費用負担で、協会貨物約款のMAR証券の(A)もしくは(B)条件または同種の約款および協会戦争担保特約[40]もしくは協会ストライキ担保特約[41]または同種の約款によることを明確にした。

　実際の国際取引では、貿易業者は昔からなじみのある使いやすい取引条件を、INCOTEMSの改定にかかわらず、誤用であることを承知しながらも使用し続けていることが多い。なお、米国のUCCでも、F.O.B.、F.A.S.、C.I.F.、C.&F.およびDelivery "Ex—Ship" の取引条件が使われているが（UCC 2 —

36　Institute of London Underwriters
37　Institute Cargo Clauses
38　Ship & Goods Form Policy
39　Marine Form Policy
40　Institute War Clauses
41　Institute Strikes Clauses

37

〔図 2〕 Incoterms 2000（売主から買主へ危険の移転）

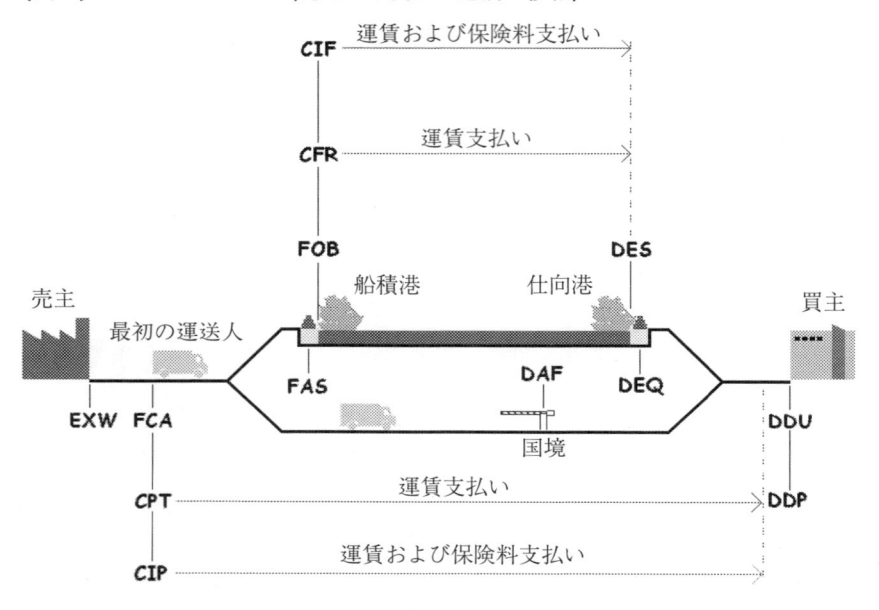

319条、2-320条、2-322条)、INCOTERMSと必ずしも同一の意味で用いられていないので、注意が必要である。

2　11の取引条件

売買契約では、どの取引条件が適用されるかを、取引条件に応じて、EXW、FCA、DAT、DAP、DDP、FASおよびFOBの場合は、引渡しが行われ、買主に危険の移転する地、CPT、CIP、CFRおよびCIFの場合は、そこまでの運送質が支払われる仕向地が明記されたうえで、取引条件がINCOTERMSの最新版によって解釈される旨を明記する必要がある。EXW、FCA、CPT、CIP、DAT、DAPおよびDDPは輸送の形態を問わず使用することができるが、FAS、FOB、CFRおよびCIFは海上および内陸水路輸送にのみ使用することができる。

以下では、代表的な取引条件について詳しく述べる。

(1) 工場渡し（EXW）

EXWは、「工場渡し」（EX WORKS）のことで、売主が、受取りのための車両に物品を積み込まず、また、輸出通関が適用される場合、その通関を行わずに、売主の施設またはその他の指定された場所（すなわち、工場、製作所、倉庫等）で、物品を買主の処分に委ねた時、引渡しの義務を果たすことを意味する。EXWは、売主にとって最小の義務を表している。

(2) 運送人渡し（FCA）

FCAは、「運送人渡し」（FREE CARRIER）のことで、適用ある場合、売主が輸出通関を行い、売主が、自己の施設またはその他の指定された場所で、買主によって指名された運送人またはその他の者に物品を引き渡すことを意味する。

(3) 輸送費保険料込み（CIP）

CIPは、「輸送費保険料込み」（CARRIAGE AND INSURANCE PAID TO）のことで、適用ある場合、売主が輸出通関を行い、売主が、合意された場所で（そのような場所が当事者間で合意された場合）、自己の指名した運送人またはその他の者に物品を引き渡すが、さらに、物品を指定仕向地まで輸送するために必要な運送契約を締結し、物品を指定仕向地まで輸送するために必要な運送費用を負担しなければならないことを意味する。また、売主は運送中の物品の滅失または損傷についての買主の危険に対して保険契約を締結する。

CIPに限らず、CPT、CFR、CIF、DAT、DAPおよびDDPでは、運送費用は、売主によって支払われるが、その費用を売買価格総額の中に売主が含ませるのが通常であるので、実際には買主によって支払われることになる。

(4) 関税込持込渡し（DDP）

DDPは、「関税込持込渡し」（DELIVERED DUTY PAID）のことで、売主が、指定仕向地において、荷おろしの準備をした到着して、輸送手段上で、適用ある場合、輸入通関を行い、物品を買主の処分に委ねた時、引渡しの義

39

務を果たすことを意味する。DDPは、売主にとって最大の義務を表している。

(5) 本船渡し（FOB）

FOBは、「本船渡し」（FREE ON BOARD）のことで、適用ある場合、売主が輸出通関を行い、売主が、指定船積港において、買主によって指定された本船上に物品を置くことによって引き渡し、また、連続売買の場合は、すでにそのように引き渡された物品を調達することを意味する。歴史的には、「本船の手すり（ship's rail）」が当事者間の役割、費用および危険の分担地点として重要性をもっていたが、INCORTEMSでは、「本船上に物品を置く」と規定している。

典型的には、ターミナルにおいて引き渡されるコンテナの中の物品のように、物品が本船上にある前に運送人に引き渡される場合には、FOBは適切でなく、FCAを使用すべきことがINCOTERMSでは推奨されている。

(6) 運賃保険料込み（CIF）

CIFは、「運賃保険料込み」（COST INSURANCE AND FREIGHT）のことで、適用ある場合、売主が輸出通関を行い、売主が、指定船積港において、買主によって指定された本船上に物品を置くことによって引き渡し、また、連続売買の場合は、すでにそのように引き渡された物品を調達することを意味する。売主は、物品を指定仕向港まで輸送するために必要な運送契約を締結し、物品の船積までの費用および物品を指定仕向港まで輸送するために必要な運賃を負担しなければならない。また、売主は、運送中の物品の滅失または損傷についての買主の危険に対して保険契約を締結する。

たとえば、典型的には、ターミナルにおいて引き渡されるコンテナの中の物品のように、物品が本船上にある前に運送人に引き渡される場合には、CIFは適切でなく、CIPを使用すべきことがINCOTERMSでは推奨されている。

3　取扱範囲

　INCOTERMSは、輸出入手続、運送および保険の手配、引渡し、危険の移転、費用の分担等を主として規定するルールであり、売買契約のすべての条項を網羅するものではない。売買代金またはその支払方法、物品の所有権の移転、契約違反の効果等については、全く取り扱っていない。

4　特約による変型

　INCOTERMSで網羅されている事項でも特約で変更することはできるので、特約をする場合には、売買契約で明確に意図する効果を規定しておく必要がある。

　たとえば、INCOTERMSでの費用の分担を売買契約で変更する場合には、危険が売主から買主に移転する時点を当事者が変更する意図なのか否かを明確に規定しておく必要がある。

III　国際物品売買取引に関する国際連合条約（CISG）

1　総　論

　日本では、2009年8月1日に発効した、「国際物品売買契約に関する国際連合条約」[47]（以下、「ウィーン売買条約」または「CISG」という）は、1980年に4月11日に成立し、1988年1月1日に発効した。日本は、成立から30年近く経過して71カ国目の締約国となった。現在では、英国、タイ、マレーシア、インドネシア、中近東諸国等を除いた主要国が締約国となっている。

　日本のCISG加入により、日本での発効後に締結した契約については、日本法を準拠法としていても、明確にCISGの適用を排除しないと、CISGの適用があり、思わぬ結果となることに注意が必要である。また、CISGの適用

を明確に排除して慣れ親しんだ日本法を準拠法とするにしても、CISGの内容を十分理解したうえで、日本企業にとってそのような排除が有利であるか判断すべきである。

2　適用範囲

CISGは国際物品売買にのみ適用され、①契約の両当事者が異なる締約国に営業所が所在する場合、または、②国際私法の準則によれば締約国の法の適用が導かれる場合には、CISGが適用される（CISG 1条）。上記②には、⑦契約の一方当事者のみが締約国に営業所が所在するが、その締約国の法が契約で準拠法となっている場合、①契約の両当事者が異なる非締約国または締約国・非締約国に営業所が所在するが、CISGが契約で準拠法となっている場合が含まれる（〔図3〕参照）。もっとも、米国、中国等は、CISG95条に基づき、②に拘束されない旨の宣言を行っている。したがって、日本が締約国になる前は、日本企業と米国企業、中国企業等の②に拘束されない旨の宣言を行っている国の企業との間の売買契約には、CISGが適用される余地はなかった。

CISGでは、消費者との物品売買等に適用がないことを明記するとともに（CISG 2条）、製造物供給契約で、注文者が主要な材料を供給する場合に適用

〔図3〕　CISGの適用範囲

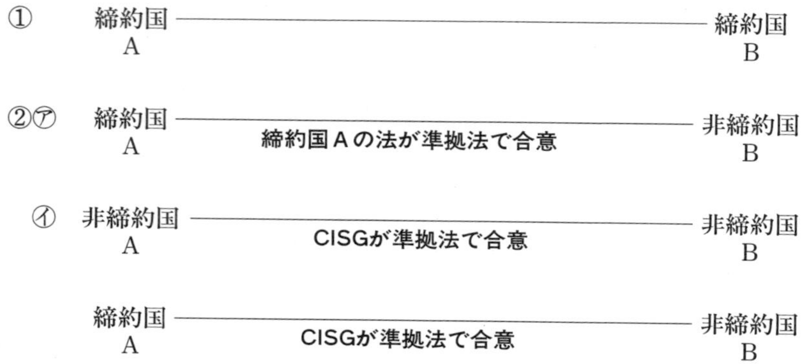

①　　　締約国 ─────────────────────── 締約国
　　　　　A　　　　　　　　　　　　　　　　　　　　　　　　B

②⑦　　締約国 ─── 締約国Aの法が準拠法で合意 ─── 非締約国
　　　　　A　　　　　　　　　　　　　　　　　　　　　　　　B

　①　　非締約国 ─── CISGが準拠法で合意 ─── 非締約国
　　　　　A　　　　　　　　　　　　　　　　　　　　　　　　B

　　　　締約国 ─── CISGが準拠法で合意 ─── 非締約国
　　　　　A　　　　　　　　　　　　　　　　　　　　　　　　B

がないこと（CISG 3 条 1 項）、物品の供給とサービスとの提供の両方からなる契約で、サービスの提供が主要な部分である場合に適用がないこと（同条 2 項）を明記している。販売店契約は、物品の供給と供給された物品の再販売の両方からなり、物品の供給については枠組みを定めているにすぎない。CISG は、販売店契約ではなく、販売店契約に基づく個別売買契約に適用されることになる。したがって、日本法を準拠法とする販売店契約が、日本が締約国になる前に締結されていても、それに基づいて日本が締約国になった後に締結される個別売買契約には、明確に CISG の適用を排除しないと、CISG の適用があり、思わぬ結果となることに注意が必要である。

また、CISG では、当事者が契約によって CISG の適用を排除することを認め、また、当事者が契約によって CISG の特定の規定を変更または排除することを認めている（CISG 6 条）。このように、CISG は、契約自由の原則を認めている。

3　主要な規定

CISG の構成は、「第 1 部　適用の範囲および総則」「第 2 部　契約の成立」「第 3 部　物品の売買」「第 4 部　最終規定」からなっている。CISG で規定されていない事項で重要なものとしては、民法総則の公序良俗、心裡留保、虚偽表示または錯誤による無効、詐欺または脅迫による取消し等の契約の有効性、および民法物権の物権移転がある。

民法債権および民法契約並びに商法商行為の規定に相当する主要な規定としては、以下のものがある。

(1) 口頭契約

CISG の下では、口頭契約も有効であって、書面によって署名されることは要求されない（CISG 11 条）。米国法において、詐欺防止法[42]に基づき、書

42　Statute of Fraud

面が原則として要求されることとは対照的である（UCC 2 —201条）。

また、CISGでは、書面を要求する締約国が書面による方法以外の方法を認めるCISGの規定が、自国の当事者に適用されないことを宣言することを認めている（CISG12条）。米国はこの宣言をしていないが、ロシア等がこの宣言をしている。

(2) 契約の成立

CISGの下では、申込みは、少なくとも、物品を示し、並びに明示的または黙示的に、その数量および代金を定め、またはそれらの決定方法について規定している十分に確定している申入れである（CISG14条1項）。申込みに対する承諾は、それが申込者に到達した時にその効力を生じる（CISG18条2項）。しかし、被申込者が承諾の通知を発した後に申込者は申込みを撤回できない（CISG16条1項）。

(3) 書式の争い[43]

当事者が、ある条項について異なる印刷した書式を交換した場合、売主と買主のどちらの書式が優先するのかが問題となる。

CISGでは、契約が成立するには、承諾が申込みと一致している必要があるとするミラーイメージ原則[44]を基本的に採用して、承諾が申込みの内容を変更するときは、申込みの拒絶であるとともに、反対申込みとなるとしている（CISG19条1項）。ただし、承諾が申込みの内容を実質的に変更しないときは、申込者が不当に遅滞なく異議を述べない限り、承諾に含まれる変更を加えた有効な契約が成立するとみなされる（同条2項）。代金、支払い、物品の品質もしくは数量、引渡しの場所もしくは時期、当事者の一方の相手方に対する責任の限度または紛争解決に関するものは、申込みの内容を実質的に変更することになるとされている（同条3項）。また、承諾が申込みの内

43　Battle of the forms
44　Mirror image rule

Ⅲ　国際物品売買取引に関する国際連合条約（CISG）

容を実質的に変更するときも、物品の発送または代金の支払い等を行うことにより、有効な契約が成立するとみなされる場合がある。

　したがって、CISGは、最後に発送した者が勝つ原則[45]を認めているということになる。最後に発送した者が勝つ原則によって、不測の結果を防止するためには、たとえば、裏面に一般条項が印刷されている注文書を受け取った売主は、その一般条項に売主にとって不利な条項が含まれている場合、裏面に売主にとって有利な一般条項が印刷されている注文請書によって対抗する必要がある。米国のUCCの2―207条が、書式の争いに関連して混乱を引き起こしていたため、2003年のUCCの改正で修正されたが、2003年の改正は米国各州で採用されていないので、混乱が残ったままとなっている。後述するユニドロワ国際商事契約原則2．1．22条では、書式の争いについて、当事者双方が定型条項を使用し、これらの定型条項以外について合意に達したときには、契約は、その合意された内容および定型条項のうち内容的に共通する条項に基づいて締結するものとすると規定して、解決を図っている（4参照）。

(4)　引渡しおよび危険の移転

　CISGも引渡しおよび危険の移転について規定しているが（CISG31条～34条、66条～70条）、INCOTERMSがより詳細に規定している。国際物品売買取引では、INCOTERMSを明示的に契約に取り込むのが通常である。

　また、荷為替信用状を利用する国際物品売買契約では、発行銀行は、「荷為替信用状に関する統一規則および慣行」（UCP）に従うのが通常であり、信用状の中でUCPに基づいて発行されたことが明示されるのが通常である。

(5)　売主の保証責任

　CISGでは、売主は、契約に定める数量、品質および種類に適合する物品を引き渡さなければならない（CISG35条1項）。当事者が別段の合意をした

---

[45]　"fires the last shot" theory

場合を除くほか、物品は、同種の物品が通常使用されるであろう目的に適したものであること、契約の締結時に売主に対して明示的または黙示的に知らされていた特定の目的に適したものであることなどの要件を満たさない限り、契約に適合しないものとされている（同条2項）。

このように、CISGでは、売主の契約に適合する物品を引き渡す義務を規定しており、保証という用語を使っていないが、実質的には、米国のUCCの売主の明示保証責任（UCC2−313条）、商品性に関する黙示保証責任（UCC2−314条）および特定の目的への適合性の黙示保証責任（UCC2−314条）を認めている。

(6) 物品の検査およびクレームの提起期間

CISGでは、買主は、物品を検査しなければならず（CISG38条1項）、物品の不適合を発見し、または発見すべきあった時から合理的な期間内に、売主に対して不適合の性質を特定した通知を行わない場合には、物品の不適合を援用する権利を失うとされている（CISG39条1項）。

したがって、売主としては、不適合の制限された通知期間を明示的に契約で特定する必要がある。また、売主としては、買主からの通知の遅延または不到達のリスクを負担しないことを契約で明示する必要がある。

(7) 契約違反についての救済

CISGでは、売主または買主の契約違反について、①買主または売主の損害賠償（CISG74条〜77条。英国におけるハドリー対バクセンデール事件[46]の損害賠償額を算定する一般原則による）および②利息（CISG78条。ただし、利率については規定していない）、③特定履行（CISG46条、62条。物品が契約に適合しない場合の代替品の引渡しおよび補修による追完を含む）、④契約解除（CISG49条1項、64条1項。ただし、重大な契約違反の場合または合理的期間を指定して催告しても履行しない場合に限る）、⑤代金減額（CISG50条）等の広範な範囲

---

46 Hadley v. Baxendale, 9 Ex. 341, 156 Eng. Rep. 145 (1854)

III　国際物品売買取引に関する国際連合条約（CISG）

の救済を認めている。

　救済の範囲が広範であるため、特に、売主としては、契約の責任制限条項により、損害賠償の範囲の限定、特定履行の限定等が必要となる。また、契約解除が認められる、重大な契約違反を契約で定義するとともに催告の合理的期間を契約で特定する必要もある。

4　契約による適用の排除の適否および方法

　日本の民法よりもCISGがより具体的な規定をもつ場合が多いが、日本の民法には判例・学説の集積があり、法的安定性があるのに対して、CISGの規定にも解釈の余地があり、日本での判例はないので、外国でこれまでに集積された判例・学説を参考とせざるを得ない（UNCITRALのホームページ[47]でCISG等に関する裁判所の裁判および仲裁判断を検索できるシステムが構築されている）。そのため、契約で日本法を準拠法とできるのであれば、CISGの適用を排除することを勧めざるを得ない。

　しかし、日本企業が日本法を準拠法とすることを希望しても、相手方の外国企業が日本法を準拠法とすることに同意しない場合、日本企業としては日本法を準拠法とすることに固執しないが、相手方の外国企業の国の法が十分に整備されていない場合などに、中立的な準拠法としてCISGを活用することが検討されるべきである。もっとも、CISGを準拠法とするとしても、CISGで規定されていない事項についての準拠法も合意する必要がある。私法統一国際協会[48]（UNIDOIT：ユニドロワ）のまとめた国際商事契約原則[49]は、CISGより規定事項が網羅的であるため、中立的な規範として当事者の合意で契約に取り込むことも選択肢の一つとなる。

47　〈http://www.uncitral.org/uncitral/en/case_law.html〉参照。
48　International Institute for the Unification of Private Law
49　UNIDROIT Principles of International Commercial Contracts

47

契約によってCISGの適用を排除するには、契約にCISGの適用を排除することを明記する必要がある。そうしないと、INCOTERMSと異なり、日本企業がCISGの締約国の企業と物品売買契約を締結する場合、および、日本企業がCISGの非締約国の企業と物品売買契約を締結して日本法を準拠法とする場合、自動的にCISGが適用されてしまう。

たとえば、以下のような準拠法条項が勧められる。

> This Agreement shall be governed as to all matters, including validity, construction and performance, by and under the laws of Japan. The parties agree to exclude the application of the United Nations Convention on Contracts for the International Sales of Goods (1980).
>
> 本契約は、有効性、解釈および履行を含むすべての事項について、日本法に準拠するものとする。当事者は、国際物品売買契約に関する国際連合条約（1980年）の適用を排除することに合意する。

Ⅳ　代金決済の方法

1　支払方法

国際売買取引では、「荷為替信用状」が、代金支払いを確保できる方法としては、代金前払いを除いて、唯一勧められるものである。しかし、信用状の銀行手数料が高く、荷為替信用状の手続が複雑なために、長い取引履歴のある相手方や隣国の相手方とは、国内取引と同様な代金決済方法が用いられる場合も多い。

支払方法の選択肢としては、以下のものがある。

(1)　**オープン・アカウント**

売主が掛売りで、先に商品と船積書類を買主に送ってから、銀行送金その

IV　代金決済の方法

他の方法で代金が支払われるのを待つことは、売主として代金不払いのリスクが大きいので、国際売買取引では、一般的には利用されない。ただし、銀行等による保証もしくはスタンドバイ信用状[50]または貿易保険によって支払いが確保されていれば、売主にとっては、安全となる。

(2)　前払い

売主にとって最も安全な方法であるが、買主としては商品を受け取れないリスクがあるので、応じられない。ただし、買主が代金の一部の前払いで合意することはある。

(3)　荷為替手形

売主が買主を支払人として為替手形を振り出し、船積書類を添付したうえ、取引銀行に取立てを依頼して、それが買主の国の銀行に送付され、買主が支払い（手形支払書類渡し：D/P[51]）、または、引受け（手形引受書類渡し：D/A[52]）をした場合に船積書類が買主に交付される。荷為替手形は、荷為替信用状に比べて銀行手数料が安くすむが、銀行による約束が何もないので、買主が支払いまたは引受けをしないリスクがある。

(4)　荷為替信用状

荷為替信用状は、買主（発行依頼人）による買主の取引銀行（発行銀行）への信用状発行依頼により、売主（受益者）の利益のために発行される。国際商業会議所（ICC）が国際取引に適用されるルールの統一化をめざして作成した「荷為替信用状に関する統一規則および慣行」[53]（UCP）は、信用状の本文がこの規則に従うことを明示して、信用状に適用され、信用状のすべての当事者に対して拘束力をもつことになる（2007年のUCP600が最新版である）。

50　Standby letter of credit
51　Documents against payment
52　Documents against acceptance
53　Uniform Customs and Practices for Documentary Credits

〔図4〕 取消不能、確認、荷為替信用状取引の流れ

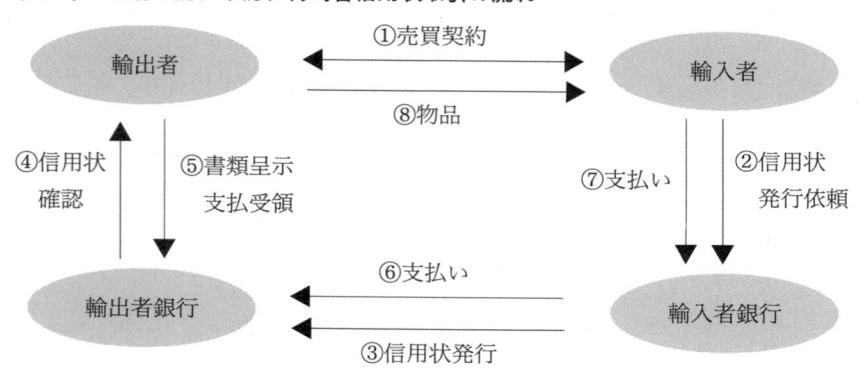

```
        ①売買契約
輸出者 ←――――――――→ 輸入者
        ⑧物品
    ――――――――――→

④信用状  ⑤書類呈示    ⑦支払い   ②信用状
確認     支払受領              発行依頼
↑        ↓              ↓        ↓

            ⑥支払い
輸出者銀行 ←――――――― 輸入者銀行
            ③信用状発行
         ―――――――→
```

　信用状は、その性質上、信用状の基礎となることのできる売買契約とは別個の取引である（独立抽象性の原則。UCP 4 条）。また、銀行は、書類を取り扱うのであり、その書類が関係することのできる物品を扱うのではない（書類取引の原則。UCP 5 条）。さらに、銀行は、呈示された書類が、外見上信用状条件に厳密に一致している場合にのみ買取りまたは支払いもしくは引受けをなす義務を負う（厳密一致の原則。UCP14条）。多くの信用状に関する紛争は、書類のタイプミスを含む不一致（ディスクレパンシー）[54]の問題に関するものである。

　売買契約では、買主が売主の満足する一流銀行で信用状を開設して、船積日の何日前までに売主に通知する義務があることを明記する。UCP600では、信用状は、たとえその趣旨の表示がない場合であっても取消不能とされている（UCP 3 条）。売買契約で確認信用状の発行が要求されている場合には、通常は売主の国の銀行が確認銀行（通常は通知銀行を兼ねている）として支払いもしくは引受けまたは買取りを確約することによって、買主の国の発行銀行の支払いまたは引受けの確約を補強することになる。信用状が一覧払いに

―――――――――

54　Discrepancy

より利用可能な場合は、一覧後に支払われ、信用状が後日払いにより利用可能な場合は、支払期日に支払われる。売買契約で、分割船積み[55]や積替え[56]を認める場合には、それが明示される。

取消不能、確認、荷為替信用状取引の流れは、以下の①〜⑪のとおりである（〔図4〕参照）。

① 売買契約
② 買主の発行銀行への信用状発行依頼
③ 発行銀行の信用状発行
④ 通知銀行の売主への信用状の通知
⑤ 確認銀行の売主への信用状の確認
⑥ 売主の信用状の受領および検討
⑦ 物品の船積および書類の確認銀行への呈示
⑧ 確認銀行の書類点検、売主への支払いまたは買取りおよび発行銀行への書類送付
⑨ 発行銀行の書類点検および確認銀行への補償
⑩ 発行銀行の買主への書類交付および買主の口座から引落し
⑪ 買主の運送人からの物品の引取り

信用状で要求される書類としては、為替手形、商業送り状、船荷証券のほか、包装明細書、保険書類、原産地証明書、検査証明書等がある。

なお、同じ種類の物品が継続反復して同じ相手と取引される場合には、一定極度額の信用状が一定期間、自動的に復元して、繰り返し使える回転信用状[57]が利用される。

また、買付代理店が第一受益者として譲渡可能信用状[58]を買主に開設して

55　Partial shipments
56　Transshipment
57　Revolving letter of credit
58　Transferrable letter of credit

もらっておき、売主と売買契約が成立してから、売主を第二受益者として信用状が譲渡されることがある。この場合、第一受益者は、自己の商業送り状および為替手形を第二受益者の商業送り状および為替手形と差し替える権利を有し、その商業送り状間に差額があれば、その差額について信用状に基づいて銀行に請求することができる（UCP38条）。

2　通貨および為替リスクの管理

(1)　為替リスク管理の必要性

　国際売買取引では、為替の変動により、取引の利益をすべて失ってしまうこともありうる。そのため、為替リスクの管理が重要である。自国通貨で取り決めた金額で決済すれば、為替リスクは回避できる。そのためには、契約で表示価格の通貨および支払いの通貨を自国通貨にしておく必要がある。外国通貨で取り決めた金額で決済せざるを得ない場合は、各種の為替リスクをヘッジする手法を活用する必要がある。

(2)　為替リスク管理の手法

(ア)　外国為替先物予約

　外国為替取引には、スポット（直物為替）とフォワード（先物為替）の二つがある。スポットは、原則として、通貨を売買することを契約した日から2営業日に受渡しをする外国為替取引で、フォワードは、通貨を売買することを契約した日から2営業日を超えて受渡しをする外国為替取引である。

　外国為替先物予約とは、特定の外国通貨を将来の一定の時期に一定の価格で受け渡すことを現時点において約定する取引で、予約と呼ばれているが、実際には売買で、金融機関と顧客との相対で売買価格を決めて約定する仕組みとなっている。

　たとえば、外国通貨で商品を外国から輸入する日本企業は、円安が進行中の場合には将来の外国通貨にプレミアムを支払う必要があるが、円高が進行中の場合には将来の外国通貨をディスカウントしてもらうことができる。こ

れによって、予約締結の時点で為替上のコストと採算が確定できる。将来の一定の時期とは、30日、60日または90日先が通常であり、長期の為替リスクヘッジには利用できない。また、外国為替先物予約は、限られた外国通貨にしか利用できない。

　(イ)　通貨先物取引

　通貨先物取引とは、上場されている外国通貨の標準物を、将来の一定の時期に一定の価格で売買することを現時点において約定する取引所取引である。取引所で取引されるために取引条件が定型化されていること、通常は差金取引で現物の受渡しを行わない点で外国為替先物予約と異なる。また、通貨先物取引は、多くの外国通貨で利用できる。

　(ウ)　通貨オプション

　通貨オプションとは、ある特定の通貨をあらかじめ定められた期間または期日にあらかじめ定められた価格で買う権利（コールオプション）、または、売る権利（プットオプション）を売買する取引で、現物の受渡しは不要であるとともにオプションを行使するか否かは権利の購入者が決定できる点に特徴がある。権利の購入者は、オプション料（プレミアム）を支払う代わりに、為替相場が有利になった場合にはその利益が無限大であるのに対して、為替相場が不利になっても損失がオプション料を限度とするので、投機取引にも利用される。

　(エ)　通貨スワップ

　通貨スワップとは、二当事者が異種通貨間で金銭債権債務の元利相当額にかかる将来のキャッシュ・フローの交換を合意する取引である。これは、異種通貨間での将来の金利と元本を交換する取引であり、開始日と満期日に元本を交換するのが大きな特色である。金利交換においては、異なる通貨の変動金利同士の交換が通常となっている。

　以上のほかにも、特定の外国通貨の債権と同じ外国通貨の債務を負うこと

などによっても為替リスクをヘッジすることができる。

3　与信管理および貿易保険

(1)　与信管理システムの構築

　国際取引の場合、国内取引にはない、輸入規制、外貨送金規制、戦争、内乱等のカントリーリスクがあるとともに、外国では、日本のような回収のための担保制度や訴訟制度が有効に利用できない場合も多い。代金未払いのリスクを回避するには、取引開始前に信頼できる信用調査会社を使って相手方の信用調査を行い、取引の金額や相手方の信用に応じて適切な代金決済方法を選択し、為替リスクを回避し、支払遅滞のある場合に遅延損害金とともに支払催告して、支払遅滞のある相手方に新規に商品を売らないなどの国際取引に対応した与信管理のシステムを構築することが重要である。

(2)　貿易保険の活用

　各種のリスクを想定した政府または政府機関（日本の場合は、独立行政法人日本貿易保険）および民間保険会社の提供する各種貿易保険の活用を検討する必要もある。民間保険会社が各種のリスクを引き受けるのが困難であるため、貿易・投資促進政策の一環として、政府または政府機関が各国において貿易保険制度を運営している。

　独立行政法人日本貿易保険が取り扱う保険としては、輸出、仲介貿易、技術供与、ライセンス契約等にかかるリスクを填補する貿易一般保険が代表的である。貿易一般保険は、輸出不能、増加費用および代金回収不能により受ける損失を填補する。

　そのほかに、以下の①〜⑤の保険が活用されている。

　① 貿易代金貸付保険　　日本の銀行等が外国の企業等に輸出貨物の代金等の支払いに充てる資金を貸し付ける契約に基づいて資金を貸し付けた場合において、貸付金の回収不能により受ける損失を填補する。貸付契約は、輸出契約、仲介貿易、技術提供契約の決済に充てられるものに限

られる。
② 輸出手形保険　日本の銀行等が為替手形を買い取ったが、満期に決済されないために買取銀行が受ける損失を填補する。
③ 前払輸入保険　日本の企業等が、外国の輸出者が貨物を船積みする前に代金の全部または一部を支払う契約で、貨物を輸入できなくなったが、前払金が返還されない場合に輸入者の損失を填補する。
④ 海外投資保険　日本の企業等が海外に有する資産を外国政府による収用・権利侵害、戦争、天災等よる損失を填補する。
⑤ 海外事業貸付保険　日本の企業等が外国法人または外国政府に対して事業資金貸付けを行った場合、貸付金債権の元本もしくは利息を償還できなくなったこと、または保証債務の履行もしくは求償権の回収不能により受けた損失を填補する。

なお、独立行政法人日本貿易保険では、ガイドラインに基づき、保険契約の対象となるプロジェクトに対して、プロジェクト実施者による環境社会配慮が適切になされているかの確認を行っている。

第3章

国際取引をめぐる
紛争の解決

第3章 国際取引をめぐる紛争の解決

I 準拠法および絶対的強行法規等

1 準拠法

(1) 総　論

　国内取引と異なり、国際取引では、その取引にどの法域（米国、カナダ、オーストラリアのように同じ国でも地域により法を異にする場合もある）の法が適用されるかが問題となる。適用される法が、「準拠法」である。

　契約の成立および効力並びに方式等の問題ごとの準拠法を決定する準則を定めたのが国際私法であり、「抵触法」とも呼ばれる。日本では、「法の適用に関する通則法」が2006年に成立し、2007年1月1日から施行されている。その前の国際私法の基本法であった法例（明治31年法律第10号）は、法適用通則法の施行前に締結された契約の成立および効力ならびに方式等に依然として適用される。

　法例7条では、法律行為の成立および効力について、当事者の意思によることを原則として、当事者の意思が不分明な場合には、法律行為を類型ごとに区別することなく、一律に行為地法を準拠法とし、隔地的法律行為の場合には、法例9条2項により、申込みの発信地を行為地とみなしていた。また、判例（最一小判昭和53・4・20民集32巻3号616頁）では、当事者の準拠法の指定は、明示のものに限られないとされていた。

(2) 国・法域ごとの準則

　準拠法については、国際的な統一はされておらず、各国または法域によって異なる準則が定められている。

　米国では、各州の制定法に規定がある場合を除いて、各州の判例によって確立された州相互間の抵触法が国際取引にも適用される。米国での支配的見解[1]によれば、事案ごとに政府の利益も考慮して準拠法が決定され、契約に

ついて、当事者による有効な法選択がない場合には、取引および当事者と最も重要な関連性を有する州の法によって判断され、契約締結地、契約の交渉地、履行地、契約の目的の所在地、当事者の住所、居所、国籍、設立地および営業地などが考慮される。

また、EUでは、「契約の準拠法に関する規則」(ローマⅠ規則)[2] および「契約外債務の準拠法に関する規則」(ローマⅡ規則)[3] があり、EU加盟国間では、共通の国際私法が適用される。

(3) 法の適用に関する通則法

法例は、1898年に制定されてから、約100年の間に、諸外国の立法では、当事者による準拠法選択の認定基準を明確化し、かつ、その認定ができない場合についても、契約類型ごとにきめ細かな準拠法を決定する仕組みが採用されており、また、消費者契約や労働契約のような交渉力に差がある当事者間の契約の準拠法の決定について、特別な規定を置くようになっていたため、国際的な標準と整合しなくなってきていた。

そこで、法の適用に関する通則法では、契約について、当事者による準拠法の選択を認めるとともに(法適用通則法7条)、当事者による準拠法の選択がない場合に契約に最も密接な関係がある地の国の法によるものとし(同法8条1項)、契約において特徴的な給付を行う当事者の常居所地法を当該契約に最も密接な関係がある法と推定している(同法8条2項)。また、消費者契約(同法11条)および労働契約(同法12条)の特例を置いている(消費者契約および労働契約の特例の詳細については、第4章Ⅴ・Ⅸ参照)。

さらに、不法行為について、加害行為の結果が発生した地の法を原則的な

1　American Law Institute, Restatement of Conflict of Laws, Second (1971)
2　Regulation (EC) No 593/2008 of the European Parliament and of the Council of 17 June 2008 on the law applicable to contractual obligations (Rome I)
3　Regulation (EC) No 864/2007 of the European Parliament and of the Council of 11 July 2007 on the law applicable to non-contractual obligations (Rome II)

準拠法とし、結果の発生が予見できないときに加害行為が行われた地の法を例外的に準拠法と認めるが（法適用通則法17条）、当事者間の契約に基づく義務に違反して不法行為が行われたことその他の事情に照らして、明らかにより密接な関係がある他の地の法があるときは、それを準拠法としている（同法20条）。

(4) 準拠法条項

(ア) 総 論

契約について、当事者による準拠法の選択を認めるのは、各国の国際私法でも認められた原則であるので、国際取引契約では、以下のような準拠法条項を置く必要がある。

This Agreement shall be governed by and construed in accordance with the laws of Japan.

本契約は、日本法に準拠し、同法に従って解釈されるものとする。

米国では、契約について、当事者による準拠法の選択を認めるのは、当事者または取引と選択された準拠法に合理的な関係があることを条件とするので、米国では、以下のような準拠法条項を置くのが通常である。

This Agreement shall be construed in accordance with and governed by the laws of the State of California without reference to principles of conflicts of laws.

本契約は、抵触法の原則と関係なく、カリフォルニア州法に従って解釈され、同法に準拠するものとする。

(イ) 訴訟の場合

国際取引に関する紛争が訴訟となった場合、法廷地の国際私法が適用され、

それによって準拠法となる実質法が決定される。契約の準拠法については、準拠法条項を置いておけば、通常は準拠法が争点となることはない。しかし、法廷地の手続法が適用されるため、問題が実質法の問題であるのか手続法の問題であるのか争点となることが多い。たとえば、遅延損害金や損害賠償の算定については、手続法の問題であれば、法廷地法が適用されるが、法廷地の国際私法によって実質法の問題であるのか手続法の問題であるのかが決定される。

　㈦　仲裁の場合

　国際取引に関する紛争が仲裁となった場合、仲裁人は仲裁地の国際私法に基づいて準拠法を決定する必要はないと考えられている。仲裁条項の中で合意した仲裁機関の仲裁規則（たとえば、ICC仲裁規則[4] 17条）またはUNCITRAL仲裁規則[5] 33条、仲裁条項の中で仲裁機関の仲裁規則またはUNCITRAL仲裁規則を合意していなくても仲裁地の仲裁法（たとえば、仲裁法36条）において、仲裁廷が仲裁判断で準拠すべき法についても規定している。

　これらの仲裁規則や仲裁法は、仲裁合意の対象となる一定の法律関係に関する当事者が和解することができる民事上の紛争について、当事者による準拠法の選択を認めるとともに、当事者双方の明示された求めがあるときは、衡平と善[6]により判断できる点に特徴がある。

2　絶対的強行法規等

(1)　絶対的強行法規

　一定の政策的な目的を達成するために、準拠法のいかんにかかわらず強行的に適用される法規を絶対的強行法規と呼んでいる。わが国では、独禁法、

4　Rules of Arbitration of the International Chamber of Commerce
5　UNCITRAL Arbitration Rules
6　Ex aequo et bono

外為法、消費者・労働者保護関連規定、利息制限法、借地借家法等が絶対的強行法規に当たると解されている。

絶対的強行法規は、実質法上の強行法規の中でも特に強行性が強く、通常の国際私法上の準拠法指定とは独立に適用されるため、契約について、当事者による準拠法の選択を認める原則の例外となる。しかし、法例にも法の適用に関する通則法にも、絶対的強行法規の適用に関する明文の規定はなく、どのような規定が絶対的強行法規に該当するかを明確化することは非常に困難であるため、解釈に委ねられている。ただし、法廷地の絶対的強行法規が、準拠法いかんにかかわらず適用されることについては争いがない。

法の適用に関する通則法における消費者契約および労働契約の特例にかかわらず、法廷地の絶対的強行法規に当たる消費者・労働者保護関連規定は、消費者・労働者の適用すべき旨の意思の表示にかかわらず適用される。

なお、準拠法所属国でも法廷地国でもない第三国の絶対的強行法規を準拠法いかんにかかわらず適用できるかについては、争いがある。また、契約準拠法の指定対象に、絶対的強行法規が含まれるかについても、争いがある。

(2) 契約以外の法律関係

契約に規定されているすべての事項が、契約の成立および効力の問題として性質決定されて、準拠法が当事者の合意で定まるとは限らない。

(ア) 物権等および債権の譲渡

物権およびその他の登記をすべき権利（法適用通則法13条）並びに債権の譲渡（同法23条）については、契約の準拠法と別の準拠法の準則が適用されることに注意が必要である。M&Aについては、資産譲渡の第三者に対する効力については、契約準拠法ではなく、資産の所在地法や譲渡にかかる債権の準拠法によることになる。

(イ) 法　人

外国法人については、日本では民法35条、会社法817条以下等の実質法に規定があるだけで、法例にも法の適用に関する通則法にも規定がない。法人

の成立、内部関係、内部組織および消滅といった問題について、国際私法上の問題と捉え、法人の従属法によって判断すべきと考えられている。

学説上は、本拠地法ではなく、設立準拠法を法人の従属法としているが、設立準拠法の適用範囲を明確にすることは困難であるため、解釈に委ねられている。外国の法制も国によってさまざまであり、一致した傾向はみられない。国際取引の契約の当事者による準拠法の選択にかかわらず、法人に関しては法人の従属法が準拠法となる。会社設立による合弁契約についてその許否ならびに会社および契約外の第三者に対する効果について会社の従属法により、契約当事者間の効力については、契約準拠法によることになる。M&Aについては、株式譲渡の会社および第三者に対する効力について対象会社の従属法によることになる。

　㈦　知的財産権

知的財産権は、国際的に認められた属地主義の原則により、各国の知的財産権が、その成立、移転、効力等につき当該国の法によって定められ、知的財産権の効力が当該国の領域内においてのみ認められる。知的財産権の侵害についても、諸外国では知的財産権の保護国法が準拠法と考えられている。

わが国の学説上、諸外国の立法において用いられる保護国がいかなる国を指すかについて争いがあり、保護国法の概念は多義的で、内容を明確にするのは困難であるため、解釈に委ねられている。国際取引の契約の当事者による準拠法の選択にかかわらず、知的財産権に関しては保護国法が準拠法となる（技術ライセンス契約の準拠法については、第4章Ⅶ参照）。

　⑶　公序則

外国法が準拠法となるべき場合において、その規定の適用が公の秩序または善良の風俗に反するときは、当該外国法は適用されない（法適用通則法42条）。公序則の発動による外国法の適用排除も、契約について、当事者による準拠法の選択を認める原則の例外となる。その場合には、準拠法の欠缺が生じることを前提として、法廷地の実質法が適用されると解されている。

II　国際裁判管轄および国際仲裁合意

1　国際裁判管轄

(1)　総　論

　国際取引に関する紛争が訴訟となった場合、いずれの国で訴訟が行われるかが重要な問題となる。一国の裁判所の管轄権が及ぶ範囲に関する規律が国際裁判管轄であり、日本の民事訴訟法には、国際裁判管轄に関する明文の規定は長らくなかった。民事訴訟法の土地管轄に関する規定は、日本の裁判所が国際裁判管轄を有する場合において、日本国内のいずれの裁判所に訴えを提起することができるかに関する規定にすぎない。

　判例（最三小判平成9・11・11民集51巻10号4055頁）は、「どのような場合に我が国の国際裁判管轄を肯定すべきかについては、国際的に承認された一般的な準則が存在せず、国際的慣習法の成熟も十分ではないため、当事者間の公平や裁判の適正・迅速の理念により条理に従って決定するのが相当である。そして、我が国の民訴法の規定する裁判籍のいずれかが我が国内にあるときは、原則として、我が国の裁判所に提起された訴訟事件つき、被告を我が国の裁判権に服させるのが相当であるが、我が国で裁判を行うことが当事者の公平、裁判の適正・迅速を期するという理念に反する特段の事情があると認められる場合には、我が国の国際裁判管轄を否定すべきである」と述べており、この判例の準則によって実務が運用されてきた。

(2)　米国、EUのルール

　米国では、各州が独立した法域を形成しているため、州際にわたる紛争に関する管轄のルールが、外国との間にわたる紛争にも適用される。伝統的には、①人的管轄権[7]（被告との関係で認められる管轄権）、②物的管轄権[8]（領域内にある特定の財産に対する権限に基づいて認められる管轄権）、および、

③準物的管轄権[9]（領域内にある財産の差押えに基づいて認められる管轄権）に区別されている。

　人的管轄権の問題として、判例で、裁判所の管轄権が及ぶ領域内で被告に対して送達がなされるか、被告がその領域内に住所を有するか、被告がその裁判所で応訴することが要件とされていたが、その後、被告（一定の場合には、子会社・関連会社および代理店も含む）がその領域内で営業活動を行っているか（Doing Business）、被告がその領域内で自動車を運転するなど被告とその州との間に、フェアプレーと実質的正義に反しない程度の最小限度の接触[10]が認められ、管轄権の行使に合理性があれば足りるとされた[11]。そのため、各州のロング・アーム法[12]により、州内に住所を有しない者による、州内での営業取引（Transaction of Business）、州内での不法行為の実行、州外の不法行為による州内での損害発生、州内の不動産の所有などの一定の行為による請求原因にも人的管轄権が認められている。

　逆に、準物的管轄権にも、判例で、最小限度の接触が要求されるようになった[13]。

　一方、EUでは、「民事および商事事件についての裁判管轄ならびに判決の承認および執行に関する規則」（ブリュッセルⅠ規則）[14]があり、EU加盟国間では、共通のルールに基づいて国際裁判管轄が判断されている。

7　Personal jurisdiction
8　In rem jurisdiction
9　Quasi in rem jurisdiction
10　Minimum contacts
11　International Shoe Co. v. Washington, 326 U.S. 310 (1945)
12　Long-arm statute
13　Shaffer v. Heitner, 433 U.S. 186 (1977)
14　Council Regulation (EC) No 44/2001 of 22 December 2000 on jurisdiction and the recognition and enforcement of judgments in civil and commercial matters (Brussels I)

(3) 日本のルール

(ア) 民事訴訟法の規定

わが国でも、2011年の民事訴訟法および民事保全法の改正によって国際裁判管轄のルールが制定法化された。

民事訴訟法の日本の裁判所の管轄権の規定は、日本の裁判所に国際裁判管轄を認める場合について、被告の住所等による請求原因を問わない一般的な管轄権（民事訴訟法3条の2）と契約上の債務に関する訴え等の管轄権（同法3条の3）に分けて規律している。

また、消費者契約および労働関係に関する訴えの管轄権について特例を置くとともに（民事訴訟法3条の4）、日本の裁判所が国際裁判管轄を有する場合も、専属的管轄合意がある場合を除いて、特別の事情による訴えの却下ができるとしている（同法3条の9）。

さらに、当事者による管轄権に関する合意は、一定の法律関係に基づく訴えに関し、かつ、書面ですれば、有効であること（民事訴訟法3条の7第1項・2項）、外国の裁判所の専属的管轄合意についても、外国の裁判所が裁判権を行うことができれば、有効としている（同条4項）。明記はされていないが、判例（最三小判昭和50・11・28民集29巻10号1554頁）で認められていたとおり、管轄権に関する合意が日本法に照らして公序則に反する場合には、その合意は無効になると理解されている。また、消費者契約および労働関係に関する紛争を対象とする管轄に関する合意について、特例を置いている（同条5項・6項）。ただし、会社法等により専属管轄の規定が置かれている訴え（同法3条の5第1項）、登記または登録に関する訴え（同条2項）および知的財産権のうち設定の登録により発生するものの存否または効力に関する訴え（同条3項）を専属管轄として、以上の原則の適用除外としている（同法3条の10）。

なお、民事訴訟法の国際裁判管轄の規定は、直接管轄の規律の明確化を図るものであるが、それが外国裁判所の確定判決を承認・執行する際の基準

(間接管轄)となることに注意が必要である(Ⅵ参照)。

(イ) 民事保全法の規定

民事保全法の保全事件の管轄の規定は、日本の裁判所に本案の訴えを提起することができるとき、または、仮に差し押さえるべき物もしくは係争物が日本国内にあるときに限り、日本の裁判所の国際裁判管轄を認めている(民事保全法11条)。

(4) 条　約

国際裁判管轄に関する条約は、ハーグ国際私法会議によって作成が試みられたが、最終的に対象範囲を管轄合意に限定した「管轄合意に関する条約」[15]が採択されただけで、それも署名したEUと米国が批准しておらず、メキシコが加入しているだけで、発効していない。

わが国が締結している条約で、国際裁判管轄に関する規定を含むものには、1999年の「国際航空運送についてのある規則の統一に関する条約」[16](モントリオール条約)、「油による汚染損害についての民事責任に関する国際条約」[17]等がある。

(5) 管轄合意に関する実務上の留意点

管轄合意は、訴訟行為的合意なので、法廷地法によりその有効性が判断されるが(最三小判昭和50・11・28民集29巻10号1554頁)、合意が無効もしくは取消しの対象となる場合または合意が公序則に反する場合でない限り、世界的にも有効と考えられており、日本企業にとっては、慣れ親しんでいる日本の裁判所の管轄合意が有利であるが、当事者間の力関係により相手方である外国企業の国または中立国の裁判所での管轄合意をせざるを得ない場合もある。

特に、米国では、日本の民事訴訟と異なり、極めて広範な証拠開示制度

15　Convention on Choice of Court Agreements
16　Convention for the Unification of Certain Rules Relating to International Carriage by Air
17　International Convention on Civil Liability for Oil Pollution Damage

（文書提出、証言録取等）、民事事件での陪審員制度等があり、英米法の国では、書証より人証が重視され、主張書面の交換より口頭での主張が重視される傾向があるので、注意が必要である。

また、日本の裁判所の専属的管轄合意をしておけば、特別の事情により却下されることはないが、日本の裁判所の判決が相手方である外国企業の国で承認・執行できるとは限らず、相手方である外国企業の国で訴訟を提起したほうが迅速な場合もあるので、非専属的管轄合意をするのが一般的である。

たとえば、東京地方裁判所のように特定の裁判所を合意する場合には、訴えることができる国の裁判所を日本の裁判所とする合意と国内の管轄裁判所を東京地方裁判所とする合意が含まれていることになる。

管轄合意に関する条約3条b) では、「一つの締約国の裁判所または一つの締約国の一つもしくは複数の特定の裁判所を選択する管轄合意は、当事者が明示的に別段の定めをしない限り、専属的なものとみなす」と規定しているが、国際取引においては、専属的管轄とする旨の明示的な記載がない限り、非専属的管轄の合意と解するのが実務の一般的な理解である。

なお、英米法の国では、送達受取代理人を選任する合意も、管轄合意と同様に考えられている。日本では、送達受取代理人の制度がないため、日本での送達はできないが、外国において送達受取代理人によって送達がなされた場合には、外国判決が日本で承認・執行される可能性がある。

2　国際仲裁合意

(1)　総　論

国内取引では、仲裁条項を契約に置くことは建築請負契約等の一部の例外を除いて滅多にないが、国際取引では仲裁条項を契約に置くことが多い。これは、国際取引に関する紛争では、裁判よりも仲裁がより効率的で一般的に使われる紛争解決手段と考えられているためである。国際仲裁は、その場限りのアドホックな仲裁も可能であるが、契約の仲裁条項に基づく場合は、常

設の国際仲裁機関を利用して手続を進めるのが通常である。

　㈦　国際仲裁機関の利用

　日本の国際仲裁機関としては、社団法人日本商事仲裁協会[18]（JCAA）と社団法人日本海運集会所[19]（JSE）がある。国際的には、国際商工会議所[20]（ICC）、米国仲裁協会[21]（AAA）およびロンドン国際仲裁廷[22]（LCIA）が最も知られている仲裁機関であるが、各国の仲裁機関が競争して国際仲裁センターとして多くの事件を取り込もうとしている。中国では、中国国際経済貿易仲裁委員会[23]（CIETAC）が多くの国際仲裁事件を扱っている。

　㈰　仲裁法

　国際仲裁でも、仲裁判断が確定判決と同一の効力を有することは、各国の国内法で保証されている。

　日本では、UNCITRALの作成した国際仲裁モデル法[24]に準拠した仲裁法（平成15年法律第138号）が2003年8月に成立し、2004年3月1日から施行されている。それまでは、「公示催告手続及ビ仲裁手続ニ関スル法律」（明治23年法律第29号。以下、「旧法」という）があったが、制定から110年以上にわたり実質的な改正がなされずにいたため、わが国で仲裁が活性化しない原因の一つといわれていた。旧法では、外国仲裁判断の効力については規定がなかったが、仲裁法45条では、国内の仲裁判断か外国の仲裁判断かを問わず、仲裁判断が確定判決と同一の効力を有すると規定した。外国裁判所の確定判決と異なり、相互の保証は要求されていない。

　また、外国裁判所の確定判決の承認および執行に関する条約は成立してい

18　Japan Commercial Arbitration Association
19　The Japan Shipping Exchange, Inc.
20　International Chamber of Commerce
21　American Arbitration Association
22　London Court of International Arbitration
23　China International Economic and Trade Arbitration Commission
24　UNCITRAL Model Law on International Commercial Arbitration

ないのに対して、日本を含めて多くの国が「外国仲裁判断の承認および執行に関する条約」[25]（ニューヨーク条約）の締約国となっている。この条約により、条約締結国でなされた仲裁判断は、ほかの条約締結国でも承認・執行されることになっている（Ⅵ参照）。

さらに、仲裁では、国際訴訟競合のような問題も仲裁法14条で解決されている。

(ウ)　調停の活用

調停も裁判外紛争解決手続[26]（ADR）の重要な手段であり、国際取引の紛争で利用されることもある。仲裁では、当事者が、私人である第三者の仲裁人をして争いを判断させ、その判断に服することを合意し、その合意に基づき紛争を解決するのに対して、調停では、中立的な立場の調停人の仲介によって、当事者が自律的に紛争を解決する。そのため、契約に調停条項を置かなくとも、紛争が生じてから当事者が調停に合意して利用することがほとんどであり、契約に調停条項を置くことは少ない。

(2) 仲裁条項

(ア)　合意すべき事項

仲裁条項では、当事者が仲裁によって紛争を最終的に解決する合意をする必要があるが、それ以外に、少なくとも、①仲裁の対象となる紛争、②仲裁地、仲裁機関および仲裁規則について合意する必要がある。仲裁条項で、合意した仲裁規則と異なる合意をすることはできるので、その他の事項についても合意するさまざまな仲裁条項がありうる。国際仲裁機関の高い手数料の節約などの理由で、アドホックな仲裁による場合も、UNCITRAL仲裁規則[27]を利用することを合意すれば、仲裁条項で、仲裁人の選任方法や仲裁手続の詳細を合意する必要がない。

25　Convention on the Recognition and Enforcement of Foreign Arbitral Awards
26　Alternative Dispute Resolution
27　UNCITRAL Arbitration Rules

(イ)　仲裁の対象となる紛争

　仲裁の対象となる紛争については、「本契約からまたは本契約に関連して、当事者の間に生ずることがあるすべての紛争、論争または意見の相違」などと合意する場合が多い。仲裁法では、仲裁合意の対象は、一定の法律関係（契約に基づくものであるかどうかを問わない）に関する民事上の紛争（仲裁法2条1項）で、当事者が和解をすることができる民事上の紛争（離婚または離縁の紛争を除く。同法13条1項）と規定されている。

　また、仲裁法の附則では、消費者保護のために消費者と事業者との間に成立した仲裁合意の特例（仲裁法附則3条）および労働者保護のために個別労働関係紛争を対象とする仲裁合意の特例（同法附則4条）を置いている。当分の間、事後の仲裁合意を除いて、消費者による消費者仲裁合意の解除を認め、個別労働関係紛争を対象とする仲裁合意を無効としている。日本国内を仲裁地とする場合だけでなく、日本国外を仲裁地とする場合にも附則が適用されるか明確でないが、日本国内で訴訟が提起された場合や外国仲裁判断の承認・執行が日本で求められた場合に問題となる（第4章V、IX3参照）。

　(ウ)　仲裁地、仲裁機関および仲裁規則

　仲裁地、仲裁機関および仲裁規則については、当事者はそれぞれに馴染みのある自国のものを主張するため、当事者の相対的な力関係によって決定される。当事者の相対的な力関係が拮抗している場合は、中立的な第三国を仲裁地とする合意または仲裁申立てをされた当事者の国を仲裁地とする合意をすることが多い。その場合も、仲裁廷が仲裁判断において準拠すべき法を仲裁地の法と一致させる必要はない。実際には、仲裁地を第三国としても、準拠法はどちらかの当事者の国の法とすることが多く、また、仲裁地を仲裁申立てのされた当事者の国としても、準拠法はどちらかの当事者の国の法としないと、仲裁を申し立てなかった場合の準拠法が不明であるので、やはり、準拠法はどちらかの当事者の国の法とすることが多い。

(エ) 仲裁合意の有効性

仲裁合意の有効性については、判例（最一小判平成9・9・4民集51巻8号3657頁）では、当事者が合意により仲裁合意に適用すべきものとして指定した法律により、当該指定がないときは、仲裁地が属する国の法律による黙示の合意が認められるとされている。仲裁法合意を含む一つの契約において、仲裁合意以外の契約条項が無効、取消しその他の事由により効力を有しないものとされる場合においても、仲裁合意は、当然には、その効力を妨げられない（仲裁法13条6項）。

(オ) 証拠調べの方法および弁護士費用の負担

仲裁規則でも仲裁法でも証拠調べの方法については、具体的な規定がなく、当事者の別段の合意がない限り、仲裁地の弁護士が代理するために仲裁地の訴訟と同様な証拠調べが行われるのが通常である。米国の極めて広範な証拠開示を回避できる点に仲裁のメリットがあるといわれるが、米国以外の英米法の国に比較しても日本の証拠開示は制限されており、意図せずに広範な証拠開示が要求されることがあるので、注意が必要である。証拠調べの方法については、仲裁開始後に「国際仲裁における証拠収集に関するIBAルール」[28]に準拠して合意することが多い。

また、弁護士費用についても、当事者の別段の合意がない限り、仲裁地の訴訟と同様となり、敗訴者負担を原則とする仲裁地では、意図せぬ負担を強いられることがあるので、注意が必要である。

(カ) 紛争当事者の守秘義務

仲裁が非公開であることも仲裁のメリットといわれており、仲裁は私的な紛争解決で、仲裁手続は公開されないが、当事者が守秘義務を負担するかについては必ずしも明確でない。当事者が仲裁判断を含む仲裁手続を第三者に開示できるかについては、日本の場合、仲裁法に規定がないが、日本商事仲

28　IBA Rules on the Taking of Evidence in International Arbitration

裁協会の商事仲裁規則40条には、当事者の守秘義務を明記している。しかし、国によってそうとは限らず、国によって当事者の守秘義務の有無の判断が異なる。

たとえば、ICC仲裁規則[29] 21条3項では、仲裁手続に関与している者以外の出席は、仲裁廷および当事者の同意がない限り、認められないが、守秘義務の規定はない。

　㈔　当事者選任仲裁人

日本では、仲裁人が3人で各当事者が仲裁人を選任する場合も、当事者に選任された場合の当事者選任仲裁人も公正かつ独立でなければならないが（仲裁法18条1項2号）、国によってはそうとは限らず、当事者選任仲裁人は選任した当事者の利益を代弁することがある。

たとえば、AAA商事仲裁規則および調停手続[30] R—17条では、当事者が書面で合意した場合には、当事者の選任する仲裁人は中立的である必要はないとしている。

　㈗　和解への移行

日本の場合、仲裁法38条でも日本商事仲裁協会の商事仲裁規則47条でも、当事者双方の承諾があれば、仲裁人が和解を試みることを認めているが、国によってそうとは限らず、当事者双方の承諾があっても仲裁人は和解を試みず、調停人による調停に付するのが通常である。英米法の国では、仲裁廷が和解を試みることはない。

29　Rules of Arbitration of the International Chamber of Commerce
30　American Arbitration Association Commercial Arbitration Rules and Mediation Procedures

III 外国等に対する民事裁判権および国際投資協定仲裁

1 外国等に対する民事裁判権

(1) 総 論

　国家が国際取引の主体となることがある。わが国では、「国およびその財産の裁判権からの免除に関する国際連合条約」[31]に基づいて、「外国等に対する我が国の民事裁判権に関する法律」（平成21年法律第24号）が2009年に成立し、2010年4月1日から施行されている。

　国家およびその財産は、一般に外国の裁判権に服さないという主権免除の原則が国際法上の原則である。しかし、取引の安全を図る必要から、国家の私法的・商業的な行為については、主権免除を認めない制限的免除主義が国際的に主流となっていた。

　わが国の判例（最二小判平成18・7・21民集60巻6号2542頁）も、「外国国家は、その私法的ないし業務管理的な行為については、我が国による民事裁判権の行使が当該外国国家の主権を侵害するおそれがあるなど特段の事情がない限り、我が国の民事裁判権から免除されないと解するのが相当である」として、大審院決定（大決昭和3・12・28民集7巻12号1128頁）を変更して制限免除主義の立場を採用することを明確にしていた。

　2004年12月に国連総会において「国およびその財産の裁判権からの免除に関する国際連合条約」が採択され、わが国も2007年1月に署名し、2010年5月11日に批准した。締結国との間はこの条約によって基準が明確化されたが、

31　United Nations Convention on Jurisdiction Immunities of States and Their Property

この条約は、締結国が少なく、効力が発生していなかったため、すべての国に対して適用される国内法の整備が必要であった。

(2) 米国、EUの状況

米国は、この条約の締約国ではないが、1976年の外国主権免除法[32]により、制限的免除主義を採用している。また、アクト・オブ・ステート・ドクトリン[33]（主権の行為の原則）により、米国連邦憲法の権力分立の原則に基づき、連邦行政府の外交に関する特権を保護するため、外国の主権の行為について裁判所は判断できないことが判例で確立されていた[34]。これは、外国政府が当該外国領土内の米国民の財産を収用した場合に適用されてきた。また、欧州では、「国の免除に関する欧州条約」[35]が、1976年から発効している。

(3) 日本の状況——外国等に対する我が国の民事裁判権に関する法律

「外国等に対する我が国の民事裁判権に関する法律」は、外国等に対してわが国の民事裁判権が及ぶ範囲および外国等にかかる民事裁判手続の特例を定めている。主権免除の原則に対して、外国等に対する裁判権の行使と外国等の有する財産に対する保全処分および民事執行の局面から、外国等の同意等がある場合以外にも商業的取引等に関する裁判手続について、裁判権の免除を認めないことを明確化している。

外国等に対して裁判権が及ぶ範囲としては、外国等の同意等がある場合だけでなく（外国民事裁判権法5条～7条）、外国等の同意等がない場合でも、商業取引、労働契約、人の死傷または有体物の滅失等、不動産にかかる権利利益等、知的財産権、団体の構成員としての資格等、船舶の運航等および仲裁合意に関する裁判手続のうち一定のものについて、裁判権の免除を認めないことを明確化した（同法8条～16条）。

---

32 Foreign Sovereign Immunities Act
33 Act of State Doctrine
34 Banco Nacional de Cuba v. Sabbatino, 376 U.S. 398 (1964)
35 European Convention on State Immunity

外国等の有する財産に対する保全処分および民事執行の手続の裁判権の及ぶ範囲として、外国等の同意等がある場合だけでなく（外国民事裁判権法17条）、外国等の同意等がない場合でも、その有する商業用財産等に対する民事執行の手続については、裁判権の免除を認めないことを明確化した（同法18条）。

外国等にかかる民事裁判手続の特例としては、外国等に対する訴状等の送達（外国民事裁判権法20条）、外国等が裁判所に出頭しなかった場合の取扱い（同法21条）および外国等が物件の提出命令、証人の呼出しその他裁判手続上の命令に従わなかった場合の取扱い（同法22条）について整備した。

日本の裁判所に国際裁判管轄が認められる場合、被告が外国等である場合、その被告およびその財産に対して日本の裁判権が及ぶのかが主権免除の問題となる。

2 国際投資協定仲裁

(1) 総 論

国家対国家の貿易紛争には、WTOの紛争解決手続が存在するが、投資紛争については、二国間投資協定[36]（BIT）が重要な意義を有している（第4章II参照）。BITには、協議または交渉によって紛争を解決できない場合の国家対国家の仲裁裁判と投資家対国家の仲裁が規定されている[37]。

(2) 国際投資協定仲裁の活用

日本企業による国際投資協定仲裁の活用例は少なく、公表されている事例としては、野村證券のオランダ子会社がオランダとチェコとの間の投資協定に基づきチェコを提訴した1件だけである[38]。世界的には、投資家が中南米、

---

36 Bilateral Investment Treaty
37 たとえば、「投資の自由化、促進及び保護に関する日本国政府と大韓民国政府との間の協定」（二国間投資協定14条、15条）。

III 外国等に対する民事裁判権および国際投資協定仲裁

東欧、旧ソ連諸国等の法制度の未整備な途上国に対して、紛争を投資解決センター[39]（ICSID）に付託したり、UNCITRAL仲裁手続を利用したアドホック仲裁等が活用されている。

ICSIDは、「国家と他の国家の国民との間の投資紛争の解決に関する条約」[40]（ICSID条約）の下で、世界銀行が1966年に設置した常設の機関であり、会議室や仲裁人候補の名簿等が用意されている。日本を含めて多くの国がICSID条約の締約国となっている。ICSIDは、締約国と他の締約国の国民との間で投資から直接生ずる法律上の紛争の調停または仲裁に便宜を提供することを目的としていたが（ICSID条約1条2項）、その後の追加便宜規則により、ICSID条約の範囲を超えた国家と他の国家の国民との間の一定の種類の手続を管理する権限も認められている。

たとえば、当事者の一方である国家または国民の本国がICSID条約の締約国でない場合や投資から直接生ずる法律上の紛争ではないが通常の商取引とは異なる特徴を有する取引に関する場合にも、ICSIDが手続を管理できるようになった。

ICSID条約の締約国は、紛争の当事者であるか否かにかかわらず、ICSID仲裁判断を承認・執行する義務がある（ICSID条約54条1項）。

国際投資協定仲裁は、国際商事仲裁とは異なる性質のものではあるが、国際商事仲裁と同様にUNCITRAL、ICC等の仲裁規則に基づき行われることもあり、「国際仲裁における証拠収集に関するIBAルール」[41]も国際商事仲裁だけでなく国際投資協定仲裁にも適用されることを前提としている。

---

38 Saluka Investments BV (The Netherlands) (Nomura‐Japan) v. Czech Republic, UNCITRAL, PCA is providing secretarial support (Czech Republic-Netherlands BIT), Partial Award issued on 17 March 2006
39 International Centre for Settlement of Investment Disputes
40 Convention on the Settlement of Investment Disputes between States and Nationals of Other States
41 IBA Rules on Taking of Evidence in International Arbitration

Ⅳ　送達および証拠調べ

　国際訴訟では、外国において送達または証拠調べをする必要がある。裁判権の行使は、国家主権の発動であるから、外国において送達または証拠調べをするには、国際司法共助が必要となる。

1　送　達

(1)　送達に関する条約
　日本は、「民事訴訟手続に関する条約」[42]（民訴条約）および「民事または商事に関する裁判上および裁判外の文書の外国における送達および告知に関する条約」[43]（ハーグ送達条約）のハーグ国際私法会議で採択された二つの多国間条約の締約国となっている。中国、米国等の日本の主要な貿易相手国は、ハーグ送達条約のみの締約国となっている。日本は、米国[44]および英国[45]と二国間の領事条約を締結している。それ以外の国とも二国間共助取決めがあるが、二国間共助取決めがなくとも個別の応諾による事例がある。

(2)　送達に関する国際司法共助
(ア)　概　要
　送達に関する司法共助としては、日本で訴訟を提起するために外国において送達する場合と外国で訴訟を提起するために日本において送達する場合の両方がある。

　外国で訴訟を提起するために日本において送達する場合については、「外

42　Convention on Civil Procedure
43　Convention on the Service Abroad of Judicial and Extrajudicial Documents in Civil or Commercial Matters
44　日本国とアメリカ合衆国との間の領事条約
45　日本国とグレート・ブリテン及び北部アイルランド連合王国との間の領事条約

国裁判所ノ嘱託ニ因ル共助法」(明治38年法律第63号) が、外国裁判所の嘱託による送達について、外交機関を経由して嘱託されること、相互の保証があることなどを条件として、日本の法律によって管轄裁判所が行うことを認めている。送達の嘱託のルートの種類および根拠は国によって異なるので、それぞれの場合に関係条約、取決め、事例等を調査する必要がある。

たとえば、日本では、裁判所書記官が送達に関する事務を取り扱うが (民訴法98条2項)、英米法の国では、当事者が送達について責任があり、送達証明を裁判所に提出する点で大きく異なる。英米法の国では、原告の代理人弁護士が被告に直接手渡す方法、受領証明付き郵便を使う方法などで訴状と召喚状を送達する。外国で訴訟を提起するために原告から日本に居住する被告への訴状および召喚状の送達を日本の弁護士が依頼されることがあるが、日本では、弁護士に訴状と召喚状を送達する権限は認められていない。

国際訴訟では、条約または取決めがない場合、訴状と召喚状に翻訳を添付して、被告が受領を拒否しない自国人の場合には外国にいる自国の領事を通じて送達を行うが、被告が外国人または受領を拒否するおそれがある自国人の場合には外交上の経路から外国の管轄裁判所を通じて送達を行うのが通常である。条約または取決めがある場合は、それに従うことになる。

(イ) 訴訟実務上の留意点

実務上問題となることが多い日本と米国の場合、訴状と召喚状に翻訳を添付して、ハーグ送達条約および日米領事条約により相手国にいる自国の領事を通じて送達を行うが、被告が受領を拒否するおそれがある場合にはハーグ送達条約により相手国の中央当局 (日本の場合は外務省、米国の場合は司法省) を経由して送達を行う。米国で訴訟を提起するために原告が日本にいる被告に直接に訴状および召喚状を代理人による手渡しまたは郵送することがある。代理人による手渡しまたは郵送による送達は、条約で認められていない限り、適法な送達ではないので、米国での確定判決の日本での効力は認められないことになる。ただし、ハーグ送達条約では、日本は、外国にいる者に対して

直接に裁判上の文書を郵送する権能を妨げない旨の10条(a)について、拒否を宣言していない。そのため、米国では、原告が日本の被告に直接に訴状および召喚状を郵送により送達することが認められるかについては判決が分かれている[46]。ハーグ国際私法会議において、わが国の代表者は、わが国がこの条項について拒否の宣言をしていないのは、郵便による直送が送達として有効であることを認める趣旨ではなく、郵便による直送をわが国の主権侵害とみなさないということを意味しているにすぎないことを表明している。日本では、外国判決の承認・執行の関係で、翻訳の添付されてない限り、有効な送達とは認められない（東京地判昭和63・11・11判時1315号96頁、東京地判平成2・3・26金判857号39頁）。

2 証拠調べ

(1) 証拠調べに関する条約

日本は、「民事訴訟手続に関する条約」（民訴条約）の締結国となっているが、ハーグ国際私法会議で採択された「民事または商事に関する外国における証拠の収集に関する条約」[47]（ハーグ証拠条約）の締約国となっていない。中国、米国等の日本の主要な貿易相手国は、ハーグ証拠条約のみの締約国となっている。日本は、米国および英国と二国間の領事条約を締結している。それ以外の国とも二国間共助取決めがあるが、二国間共助取決めがなくとも個別の応諾による事例がある。

(2) 証拠調べに関する国際司法共助

(ア) 概　要

証拠調べに関する司法共助としては、日本で係属している訴訟のために外

---

46 肯定例（Volkswagenwerk Akitiengesellshaft v. Schlunk, 108 S. Ct. 2104 (1988))、否定例（Honda Motor Co. Ltd. v. Superior Court, 92 Daily Journal D.A. R. 14693 (1992))。

47 Convention on the Taking of Evidence Abroad in Civil or Commercial Matters

国において証拠調べをする場合と外国で係属中の訴訟のために日本において証拠調べをする場合の両方がある。

　外国で係属中の訴訟のために日本において証拠調べをする場合については、「外国裁判所ノ嘱託ニ因ル共助法」が外国裁判所の嘱託による証拠調べ（証人尋問および当事者尋問に限定して解釈されている）について、外交機関を経由して嘱託されること、相互の保証あることなどを条件として、日本の法律によって管轄裁判所が行うことを認めている。証拠調べの嘱託のルートの種類および根拠は国によって異なるので、それぞれの場合に関係条約、取決め、事例等を調査する必要がある。

　米国では、極めて広範な証拠開示制度があり、日本では認められない文書提出要求、証言録取等が裁判所の命令なく行われる。米国の証拠開示制度に対抗するため、ブロッキング法[48]により、正式のルートによらないで証拠調べを行うことに協力する自国の国民または法人に刑事罰を科す国もある。米国では、その場合も証拠開示を求めることができると考えられている[49]。日本政府は、正式のルートによらない証拠調べは日本の主権侵害となり、許されないと考えているが、処罰する法律がないため、テレビ会議による証人尋問などが実際には行われている。国際訴訟では、条約または取決めがない場合、外国の管轄裁判所に外交経路を通じて嘱託して外国法に従って証人尋問を行うのが通常である。条約または取決めがある場合は、それに従うことになる。

　(イ)　訴訟実務上の留意点

　実務上問題となる、米国で係属している訴訟のための日本での証言録取は、日米領事条約17条により駐日領事によって、米国の法令に従い、かつ、日本

48　Blocking statute
49　Societe Natinale Industrielle Aerospatiale v. U.S. Dist. Ct. for S.Dist. Of Iowa, 482 U.S. 522（1987）

の法令に反しないような方法で、日本国内にあるすべての者に関し、米国の裁判所その他の司法当局のために、その者が自発的に提供する証言を録取することができる。

　日米間の合意で[50]、①証言録取が米国領事館によって主催されること、②米国領事館の敷地内で行うこと、③米国裁判所の命令または委任に従って録取されること、④日本に旅行する外国参加者は特定活動の在留資格のビザを申請・取得することが条件となっている。日本政府は、電話またはテレビ会議による証言録取を認めていない。

3　外国公文書の認証

　訴訟の場合に限られないが、外国の公文書を裁判所等の政府機関に提出する場合、公文書提出先の国の領事の認証[51]が要求される。日本は、ハーグ国際私法会議で採択された「外国公文書の認証を不要とする条約」[52]（ハーグ認証不要条約）の締結国となっているため、日本の公文書をハーグ認証不要条約の締約国である外国の政府機関に提出する際には、駐日外国領事による認証は不要となり、提出する公文書に日本の外務省において、アポスティーユ[53]（付箋による証明）の付与が行われていれば、駐日外国領事による認証があるのと同等に扱われる。

　一方、日本の公文書をハーグ認証不要条約の締約国以外の外国の政府機関に提出する際には、駐日外国領事による認証が必要となり、そのためには、日本の外務省の証明が必要となるので、日本の公文書に押印された公印につ

50　Embassy of United States, Judicial Assistance ⟨http://japan.usembassy.gov/e/acs/tacs-judicial.html⟩ 参照。

51　外務省HP「各種証明・申請手続きガイド」⟨http://www.mofa.go.jp/mofaj/toko/todoke/shomei/index.html⟩ 参照。

52　Convention Abolishing the Requirement of Legalization for Foreign Public Documents

53　Apostille

いて、日本の外務省が公印確認の証明を付与する。そのうえで、駐日外国領事の認証を受ける必要がある。たとえば、香港行政特別区はハーグ認証不要条約の締約国であるが、中国は、ハーグ認証不要条約の締約国でないので、注意が必要である。

　駐日外国領事の認証は公文書に対してなされるが、私文書であっても公証役場において公証人の認証を受けたうえで、法務局の公証人押印証明を受ければ公文書として扱われる。ただし、東京都内および神奈川県内の公証役場に限られるが、申請者からの要請があれば、公証役場で、法務局の公証人押印証明、外務省の公印確認証明またはアポスティーユが付与できる。このサービスを利用すると法務局や外務省へ出向く必要はなくなる。ただし、公印確認証明の場合には、領事認証を必ず受ける必要がある。

　外国公文書が日本語で作成されている場合には翻訳の提出を求められるが、提出先の国によって、本人またはその代理人の作成した翻訳で足りる場合、翻訳者の正しく翻訳した旨の宣誓供述書を作成して公証人が認証する場合、翻訳業者を提出先が指定している場合などがある。

　なお、パスポートの認証が求められる場合があるが、日本の外務省はパスポートのコピーに対する謄本認証だけでなくパスポートのコピーが添付された文書を公証人が認証することを認めていなかったため、本人またはその代理人の作成したパスポートの内容を記載した宣誓供述書に公証人が認証することが行われていた。2011年1月から運用が変更されパスポートのコピーが添付された文書を公証人が認証することが認められるようになった。

第3章　国際取引をめぐる紛争の解決

V　国際訴訟競合

1　総　論

　各国の国際裁判管轄のルールによっても、国際裁判管轄の認められる国の裁判所は一つに限られないため、外国および日本の裁判所において、同一の事件が同時に係属する場合がある。

　日本の民事訴訟法142条では、裁判所に係属する事件については、当事者は、さらに訴えを提起できないと規定しているが、同条の「裁判所」は、国内の裁判所を意味し、外国裁判所を含まないと解されている。国際訴訟競合には、先行する外国における訴訟が係属中の場合（外国訴訟先行型）と日本での訴訟の提起の後に外国で訴訟が提起された場合（国内訴訟先行型）があり、また、外国および日本の裁判所の原告および被告が同一の場合（原・被告共通型）と反対の場合（原・被告逆転型）がある。

　判例は、国際裁判管轄の有無の判断に際して国際訴訟競合を考慮することを認める傾向にあり、また、立法例では、たとえば、EUのブリュッセルⅠ規則27条では、国際訴訟競合の場合に訴訟手続の中止と訴え却下を認めている。

　しかし、独立の規定を設けることには慎重な検討を要するとの意見が強く、2011年の改正民事訴訟法での規律が見送られた結果、外国訴訟先行型、国内訴訟先行型、原・被告共通型、原・被告逆転型を含めて、国際裁判管轄に関する一般的規律によって、事案における具体的な事情を考慮し、訴えを却下すべき特別の事情があるか判断されることとなった。

　なお、仲裁が仲裁合意に基づくものである以上、仲裁合意で一つの仲裁地が定められている限り、国際仲裁競合は生じ得ない。外国を仲裁地とする仲裁合意があるにもかかわらず、訴訟が提起された場合には、仲裁法14条で受

84

訴裁判所は訴えを却下しなければならないので、仲裁では国際訴訟競合のような状況は、立法による解決がなされている。

2　判　例

日本と外国に同一の訴えにかかる訴訟が係属している国際訴訟競合の事件を取り扱った判例は多数存在する。

東京地中間判昭和62・6・23判時1240号27頁（大韓航空機事件）は、外国航空機事故における損害賠償訴訟について、適用される1929年の「国際航空運送についてのある規則の統一に関する条約」（ワルソー条約）が、国際的二重訴訟を禁じるものと解することはできないとのみ判示して、具体的に国際民事訴訟法理に照らして許容されないかについては判断しなかった。

(1) 規制消極説

初期の判例は、重複する訴えの提起を禁止する民事訴訟法142条にいう「裁判所」とは、日本の裁判所を意味し、外国の裁判所を含まないものというべきであるとして、国際訴訟競合を規制しないものがみられた（東京高判昭和32・7・28下民集8巻7号1282頁（中華民国事件。原告が台湾で貸金取立ての訴えを提起していた事例）、大阪地中間判昭和48・10・9判時728号76頁（関西鉄工事件。米国での製造物責任の求償訴訟に対する債務不存在確認訴訟を提起した事例））。

また、東京地判昭和40・5・27下民集16巻5号923頁（東宝事件）は、米国での不法行為に基づく損害賠償請求の訴えに対する、債務不存在確認訴訟であったが、被告から二重訴訟の本案前の抗弁が提出されなかったため、国際訴訟競合を日本の裁判管轄を認める際に考慮しなかった。

(2) 承認可能性予測説

東京地中間判平成元・5・30判夕703号240頁（宮越機工事件）は、米国での損害賠償請求等の訴えに対する、債務不存在確認訴訟を提起した事例で、国際訴訟競合について詳しく検討した最初の判例である。本判決では、外国

判決の承認制度を設けている趣旨を考え、先行する外国訴訟について本案判決がされてそれが確定に至ることが相当の確実性をもって予想され、かつ、その判決がわが国において承認される可能性があるときは、二重起訴禁止の法理を類推して、後訴を規制することが相当とされることもありうると判断した。そのうえで、本件では、相当でないとして、本案前の主張は認められなかった。

また、東京地判平成11・1・28判夕1046号273頁（日本リテイルシステム事件）は、原告がギリシアで債務不履行に基づく損害賠償請求の訴えを提起し、請求の一部が棄却され、残部について証拠不足として原告に立証が命じられていた事例で、特に根拠を示すことなく、日本での本件訴えの提起は、不適法な国際二重起訴というほかないとして、被告の本案前の主張を認めた。

(3) 利益衡量説

利益衡量説をとる判例としては、以下のものが参考になる。

① 東京地判昭和59・2・15判夕525号132頁（グリーンラインズ事件。管轄否定事例）　原告であるパナマ法人が、被告である日本に駐在員事務所を有するカリフォルニア州法人に対して、米国で不法行為に基づく損害賠償請求の訴えを提起していた事例で、米国での訴訟の状況も考慮して、わが国の裁判管轄権を認めなかった。

② 東京地中間判平成元・6・9判夕703号246頁（品川白煉瓦事件。管轄肯定事例）　米国での損害賠償請求の訴えに対して、債務不存在確認訴訟を提起した事例で、国際訴訟競合を国際裁判管轄の有無の判断で考慮した結果、被告の本案前の主張を認めなかった。

③ 東京地判平成3・1・29判時1390号98頁（真崎物産事件。管轄否定事例）　米国での製造物責任の求償訴訟に対する債務不存在確認訴訟を提起した事例で、先行して提起された米国訴訟の進行状況も考慮して、日本の裁判所に管轄を認めるのが条理に反する特段の事情があると認めた。

④　東京地判平成10・11・27判タ1037号235頁（松本事件。管轄一部肯定事例）　米国でのわが国の国民間での親族関係にかかわる利益を侵害利益とする不法行為に基づく損害賠償請求等の訴えに対する、債務不存在確認訴訟を提起した事例で、わが国に不法行為地があると認められる請求については、国際裁判管轄を否定する特段の事情はないとして被告の本案前の主張を認めず、わが国に不法行為地があると認められない請求については、国際裁判管轄がないとして、被告の本案前の主張を認めた。

⑤　東京地中間判平成19・3・20判時1974号156頁（みずほ銀行事件。管轄肯定事例）　米国での損害賠償請求等の訴えに対する、債務不存在確認訴訟を提起した事例で、米国での訴訟の状況だけでなく、原告が単に先行訴訟である米国訴訟に対抗するために債務不存在確認訴訟を提起したものではなく、米国訴訟にかかる紛争は本来わが国の裁判所において解決を図るべき案件であるとの理由で債務不存在確認訴訟を提起したことも考慮して、国際裁判管轄を否定すべき特段の事情がないとして被告の本案前の主張を認めなかった。

3　フォーラム・ノン・コンヴィニエンス

(1) 概　要

　実務上、わが国との関係で最も国際訴訟競合が問題となる米国では、訴えの提起の先後にかかわらず、フォーラム・ノン・コンヴィニエンス[54]の法理に基づいて、訴訟の却下や停止を認めている。

　フォーラム・ノン・コンヴィニエンスの法理とは、訴えの提起を受けた裁判所が、裁判管轄権を有するにもかかわらず、当事者の便宜や正義の実現のためには、裁判管轄権を有する他の法域の裁判所で審理を行うほうが妥当であると考えた場合、裁量により裁判管轄権の行使をさせず、訴えを却下する

54　Forum non conveniens

ことを認める法理であり、各州の裁判所の判例で認められている。裁判所は、裁判管轄権の有無を先に判断する必要はなく、裁判管轄権の欠如に基づく却下の申立てとともにフォーラム・ノン・コンヴィニエンスの法理に基づく却下の申立てが同時になされることが多い。

(2) 要 件

フォーラム・ノン・コンヴィニエンスの法理に基づく却下の要件としては、原告が救済を受けることができる他の適切な法廷地があることが必要となる。それが認められた場合、裁判所は、効率性や公正さに影響する各種の私的利益と公的利益とを比較検討して、却下を認めるべきか評価する。

私的利益としては、証拠へのアクセスの容易さ、協力しない証人の出頭を強制する手続や協力する証人の出頭に要する費用、事件の審理を容易、迅速および安価にする他の実務的な問題が考慮される。一方、公的利益としては、現地の紛争を現地国で判断する現地国の利益、訴訟の準拠しなければならない法の立法国を法廷地として審理を行う利益、法の抵触や外国法の適用における不必要な問題の回避、裁判所の忙しさからくる管理上の困難さ、関連性のない法廷地の市民に陪審員の義務を負担させる不公正さなどが考慮される。

(3) 訴訟実務上の留意点

外国訴訟先行型かつ原・被告逆転型の国際訴訟競合における、債務不存在確認訴訟の提起の戦略的な意義は、中小企業や個人が外国に強制執行される財産がない場合に、日本で訴訟を追行する便宜だけでなく、日本で有利な確定判決を先にもらって外国での不利な確定判決の日本での承認・執行を阻止することができる点にある。

ただし、裁判管轄の欠如による訴え却下の申立てやフォーラム・ノン・コンヴィニエンスに基づく訴え却下の申立てをするなどして米国での訴訟の進行を阻止しておく必要がある。

また、外国に強制執行される財産があるグローバル企業の場合にも、米国で係属する訴訟にかかる紛争が本来日本の裁判所で解決を図るべき案件であ

る場合に、日本で債務不存在確認訴訟を提起することは、米国でのフォーラム・ノン・コンヴィニエンスに基づく訴え却下の申立てを補強することができる。

VI　外国判決および外国仲裁判断の承認・執行

1　外国判決の承認・執行

(1)　総　論

　外国裁判所の判決は、当然に効力を有するものではなく、外国判決の承認・執行をするか否かは、原則として、各国の国内法に委ねられている。ハーグ国際私法会議において、1971年には、「民事および商事に関する外国判決の承認および執行に関する条約」[55]、2005年には、「管轄合意に関する条約」[56]（締約国は、管轄合意により選択された他の締約国の裁判所の判決を承認・執行する義務がある）が採択されているが、締約国は少数にとどまっている。EUでは、ブリュッセルⅠ規則が、EU域内での国際裁判管轄だけでなく、EU域内での外国判決の承認・執行を認めている（ブリュッセルⅠ規則第3章）。日本では、民事訴訟法118条は、外国の裁判所における確定判決が日本で効力を有するための要件を規定している。外国判決は、同条の要件を満たせば、特別の手続を必要とせずに承認されるが、これを執行するには、民事執行法24条の規定する執行判決が必要である。

　外国裁判所の確定判決には、仮差押えまたは仮処分に相当する外国の暫定的差止命令は含まれない（最三小判昭和60・2・26家月37巻6号25頁）。2011年

---

[55] Convention on the Recognition and Enforcement of Foreign Judgments in Civil and Commercial Matters

[56] Convention on Choice of Court Agreements

の改正民事保全法11条では、保全命令の申立ては、日本の裁判所に本案の訴えを提起することができるとき、または、仮に差し押さえるべき物もしくは係争物が日本国内にあるときに限り、することができることとなった。外国の暫定的差止命令を得ても、日本にある財産に対して執行するには、改めて日本で保全命令を求める必要があるが、逆に、日本で保全命令を得ても、外国にある財産に対して執行することができるとは限らない。また、外国の倒産処理手続における倒産手続開始の決定も、外国倒産処理手続の承認援助制度の対象であり、外国裁判所の確定判決に含まれない。なお、日本の執行証書には確定判決と同一の執行力が認められるが、裁判所の関与する手続ではないので、外国の相手方に執行するには、相手方の国で訴訟を提起する必要がある。

(2) 要 件

外国裁判所の確定判決が日本で効力を有するには、以下の(ア)～(エ)の要件が必要である。

(ア) **法令または条約により外国裁判所の裁判権が認められること**

日本の民事訴訟法の原則からみて、外国裁判所の属する国に国際裁判管轄が積極的に認められるか判断される（最三小判平成10・4・28民集52巻3号853頁）。

日本の裁判所が裁判管轄権を行使できるかを直接管轄、判決した外国の裁判所に裁判管轄権が外国判決承認のために認められるかを間接管轄と呼んでいる。改正民事訴訟法3条の9の規定に基づき特別の事情により訴えを却下すべきときも間接管轄が否定されることになるが、従来の判例で認められていた特段の事情を含めて間接管轄の有無が判断されていたことと変わりがない。

米国では、裁判所の管轄権が及ぶ領域内で被告に対して送達がなされれば、人的管轄権が認められるとともに、州内での営業活動を根拠とするその営業活動と無関係の事件も含む一般的管轄権の行使が認められるが、日本では、

それだけでは管轄を認めるには不十分である。また、EUでは、ブリュッセルⅠ規則は日本との関係で適用がなく、EU加盟国の国内法が適用されるため、国によっては原告の国籍、住所等に基づく管轄が認められる場合もあるが、日本では、それだけでは管轄を認めるには不十分である。日本の裁判所の専属管轄の対象となる訴えについても、外国の裁判所に管轄は認められない。管轄権を争うため限定的出廷をしただけでは、外国の裁判所に管轄は認められないということになる。

　(ｲ)　敗訴の被告が訴訟の開始に必要な呼出しもしくは命令の送達（公示送達その他これに類する送達を除く）を受けたことまたはこれを受けなかったが応訴したこと

　送達について条約がある場合は、それに定められた方法を遵守しなければならない（前記最三小判平成10・4・28）。英米法の国では、送達は裁判所ではなく当事者が行うために、日本弁護士が日本に在住する被告に直接交付による送達を依頼されることが多い。日本弁護士には送達の権限がなく、外国での送達の効力が認められるか問題があるが、日本での外国判決の承認の要件を満たさない。

　ただし、米国の州法に基づいて当該州内において送達権限を有する私人から直接交付による送達がなされた場合には、送達の効力を認めた裁判例（東京地判平成3・12・16判タ794号246頁、東京地判平成6・1・14判タ864号267頁）もあるが、一方で、翻訳文が添付されていないので送達の効力が認められないとした裁判例（東京高判平成9・9・18高民集50巻3号319頁）もある。日本に在住する被告に直接郵便による送達がされた場合については、翻訳の添付されていない限り、送達の効力が認められないとしている（東京地判昭和63・11・11判時1315号96頁、東京地判平成2・3・26金判857号39頁）。

　「敗訴の被告が訴訟の開始に必要な呼出しもしくは命令の送達を受けなかったが応訴した」とは、いわゆる応訴管轄が成立するための応訴とは異なり、被告が、防御の機会を与えられ、かつ、裁判所で防御のための方法をとった

ことを意味し、管轄違いの抗弁を提出したような場合も含まれる（前記最三小判平成10・4・28）。

　㈦　判決の内容および訴訟手続が日本における公の秩序または善良の風俗に違反しないこと

　米国裁判所の判決のうち、懲罰的損害賠償としての金員の支払いを命じる部分は、日本の公の秩序に反し、その効力を有しないとされた（最二小判平成9・7・11民集51巻6号2573頁）。訴訟費用の負担についてどのように定めるかは、各国の法制度の問題であって、実際に生じた費用の範囲内でその負担を定めるのであれば、弁護士費用を含めてその全額をいずれか一方の当事者に負担させても、公の秩序に反するものではない（前記最三小判平成10・4・28）。国際訴訟競合で、日本での債務不存在確認訴訟の判決が確定した場合、債務の履行を命じる外国裁判所の判決は、日本の公の秩序に反するとされた（大阪地判昭和52・12・22判タ361号127頁）。

　㈢　相互の保証があること

　判決した外国において外国判決の効力を認める条件が、民事訴訟法118条各号所定の条件と重要な点で異ならないことを要求している（最三小判昭和58・6・7民集27巻5号611頁）。

　相互の保証が認められるとした裁判例には、以下のものがある。

　①　カリフォルニア州（東京地判昭和32・3・19下民集8巻3号525頁、東京地判昭和44・9・6判時586号73頁等）
　②　ハワイ州（東京地判昭和45・10・24判時625号66頁、東京地判平成2・3・26金判857号39頁）
　③　テキサス州（東京地判平成4・1・30家月45巻9号45頁）
　④　コロンビア特別行政区（最三小判昭和58・6・7民集27巻5号611頁）
　⑤　ヴァージニア州（東京地判平成7・5・29判タ904号202頁）
　⑥　ミネソタ州（東京地判平成8・9・2判時1608号130頁）
　⑦　メリーランド州（大阪地判平成8・1・17判時1621号125頁）

⑧　英国（東京地判平成6・1・31判時1509号101頁）

⑨　英国統治下の時代の香港（最三小判平成10・4・8民集52巻3号853頁）

⑩　豪州クイーンズランド州（東京地判平成10・2・25判タ973号258頁）

⑪　スイス連邦チューリッヒ州（東京地判昭和42・11・13下民集18巻11・12号1093頁）

⑫　ドイツ（東京地判平成10・2・24判時1657号79頁）

⑬　シンガポール（東京地判平成18・1・19判タ1229号334頁）

⑭　韓国（横浜地判11・3・30判時1696号120頁、東京地判21・2・11判時2068号95頁）

一方、ベルギー王国（東京地判昭和35・7・20下民集11巻7号1522号）、中国（大阪高判平成15・4・9判時1841号111頁）との間の相互の保証があるとはいえないとされている。

(3) 執行判決

民事執行法22条6号では、確定した執行判決のある外国裁判所の判決が債務名義になるとし、同法23条で、外国裁判所の判決の執行判決について規定している。執行判決を求める訴えでは、外国裁判所の判決が確定したことが証明されたこと、民事訴訟法118条各号に掲げる要件を具備したかのみを調査し、日本の公序則に違反する場合または被告の手続的権利の保護がされていない場合を除いて、裁判の当否を調査しないで執行判決で、外国裁判所の判決による強制執行を許す旨の宣言をする。

外国の裁判所の判決とは、外国の裁判所が、その裁判の名称、手続、形式のいかんを問わず、私法上の法律関係について当事者双方の手続保障のもとに終局的にした裁判をいうものであり、決定、命令等と称されるものであっても、上記の性質を有するものは、外国裁判所の判決に当たるとされている（前記最三小判平成10・4・28）。

2　外国仲裁判断の承認・執行

「公示催告手続及ビ仲裁手続ニ関スル法律」では、外国仲裁判断の効力については規定がなかったが、仲裁法45条では、国内の仲裁判断か外国の仲裁判断かを問わず、確定判決と同一の効力と有すると規定している。ただし、外国裁判所の確定判決と異なり、相互の保証を要求されていない。仲裁判断の承認拒絶事由は、仲裁判断の取消事由と実質的に同一であり、日本の公序則に違反する場合を除いて、仲裁判断の当否に関係しない事由に制限されている。

また、日本を含めて多くの国が「外国仲裁判断の承認および執行に関する条約」[57]（ニューヨーク条約）の締約国となっている（日本の主要な貿易国でニューヨーク条約の締約国でないのは、台湾だけであるが、台湾の国内法では日本の仲裁判断を承認している）。ニューヨーク条約により、条約締約国でなされた仲裁判断は、他の条約締約国でも承認・執行されることになっている。ただし、ニューヨーク条約7条において、この条約の規定は、締約国が締結する仲裁判断の承認および執行に関する多数国間または2国間の合意の効力に影響を及ぼすものではなく、また、仲裁判断が援用される国の法令または条約により認められる方法および限度で関係当事者が仲裁判断を利用するいかなる権利を奪うものではないと規定している。

日本が締結している多数の国との通商条約には、仲裁の規定が置かれているが（たとえば、日米友好通商航海条約4条2項）、ニューヨーク条約の規定より、一層自由な要件を定めている範囲内でそれら通商条約の規定が適用される（東京地判平成7・6・19判タ919号252頁）。

仲裁法45条では、仲裁判断に基づく民事執行をするには執行決定がなければならないとし、同法46条では、仲裁判断の執行決定について規定している。

57　Convention the Recognition and Enforcement of Foreign Arbitral Awards

外国仲裁判断は、仲裁判断の取消し事由と実質的に同一の仲裁判断の承認拒絶事由のいずれかがあると認める場合に限り、執行決定の申立てを却下できる。

Ⅶ　国際倒産

1　倒産実体法の準拠法

　国際取引では、契約の終了原因として相手方の倒産を規定しておくことが多いが、そのような規定がなくとも、各国の倒産法によって双方未履行双務契約を管財人が解除することが認められていれば、それが契約準拠法に優先するのか問題となる（破産法53条、民事再生法49条、会社更生法61条参照）。また、国際取引によって発生した債権を回収するために、相手方が日本に財産を有しない場合、債権者として相手方の国での倒産申立てが必要となる場合もあるし、相手方が自己倒産した場合には、債権届出を行って、配当を受ける必要があるが、いずれの場合も、倒産手続開始前に行った回収が否認の対象となるおそれが出てくる（破産法160条～176条、民事再生法127条～141条、会社更生法86条～98条参照）。

　これらは、倒産実体法の準拠法の問題であり、法の適用に関する通則法の立法に際しても検討の対象となっておらず、解釈に委ねられている。倒産手続開始国法を準拠法とすべきとする通説的見解によれば、すべて倒産手続開始国である相手方の国の倒産法に従う必要があるが、各国がそれぞれ異なる倒産法を有しているので、各国の倒産法についての知識も必要となる。

2　国際倒産手続

(1)　総　論

　日本では、ある国で開始された倒産手続は、その国に存在する財産につい

てのみ効力を有し、他国にある財産には効力が及ばない属地主義をとっていたが、2000年に成立し、2001年4月1日から施行された「民事再生法等の一部を改正する法律」（平成12年法律第128号）および「外国倒産処理手続の承認援助に関する法律」（平成12年法律第129号。以下、「外国倒産法」という）によって、国際倒産法について法整備が行われた。

属地主義が廃止された結果、日本の倒産手続の効力が在外財産にも及ぶようになるとともに、在外財産から抜け駆け的に弁済を受けた債権者の配当調整ができることが明確化され、日本の裁判所の国際倒産管轄が明確化され、外国倒産手続の承認援助手続が創設され、国際並行倒産での管財人間の相互協力が規定されている。外国倒産手続の承認援助手続を規定している外国倒産法は、UNCITRAL国際倒産モデル法[58]に準拠している。

(2) 日本の倒産手続の対外効

日本の倒産法制が採用していた属地主義は明確に廃止された。

破産法34条1項は、「破産者が破産手続開始の時において有する一切の財産（日本国内にあるかどうかを問わない。）は、破産財団とする」と規定している。

また、民事再生法38条1項は、「再生債務者は、再生手続が開始された後も、その業務を遂行し、又はその財産（日本国内にあるかどうかを問わない。第66条〔管財人の権限〕及び第81条第1項〔保全管理人の権限〕において同じ。）を管理し、若しくは処分する権利を有する」と規定している。

会社更生法72条1項では、「更生手続開始の決定のあった場合には、更生会社の事業の経営並びに財産（日本国内にあるかどうかを問わない。第4項〔更生計画認可の決定後の更生会社の権限〕において同じ。）の管理及び処分をする権利は、裁判所が選任した管財人に専属する」と規定されている。

---

58 Model Law on Cross-Border Insolvency of the United Nations Commission on International Trade Law

(3) 配当調整

外国が日本の倒産処理手続の効力を認めず、または、管財人が外国で手続を行う前に、事実上または法的手続により、債権者が在外財産から抜け駆け的に弁済を受けた場合についての配当調整が必要となる。このような国際的レベルでの債権者の平等な分配を実現するための配当調整は、ホッチポット・ルール[59]と呼ばれている。

破産法201条4項は、「第109条〔外国で弁済を受けた破産債権者の手続参加〕に規定する弁済を受けた破産債権者は、他の同順位の破産債権者が自己の受けた弁済と同一の割合の配当を受けるまでは、最後配当を受けることができない」と規定している。

民事再生法89条3項は、「前項〔外国で弁済を受けた再生債権者の手続参加〕の再生債権者は、他の再生債権者（同項の再生債権者が約定劣後再生債権を有する者である場合にあっては、他の約定劣後再生債権を有する者）が自己の受けた弁済と同一の割合の弁済を受けるまでは、再生手続により、弁済を受けることができない」と規定している。

会社更生法137条2項では、「前項〔外国で弁済を受けた更生債権者等の手続参加〕の更生債権者等は、他の同順位の更生債権者等が自己の受けた弁済と同一の割合の弁済を受けるまでは、更生計画の定めるところによる弁済を受けることができない」と規定している。

弁済を受ける前の債権全額について手続参加はできるが、外国で弁済を受けた債権については議決権を行使できない（破産法142条2項、民事再生法89条3項、会社更生法137条3項）。

また、日本の倒産処理手続による弁済よりも在外財産から抜け駆け的に弁済を受けた額が多い場合、日本の倒産処理手続の管財人等が当該債権者に不当利得返還請求できるかについては、規定がなく、解釈に委ねられている。

59　Hotchpot rule

(4) 国際倒産管轄

どのような場合に国際倒産処理手続を日本の裁判所で行うことを認めるかは、2011年の民事訴訟法の改正に先立って、倒産法の改正で明らかにされた。

破産法4条1項は、「この法律の規定による破産手続開始の申立ては、債務者が個人である場合には日本国内に営業所、住所、居所又は財産を有するときに限り、法人その他の社団又は財団である場合には日本国内に営業所、事務所又は財産を有するときに限り、することができる」と規定している。

民事再生法4条1項は、「この法律の規定による再生手続開始の申立ては、債務者が個人である場合には日本国内に営業所、住所、居所又は財産を有するときに限り、法人その他の社団又は財団である場合には日本国内に営業所、事務所又は財産を有するときに限り、することができる」と規定している。

破産法と民事再生法のいずれも、民事訴訟法の規定により裁判上の請求をすることができる債権は、日本国内にあるものとみなすとされている。2011年改正民事訴訟法では、第三債務者の住所等が日本国内にあるときのほか、実務上問題となる売掛債権等の契約上の債務に関する請求を目的とする訴えの場合は、契約において定められた当該債務の履行地が日本国内にあるとき、または、契約において選択された地の法によれば当該債務の履行地が日本国内にあるときは、日本の裁判所に訴えを提起できるとしている（民事訴訟法3条の3第1号）。

これに対して、会社更生法4条は、「この法律の規定による更生手続開始の申立ては、株式会社が日本国内に営業所を有するときに限り、することができる」と規定している。会社更生手続の開始により担保権の実行がすべて禁止・中止されるなどその効果がより重大であるために、会社更生法は破産法および民事再生法より限定的になっている。

また、外国倒産手続の承認援助の要件として、外国倒産処理手続が申し立てられている国に間接管轄があることが必要とされているが（外国倒産法17条1項）、債務者が単に財産を有するにすぎない場合には間接管轄は認めら

れないので、直接管轄より狭くなっている。

(5) 外国倒産手続の承認援助手続

　外国の倒産法が属地主義を採用していない場合でも、外国倒産処理手続の効力を認めるか否かについては、各国の立法政策の問題である。日本では、外国倒産法により、外国管財人等の裁判所に対する承認の申立てがあり、間接管轄を含めた一定の要件が満たされた場合に裁判所によって承認されるが（外国倒産法17条1項、21条）、裁判所によって承認されても直ちに倒産処理手続特有の効果が発生するのではなく、裁判所の援助処分の命令によって、次の①～④の効果が発生する。

① 債務者の国内財産に関する個別の訴訟・執行・保全手続の中止・取消命令（外国倒産法25条）
② 債務者の国内の業務および財産に関する処分禁止、弁済禁止その他の処分（同法26条）
③ 担保権の実行としての競売手続等の中止命令（同法27条）
④ 強制執行等禁止命令（同法28条）
⑤ 管理命令（同法51条）

　ただし、上記①のうち執行・保全の取消しおよび④を除いて、承認申立てから承認決定までの保全段階においても、援助処分をすることはできる。

　国内倒産処理手続がある場合は、原則として国内倒産処理手続を優先させて、承認の申立てを棄却する（外国倒産法57条1項）が、ほかの外国倒産処理手続の承認援助手続がある場合は、それが外国主手続（その主たる営業所、事務所または住所がある国で申し立てられた外国倒産処理手続（同法2条1項2号））等である場合には、それを優先させて、承認の申立てを棄却する（同法62条1項）。

　否認権について倒産手続開始国法が準拠法であるとしても、日本で否認権を行使するには、外国倒産法に基づく援助処分が必要である。債務者の日本にある財産に関する訴訟手続を中止するにも外国倒産法に基づく援助処分が

必要であるが、日本の債権者が外国倒産処理手続で債権届出をしないまま（または、債権届出をしたが、否認され）、日本での訴訟手続が中止されずに継続した場合、外国倒産処理手続で確定した事項についての日本での効力は、外国倒産法に基づく援助処分がない限り、認められないことになる。

(6) 国際並行倒産

外国倒産法は、外国倒産手続の承認援助を規定しておきながら、国際並行倒産を否定していない。日本の倒産処理手続の管財人等は、その在外財産管理処分権に基づき、外国において、外国法の許す限り、倒産処理手続の申立てができる。

破産法245条1項は、「破産管財人は、破産者についての外国倒産処理手続（外国で開始された手続で、破産手続又は再生手続に相当するものをいう。以下この章において同じ。）がある場合には、外国管財人（当該外国倒産処理手続において破産者の財産の管理及び処分をする権利を有する者をいう。以下この章において同じ。）に対し、破産手続の適正な実施のために必要な協力及び情報の提供を求めることができる」と規定している。

また、破産法245条2項では、「前項に規定する場合には、破産管財人は、外国管財人に対し、外国倒産処理手続の適正な実施のために必要な協力及び情報の提供をするよう努めるものとする」と規定している。なお、民事再生法207条および会社更生法242条にも同様な規定がある。

外国管財人は、日本での承認援助手続によることも可能であるし、日本での並行倒産処理手続によることも可能である。

破産法246条1項では、「外国管財人は、債務者について破産手続開始の申立てをすることができる」と規定されている。なお、民事再生法209条1項および会社更生法244条1項にも同様な規定がある。

また、破産法247条1項では、「外国管財人は、届出をしていない破産債権者であって、破産者についての外国倒産処理手続に参加しているものを代理して、破産者の破産手続に参加することができる。ただし、当該外国の法令

によりその権限を有する場合に限る」と規定している。なお、民事再生法210条1項および会社更生法245条1項にも同様な規定がある。

　これと対をなして、日本の倒産処理手続の管財人等にも、国内倒産処理手続に届出をした債権者で外国倒産処理手続に参加していない者を代理して、当該外国倒産処理手続に参加することを認めている（破産法247条2項、民事再生法210条2項、会社更生法245条2項）。並行倒産を認める場合、このような外国管財人と日本管財人とのクロス・ファイリングによって、国際的なレベルで債権者の平等な分配を実現することができる。

第4章

国際取引の法務を構成する諸問題

第4章　国際取引の法務を構成する諸問題

I　国際取引と独禁法

1　総　論

　独禁法は、市場における公正かつ自由な競争という公益を保護する法であり、営業に関連する不正競争を禁止して、被害者たる競業者の利益を保護する不正競争防止法とは異なる。各国の独禁法は、国内の市場に効果を及ぼす競争制限的行為にも適用されるため、属地主義の原則に対して効果主義を採用して、域外適用が認められている。

　また、独禁法は、一定の政策的な目的を達成するために、準拠法のいかんにかかわらず強行的に適用される絶対的強行法規でもある。そのため、国際取引においては、適用のある各国の独禁法に配慮する必要がある。

(1)　各国の独禁法
(ア)　独禁法の整備および執行

　独禁法には、世界共通の規範はないが、米国やEUの独禁法を参考に世界各国で独禁法の整備が進んでいる。中国でも、2008年8月1日から独禁法が施行されており、独占的協定、市場の支配的地位の濫用および企業結合といったEUの独禁法に類似した規制のほか、中国独特な行政権力の濫用による競争の排除および制限の規定を置いている。

　しかし、独禁法が整備されていても、その執行がされなければ違反行為の抑止はできない。

　独禁法の違反に対しては、行政手続による行政措置、刑事手続による刑事罰および民事手続による民事救済がある。行政手続による行政措置および刑事手続による刑事罰は、各国政府当局が行うため、時代によって変わる各国の政府の政策によって、その執行も影響を受けてきた。一方、民事手続による民事救済は、市場の競争制限効果によって被害を受けた私人によって追及

される。この側面での独禁法違反の法律関係は、私人に対する一種の不法行為と性質決定できるが、政府当局による執行を補完して違法行為を抑止する公益的な面もあるため、一般的な不法行為と同様な国際私法の準則に従って準拠法を決定してよいかについては問題がある。法の適用に関する通則法では、独禁法違反に関する個別的不法行為の特例は置かれずに解釈に委ねられている。EUのローマⅡ規則6条3項では、競争制限から生じる非契約的債務の準拠法について、市場が影響を受け、または影響を受けるおそれのある国の法を適用すると規定している。

　(イ)　日本の独禁法

　日本の独禁法は、私的独占の禁止（独禁法3条前段）、不当な取引制限（カルテル・入札談合）の禁止（同条後段）、事業者団体の規制（同法8条）、企業結合の規制（同法第4章）、独占状態の規制（同法8条の4）および不公正な取引方法の禁止（同法19条）を柱としている。公正取引委員会が、行政措置として行政調査権限を行使して調査を行い、排除措置命令および課徴金納付命令を発する権限を有しており、これらの措置に不服がある場合には、公正取引委員会の審判を経ないと東京高等裁判所への取消訴訟の提起はできない。なお、2011年6月現在、審判制度を廃止する独禁法改正法案が国会で審議中である。また、刑事手続による罰則については、私的独占、不当な取引制限等には刑罰の規定があり、公正取引委員会が犯則調査権限を行使して調査を行い、検事総長に告発する権限を有しており、それに基づいて検察官が裁判所に公訴を提起する。

　日本の独禁法は、不当な取引制限（カルテル・入札談合）の禁止と不公正な取引方法の禁止を分けていること、不公正な取引方法には優越的な地位の濫用という特殊な類型が含まれることに特色がある。

　(ウ)　米国の独禁法

　米国では、独禁法は反トラスト法[1]と呼ばれ、シャーマン法[2]、クレイト

1　Antitrust laws

ン法[3] および連邦取引委員会法[4] 並びにロビンソン・パットマン法[5]、ハート・スコット・ロディーノ反トラスト改善法[6] 等の修正法から構成されている。

　シャーマン法は、取引制限に刑事罰を科し（シャーマン法1条）、独占行為に刑事罰を科し（同法2条）、それらの違反に対する差止め等を規定し、司法省がシャーマン法違反に対する執行権限を有している。

　クレイトン法は、シャーマン法の補完的規制を目的として、価格差別、抱き合わせ販売、排他条件付き取引等の禁止、企業結合規制（クレイトン法7条）、差止め、私人による3倍賠償および弁護士費用請求等について規定しており、司法省と連邦取引委員会が同法違反の執行権限を有している。

　連邦取引委員会法は、連邦取引委員会を設置し、不公正な競争方法および不公正もしくは欺瞞的な行為または慣行の禁止（連邦取引委員会法5条）、連邦取引委員会の権限、事件処理手続等を規定し、連邦取引委員会が連邦取引委員会法違反の執行権限を有している。

　米国の独禁法は、捜査に協力した個人または法人について、刑事訴追を免除するリーニエンシー・ポリシー[7] を活用して、カルテルに関与した企業およびその役員・従業員に対する厳しい刑事訴追がされること、それに引き続いて、直接購入者のクラスアクション[8] と呼ばれる集合代表訴訟による3倍賠償および弁護士費用の請求訴訟が連邦裁判所に提起されることに特徴がある。

　また、ほとんどの州が独自の反トラスト州法を有しており、州司法長官が

2　Sherman Act
3　Clayton Act
4　Federal Trade Commission Act
5　Robinson-Patman Act
6　Hart-Scott-Rodino Antitrust Improvements Act
7　Leniency policy
8　Class action

州反トラスト法を執行する。州によっては、連邦法で救済されない間接購入者がクラスアクションによる損害賠償請求訴訟を州裁判所に提起することができる。

(エ) EUの独禁法

EUでは、欧州連合の機能に関する条約[9]（2009年12月に発効したリスボン条約[10]により欧州共同体設立条約[11]から改められ、条文番号が変更された）101条1項で競争制限的協定・協調的行為の禁止、102条で市場支配的地位の濫用行為の禁止を規定している。ただし、101条1項については、同条3項で、①商品の生産・販売の改善または技術的・経済的進歩の促進に役立ち、②消費者に対しその結果として生ずる利益の公平な分配を行うものであって、③前記の目的達成のために必要不可欠でない制限を参加事業者に課すことがなく、④当該商品の実質的部分について、参加事業者に競争を排除する可能性を与えないことを条件として、適用がないことを宣言することができると規定されている。

2004年5月の「現代化」[12]と呼ばれる改革前は、欧州委員会がこの宣言をする権限を独占しており、一括適用免除規則に該当しない場合には、欧州委員会に届出して、個別適用免除を受けることができた。しかし、閣僚理事会規則1/2003号[13]により、2004年5月以降は、欧州委員会が非公式の相談による回答をするだけで、個別適用免除を与えることはできなくなり、欧州連合の機能に関する条約101条1項違反に対して、欧州委員会および欧州裁判所が同条3項を適用するとともに、EU加盟国当局およびEU加盟国裁判所も

9　Treaty on the Functioning of the European Union
10　Treaty of Lisbon amending the Treaty on European Union and Treaty on establishing the European Union
11　Treaty on establishing the European Community
12　Modernization
13　Council Regulation (EC) 1/2003 of 16 December 2002 on the implementation of the rules on competition laid down in Articles 81 and 82 of the Treaty

同条3項の適用ができるようになった。

　欧州委員会は、欧州連合の機能に関する条約の101条および102条違反の調査を行い、排除措置および制裁金賦課に関する決定をする権限を有している。

　企業結合の規制は、閣僚理事会規則139/2004号（EU企業結合規則）[14]で規定されている。欧州委員会が企業結合の規制を行う権限を有している。

　欧州委員会の決定に対しては、EUの司法機関である普通裁判所[15]（旧第一審裁判所[16]）および上級裁判所[17]に取消訴訟を提起できる。

　EUレベルでは、刑事罰の権限はなく、EU加盟国の有する独禁法に刑事罰の規定がある場合に限り、刑事訴追される可能性がある。

(2) 独禁法の域外適用

　各国の独禁法が域外適用を認めているため、国際カルテルや国際的企業結合などには、異なる各国の独禁法が適用される。

　各国政府間では、反競争的行為にかかる協力に関する協定を締結し、または、各国政府間で締結される経済連携協定[18]（EPA）において、貿易および投資の自由化だけでなく、競争の分野での協力の条項が盛り込まれることにより、協力関係が構築されている。また、国際競争ネットワーク[19]（ICN）などの活動を通じて、各国政府当局の独禁法の執行の手続面および実体面での収れんが図られている。そのため、各国政府当局が協力して、調査を進めることにより、独禁法の執行での抵触の調整がなされている。

　一方で、民事手続による民事救済についても、多くの訴訟が提起される米

14　Council Regulation (EC) No 139/2004 of 20 January 2004 on the control of concentration between undertakings (the EC Merger Regulation)
15　General Court
16　Court of First Instance
17　Court of Justice
18　Economic Partnership Agreement
19　International Competition Network
20　International comity
21　Forum non conveniens

国では、国際礼譲[20]やフォーラム・ノン・コンヴィニエンス[21]の法理によって、外国購入者の米国反トラスト法に基づく損害賠償請求訴訟[22]や外国購入者の外国独禁法に基づく損害賠償請求訴訟[23]を米国で提起することを認めない傾向にある。

(3) WTOの競争政策協定

WTO協定の一部となっている「サービスの貿易の分野に関する一般協定」[24]（GATS）に一般義務として、独占的供給者が独占的地位を濫用しないよう対処する義務（GATS 8条）および競争制限的行為について苦情を申し入れる国に対し交渉機会を与える義務（GATS 9条）を規定しているが、サービス貿易に限らず物品貿易についても自由貿易を促進するために国内の反競争行為を取り締まる必要がある。競争政策は、WTO協定の対象となっていないが、反競争行為を取り締まる責任をWTO協定が加盟国に課せば、WTO協定に競争政策を取り込むことができる。なお、EUがこの立場をとっているが、米国が反対しており、途上国も慎重な姿勢をとっているため、ドーハラウンドでは交渉されないことになり、先送りとなっている。

2 競争制限的協定に対する規制

日本の独禁法は、不当な取引制限の禁止（独禁法6条後段）と不公正な取引方法の禁止（同法19条）を分けている。判例（東京高判昭和28・3・9高民集6巻9号435頁）では、不当な取引制限は水平的取引制限（同業者である競争者の間で行われる取引制限）のみを禁止していると考えられており、不公正な取引方法がもっぱら垂直的取引制限（メーカーと販売店等の取引先、製造・販売ルートの上流と下流にいる当事者間の取引制限）を禁止していることになる。ただし、不公正な取引方法には、共同の取引拒絶のような水平的取引制

---

22 F. Hoffman-La Roche Ltd. v. Empagran S.A., 542 U.S. 155 (2004)
23 In re Air Cargo Shipping Services Antitrust Litigation, 06 MDL 1775 (E.D.N.Y.)
24 General Agreement on Trade in Services

〔図5〕 水平的取引制限

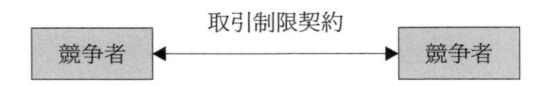

競争者 ←取引制限契約→ 競争者

〔図6〕 垂直的取引制限

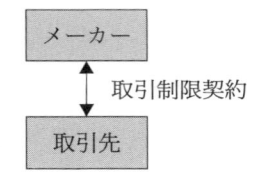

メーカー ↕取引制限契約 取引先

限および差別対価や不当廉売のような単独行為も含まれる。

一方で、米国のシャーマン法1条は、水平的取引制限と垂直的取引制限の両方を禁止し、EUの欧州連合の機能に関する条約101条も、水平的取引制限と垂直的取引制限の両方を規制している（〔図5〕〔図6〕参照）。

(1) **日本での規制**

日本の場合、公正取引委員会の「流通・取引慣行に関する独占禁止法の指針」等の運用基準に従って判断される。

水平的取引制限は、市場における競争を実質的に制限する場合に不当な取引制限として違法となり、一方、垂直的取引制限は、取引先事業者等との共同ボイコットが市場における競争を実質的に制限する場合に不当な取引制限として違法となる場合を除いて、不公正な取引方法として公正な競争を阻害するおそれがある場合に違法となる。不公正な取引方法のうち、共同ボイコット、不当廉売および再販価格維持行為が原則として違法との考え方が示されている。

(2) **米国での規制**

米国では、シャーマン法1条は、判例で、すべての取引制限を違法とした

25　Rule of reason

ものではなく、不合理な取引制限のみが違法となるとする合理の原則[25]に従って解釈されている[26]。ただし、価格協定・入札談合[27]、市場分割協定[28]、共同ボイコット[29]等の水平的取引制限は、当然違法[30]と判断されている。したがって、垂直的取引制限は、再販売価格維持行為を除いて合理の原則によって違法性が判断されてきた。

再販売価格維持行為についても、2007年の判例変更により、合理の原則に従って違法性が判断されることになった[31]。そのため、国際取引において、競争業者間の取引でなく、競争促進効果がある限り、米国反トラスト法違反の問題は、ほとんどの場合生じない。

(3) EUでの規制

これに対して、EUでは、「垂直的協定・協調行為の部類への欧州連合の機能に関する条約の101条3項の適用に関する2010年4月20日委員会規則330/2010号」[32]等の一括適用免除規則とガイドラインによって違法性が判断される。

一括適用免除規則では、供給者の関連市場での市場シェアが30%を超えず、かつ、購入者の関連市場での市場シェアが30%を超えない場合、一括適用免除がされる。ただし、次の①～⑥の制限についてはハードコア制限[33]とされており、それを含む垂直的協定には一括適用免除が適用されない。

① 最低再販売価格維持

---

26 Standard Oil v. United States, 221 U.S. 1 (1911)
27 United States v. Socony-Vacuum Oil Co., 310 U.S. 150 (1940)
28 Addyston Pipe & Steel Co. v. United States, 175 U.S. 211 (1899)
29 United States v. General Motors Corp., 384 U.S. 127 (1966)
30 Illegal per se
31 Leegin Creative Leather Products, Inc. v. PSKS, Inc., 551 U.S. 877 (2007)
32 Commission Regulation (EU) No 330/2010 of 20 April 2010 on the application of Article 101(3) of the Treaty on the Functioning of the European Union to categories of vertical agreements and concerted practices
33 Hardcore restrictions

111

② 一定の例外を除く購入者が契約商品またはサービスを販売する地域または顧客の制限

③ 小売段階での選択的流通システム[34]のメンバーによるエンドユーザーへの積極的または消極的販売[35]の制限

④ 選択的流通システム内での流通業者間での相互供給の制限

⑤ エンドユーザーまたは構成部分を組み込む購入者によって委託されていない修理業者等へ予備部品としての構成部分を構成部分の供給者が販売することの制限

上記②の例外としては、㋐購入者の顧客による販売を制限しない限り、供給者に留保されたまたは供給者によって他の購入者に分割された独占的な地域または独占的な顧客グループへの積極的販売を制限する場合、㋑供給者によってそのシステムを運営するために留保された地域内での許可されていない販売店への選択的流通システムのメンバーによる販売を制限する場合などがある。

また、原則として、次の①〜③の義務については免除対象外制限[36]とされており、垂直的協定に含まれるそれらの義務には一括適用免除が適用されない。ただし、免除対象外制限を含んでいても、垂直的協定のその他の規定に一括適用免除を適用することは妨げられない。

① 無期限または5年を超える期間の競争品取扱い禁止義務

② 購入者に契約終了後の商品またはサービスの製造、購入、販売または再販売を禁止させる義務

③ 選択的流通システムのメンバーに特定の競争する供給者のブランドの販売を禁止させる義務

したがって、一括適用免除の恩典を受けるために、ハードコア制限および

34　selective distribution system
35　active or passive sales
36　Excluded restrictions

免除対象外制限に該当する規定は契約に置かないようにする必要がある。

また、一括適用免除規則は、自動車の販売および修理並びに自動車の予備部品の流通等の特定に分野によって、多少異なる内容の一括免除規則が適用される場合もあるので、注意が必要である。

3 合弁の独禁法問題

合弁の独禁法の問題としては、競争制限的協定の規制と企業結合規制の2面がありうる。合弁の当事者が合弁会社と同じ市場での市場シェアを有している場合や合弁会社の市場の川上もしくは川下の市場または隣接する市場の市場シェアを有している場合には、合弁契約やその結果として競争制限的協定がなされていないか注意する必要がある。また、合弁会社の設立が合弁の当事者の企業結合となって一定の市場における競争を実質的に制限することとならないかにも注意する必要がある。

(1) 日本での規制

日本では、公正取引委員会の「企業結合審査に関する独占禁止法の運用指針」において、共同出資会社が企業結合となる場合についての考え方が示されている。これに対して、不当な取引制限や不公正な取引方法の観点からの考え方を示す運用基準は、参加者の製品の市場シェアの合計が20％以下である場合に、通常は独禁法上問題とならないという考え方を示す「共同研究開発に関する独占禁止法上の指針」を除いて存在しない。

(2) 米国での規制

米国では、連邦取引委員会と司法省の2000年4月の「競争業者間の協働に関する反トラストガイドライン」[37]によって判断されている。水平的取引制限の目的で合弁を利用しているような場合は、当然違法となり、それ以外は、合理の原則で違法性が判断される。

特別の事情のない限り違法とされないセーフティ・ゾーンとして、生産、

---

37 Antitrust Guidelines for Collaborations Among Competitors

販売・物流および購入に関する合弁では、合弁の参加者の競争に影響する各関連市場での市場シェアの合計が20％以下、研究開発に関する合弁では、革新市場で合弁の研究開発のほかに同種の研究開発を行うことのできる独立にコントロールされた研究努力三つ以上が存在することであるとの考え方が示されている。また、判例で、合弁もクレイトン法7条の企業結合規制と同様な分析に服すると判断されている[38]。

(3) EUでの規制

EUでは、「研究開発協定の部類への欧州連合の機能に関する条約の101条3項の適用に関する2010年12月14日委員会規則1217/2010号」[39]および「専門化協定の部類への欧州連合の機能に関する条約の101条3項の適用に関する2010年12月14日委員会規則1218/2010号」[40]の二つの一括適用免除規則と「水平的協力協定への欧州連合の機能に関する条約の101条3項の適用に関するガイドライン」[41]によって判断されている。

研究開発に関する合弁（一方当事者が資金を提供するだけの場合も含まれる）は、関連する製品および技術市場における当事者の市場シェア合計が25％以下の場合、ハードコア制限を含まないことその他の条件を満たす限り、一括適用免除がされる。また、生産に関する専門化合弁（共同で生産する場合も含まれる）は、関連する市場における当事者の市場シェア合計が20％以下の場合、ハードコア制限を含まないことその他の条件を満たす限り、一括適用免除がされる。

---

38 United States v. Penn-Olin Chemical, 378 U.S. 158 (1964)
39 Commission Regulation (EU) No 1217/2010 of 14 December 2010 on the application of Article 101(3) of the Treaty on the Functioning of the European Union to certain categories of research and development agreement
40 Commission Regulation (EU) No 1218/2010 of 14 December 2010 on the application of Article 101(3) of the Treaty on the Functioning of the European Union to certain categories of specialization agreement
41 Guidelines on the applicability of Article 101 of the Treaty on the Functioning of the European Union to horizontal co-operation agreements

購入に関する合弁は、購入および販売市場における当事者の市場シェアの合計が15％以下の場合、また、販売・物流に関する合弁は、当事者の市場シェアの合計が15％以下の場合、欧州連合の機能に関する条約101条3項の条件を満たす可能性が高いとの考え方が示されている。

また、EU企業結合規則2条4項では、継続的に、自律的な経済主体のすべての機能を果たす合弁会社の設立は、企業結合に該当すると規定されており、そのような合弁に限って、EU企業結合規則のもとで、取り扱われることになる。

4　企業結合規制

(1)　総　論

企業結合規制の特徴は、企業結合のうち、一定の要件に合致するものに政府当局への事前届出が義務づけられる点にある。そのため、競争関係にある外国会社の株式の取得や営業の譲受けによるM&Aだけでなく、グローバルな活動を行う国内企業同士の合併等の企業結合も、影響する市場を見極めたうえで、影響する市場の法域の政府当局に事前届出をして一定の市場における競争を実質的に制限することとならないか審査を受ける必要がある。企業結合の場合、審査期間が定められていて、審査期間中の一定の待機期間は取引を実行することができないが、独禁法上問題ないと判断されれば、取引実行後に政府当局から法的措置を命じられることがなくなる。

(ア)　企業結合の類型および審査基準

企業結合の審査の枠組みと判断要素は国によって大差がなくなっているが、同じ国際企業結合に対する政府当局の判断が異なる場合もある。

水平型企業結合（同一の一定の取引分野において競争関係にある会社間の企業結合をいう）では、市場における競争単位の数を減少させ、企業結合後の市場の集中度を高め、企業結合後の企業の市場シェアが増加する。したがって、企業結合後の市場シェアおよび市場の集中度に他の要素も総合的に加味して、

〔図 7〕 企業結合の類型

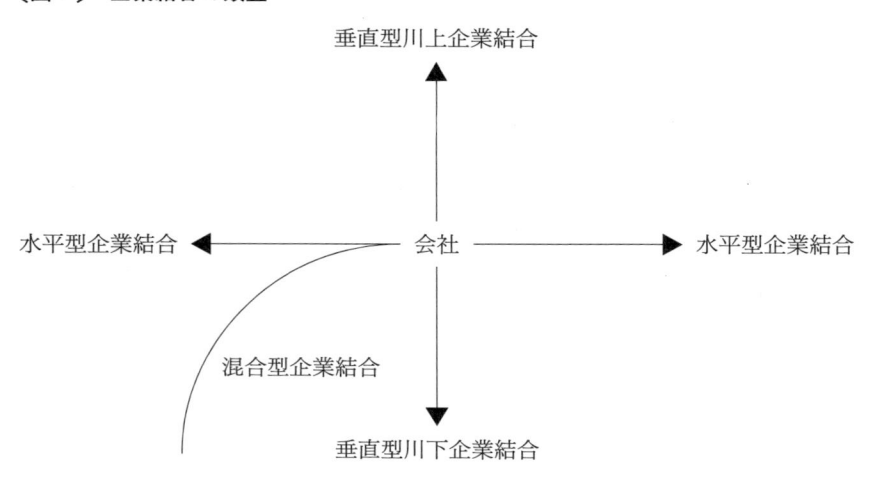

```
                    垂直型川上企業結合
                          ↑
                          │
水平型企業結合 ←─────── 会社 ───────→ 水平型企業結合
                   ╲      │
                    混合型企業結合
                          │
                          ↓
                    垂直型川下企業結合
```

単独行動または競争者との協調的行動により、一定の市場における競争を実質的に制限することとなるか審査する。

　垂直型企業結合（たとえば、完成品メーカーとその原材料メーカーとの間の合併（川上企業結合）やメーカーとその商品の販売業者との間の合併（川下企業結合）などの取引段階を異にする会社間の企業結合をいう）、および、混合型企業結合（たとえば、異業種に属する会社間の合併、一定の取引分野の地理的範囲を異にする会社間の株式保有など水平型企業結合または垂直型企業結合のいずれにも該当しない企業結合をいう）では、市場における競争単位の数を減少させることはない。しかし、企業結合後の関係するすべての市場シェアおよび市場の集中度に他の要素も総合的に加味して、川上、川下もしくは隣接市場の閉鎖性・排他性[42]または競争者との協調的行動により、一定の市場における競争を実質的に制限することとなるか審査する（〔図 7〕参照）。

　(イ)　市場の確定

　当事者の商品および取引の地域の範囲により市場を確定するために、仮定

　42　Foreclosure of a upstream, downstream or related market

的独占者テスト[43]を採用するのが通常である。このテストでは、ある地域において、ある事業者が、ある商品を独占して供給しているという仮定のもとで、当該独占事業者が、小幅ではあるが、実質的かつ一時的ではない価格引き上げ[44]（SSNIP）をした場合に、当該商品および地域について、需要者が当該商品の購入を他の商品または地域に振り替えるか否か、他の供給者が別の商品または地域から当該商品に製造・販売を転換するか否かが考慮される。

(ウ) セーフ・ハーバー

水平的企業結合については、市場の集中度を示すHHI[45]を基準に、通常、一定の市場における競争を実質的に制限することとならないセーフ・ハーバーを設けている。HHIは、当該一定の取引分野における各事業者の市場シェアの2乗の総和によって算出される。非水平的企業結合については、HHIに市場シェアも加味してセーフ・ハーバーを設けるのが通常である。

(エ) 軽減要素

需要者からの競争圧力、参入可能性の程度、効率性、当事者が業績不振の場合等の競争上の問題を軽減する要素も考慮される。

(オ) 問題解消措置

問題解消措置によって競争上の問題を解消できれば、企業結合は容認される。問題解消措置は、事業譲渡等の構造的な措置[46]でないと原則として認められないが、情報交換遮断等の行動に関する措置[47]も認められる場合もある。

(2) 日本での規制

日本の独禁法では、企業結合により、一定の取引分野における競争を実質的に制限することとなる場合を禁止している（独禁法第4章）。企業結合のうち、会社の株式保有、合併、分割、共同株式移転および事業譲受け等につい

43　Hypothetical Monopolist Test
44　Small but significant and non-transitory increase in price
45　Herfindahl-Hirshman Index
46　Structural remedies
47　Couduct remedies

て、国内売上高を基準として、公正取引委員会への事前届出義務を課している。

1　株式取得の届出要件
　下記の要件(1)に該当する会社が、下記の要件(2)に該当する会社の株式を取得しようとする場合において、下記の要件(3)に該当することとなった場合に事前の届出が必要となる。
(1)　株式を取得しようとする会社および当該会社の属する企業結合集団に属する当該会社以外の会社等の国内売上高の合計額（以下、「国内売上高合計額」という）が200億円を超える場合
(2)　株式発行会社およびその子会社の国内売上高の合計額が50億円を超える場合
(3)　株式発行会社の株式を取得しようとする場合において、株式発行会社の総株主の議決権の数に占める届出会社が取得の後において所有することとなる当該株式発行会社の株式にかかる議決権の数と届出会社の属する企業結合集団に属する当該届出会社以外の会社等が所有する当該株式発行会社の株式にかかる議決権の数とを合計した議決権の数の割合（議決権保有割合）が新たに20％または50％を超えることとなる場合

2　合併の届出要件
　合併をしようとする会社のうち、いずれか1社にかかる国内売上高合計額が200億円を超え、かつ、他のいずれか1社にかかる国内売上高合計額が50億円を超える場合に事前の届出が必要となる。

3　共同新設分割の届出要件
(1)　共同新設分割をしようとする会社のうち、いずれか1社（全部承継会社に限る）にかかる国内売上高合計額が200億円を超え、かつ、他のいずれか1社（全部承継会社に限る）にかかる国内売上高合計額が50億円を超える場合
(2)　共同新設分割をしようとする会社のうち、いずれか1社（全部承継会社に限る）にかかる国内売上高合計額が200億円を超え、かつ、他のいずれか1社（重要部分承継会社に限る）の当該承継の対象部分にかかる国内売上高が30億円を超える場合
(3)　共同新設分割をしようとする会社のうち、いずれか1社（全部承継会社に限る）にかかる国内売上高合計額が50億円を超え、かつ、他のいずれか

1社（重要部分承継会社に限る）の当該承継部分にかかる国内売上高が100億円を超える場合
 (4) 共同新設分割をしようとする会社のうち、いずれか1社（重要部分承継会社に限る）の当該承継の対象部分にかかる国内売上高が100億円を超え、かつ、他のいずれか1社の当該承継の対象部分にかかる国内売上高が30億円を超える場合

4　吸収分割の届出要件
 (1) 吸収分割をしようとする会社のうち、分割をしようとするいずれか1社（全部承継会社に限る）にかかる国内売上高合計額が200億円を超え、かつ、分割によって事業を承継しようとする会社にかかる国内売上高合計額が50億円を超える場合
 (2) 吸収分割をしようとする会社のうち、分割をしようとするいずれか1社（全部承継会社に限る）にかかる国内売上高合計額が50億円を超え、かつ、分割によって事業を承継しようとする会社にかかる国内売上高合計額が200億円を超える場合（(1)に該当する場合を除く）
 (3) 吸収分割をしようとする会社のうち、分割をしようとするいずれか1社（重要部分承継会社に限る）の当該分割の対象部分にかかる国内売上高が100億円を超え、かつ、分割によって事業を承継しようとする会社にかかる国内売上高合計額が50億円を超える場合
 (4) 吸収分割をしようとする会社のうち、分割をしようとするいずれか1社（重要部分承継会社に限る）の当該分割の対象部分にかかる国内売上高が30億円を超え、かつ、分割によって事業を承継しようとする会社にかかる国内売上高合計額が200億円を超える場合（(2)に該当する場合を除く）

5　共同株式移転の届出要件
　共同株式移転をしようとする会社のうち、いずれか1社にかかる国内売上高合計額が200億円を超え、かつ、他のいずれか1社にかかる国内売上高合計額が50億円を超える場合。

6　事業等の譲受けの届出要件
　国内売上高合計額が200億円を超える会社（譲受会社）が、
 (1) 国内売上高が30億円を超える会社の事業の全部の譲受けをしようとする場合
 (2) 他の会社の事業の重要部分の譲受けをしようとする場合であって、当該譲受けの対象部分にかかる国内売上高が30億円を超える場合

> (3) 他の会社の事業上の固定資産の全部又は重要部分の譲受けをしようとする場合であって、当該譲受けの対象部分にかかる国内売上高が30億円を超える場合

　届出義務の有無にかかわらず、公正取引委員会の「企業結合審査に関する独占禁止法の運用指針」によって審査されることになる。実務上は、ほとんどの事例が公正取引委員会の事前相談およびその過程での行政指導で、問題がないと判断されるか、または、問題解消措置で問題を解消して形式だけの事前届出が行われている。

　その結果、排除措置命令、審判請求による審決（公取同審昭和44・10・30審決集16巻46頁（八幡・富士合併事件）、公取同審昭和48・7・17審決集20巻62頁（広島電鉄事件）等）、または、審決取消訴訟による判決（東京高判昭和26・9・19高民集4巻14号497頁（東宝・スバル事件））まで出たのは、昔のわずかな事例しかない。

　手続の迅速性および透明性の観点から批判が強かったため、2011年7月より、公正取引委員会の「企業結合審査の手続に関する対応方針」に基づき、運用が変更された。公正取引委員会は、届出を要する企業結合に対する独禁法上の判断を届出後の手続においてのみ示し、届出前相談を届出会社が希望する場合には、届出書の記載等に関する相談のみ行うことができることになった。また、届出を要しない企業結合に関する相談については、公正取引委員会は、届出後の手続に準じて対応することになった。

(3) 米国での規制

　米国では、クレイトン法7条により、競争を実質的に減殺し、または、独占を形成するおそれのある株式取得および資産取得を禁止している。また、ハート・スコット・ロディーノ反トラスト改善法により、取得総額および総資産または年間純売上を基準として取得者および被取得者の双方に司法省および連邦取引委員会への事前届出義務を課している。

＜取引規模テスト＞
1　取引の結果、取得者の保有する被取得者の株式および資産の総額が２億ドル（GNPのレベルの変化に基づいて毎年見直される）を超える場合
2　取引の結果、取得者の保有する被取得者の株式および資産の総額が５千万ドル（GNPのレベルの変化に基づいて毎年見直される）を越えるが、２億ドル（GNPのレベルの変化に基づいて毎年見直される）以下で、当事者規模テストを満たす場合

＜当事者規模テスト＞
　取得者または被取得者の一方（究極の親会社およびそれによって支配されるその他の会社を含む）の直近の財務諸表に基づく総資産または年間純売上が１億ドル（GNPのレベルの変化に基づいて毎年見直される）以上であり、取得者または被取得者の他方（究極の親会社およびそれによって支配されるその他の会社を含む）の直近の財務諸表に基づく総資産または年間純売上が１千万ドル（GNPのレベルの変化に基づいて毎年見直される）以上である場合

＜免除取引＞
1　外国資産の取得で、その外国資産に起因する米国内または米国向け年間純売上が５千万ドル（GNPのレベルの変化に基づいて毎年見直される）以下の場合
2　米国取得者または外国取得者による外国発行者の株式の取得で、その発行者の米国内の資産が総額５千万ドル（GNPのレベルの変化に基づいて毎年見直される）以下であり、その発行者の米国内もしくは米国向け年間純売上が総額５千万ドル以下（GNPのレベルの変化に基づいて毎年見直される）である場合、または外国取得者による外国発行者の株式の取得で、取得によりその発行者の支配が与えられない場合
3　上記１または２に該当しない場合、次のすべてを満たす場合
　(1)　取得者および被取得者の双方が外国人・外国法人
　(2)　取得者および被取得者の米国内又は米国向けの年間純売上が総額１億１千万ドル（GNPのレベルの変化に基づいて毎年見直される）未満
　(3)　取得者および被取得者の米国内の総資産が総額１億１千万ドル（GNPのレベルの変化に基づいて毎年見直される）未満
　(4)　取引の結果、取得者の保有する被取得者の株式および資産の総額が２億ドル（GNPのレベルの変化に基づいて毎年見直される）以下

クレイトン法7条の解釈については、多くの判例がある[48]。司法省の1986年6月14日の「合併ガイドライン」[49]（現在は、非水平型合併に関する部分のみ有効である）および司法省と連邦取引委員会の2010年8月19日の「水平型合併ガイドライン」[50]が公表されており、それらによって審査されるが、判例によって形成された実質法を変更するものではない。

(4) EUでの規制

EUでは、EU企業結合規則[51]により、いずれかの当事者のEU内売上の3分の2超が同一EU加盟国内でない限り、すべての当事者の全世界での売上高の合計、各当事者のEU内での売上並びに3以上のEU加盟国でのすべての当事者の売上高の合計および各当事者の売上高を基準として、共同体規模[52]を有する企業結合を規制の対象としている。共同体規模を有しない企業結合は、EU加盟国の独禁法の企業結合規制の対象となる。

＜第1次売上テスト＞

　企業結合が以下のすべての要件を満たす場合
1　当事者すべての全世界での売上高の合計が50億ユーロ超
2　当事者の2社以上のEU内での売上高がそれぞれ2億5千万ユーロ超
3　当事者のいずれもEU内売上高の3分の2超を同一EU加盟国内で得ていないこと

＜第2次売上テスト＞

　企業結合が以下のすべての要件を満たす場合
1　当事者すべての全世界での売上高の合計が25億ユーロ超
2　3以上のEU加盟国のそれぞれにおいて、当事者のすべての売上高の合計

48　United States v. Philadelphia National Bank, 374 U.S. 321 (1963)ほか、多数の判例がある。
49　Merger Guidelines
50　Horizontal Merger Guidelines
51　Council Regulation (EC) No 139/2004 on 20 January 2004 on the control of concentrations between undertakings (the EC Merger Regulation)
52　Community Dimension

が1億ユーロ超
3　上記3の要件を満たす3以上のEU加盟国のそれぞれにおいて、当事者の2社以上の売上高がそれぞれ2千5百万ユーロ超
4　当事者の2社以上のEU内での売上高がそれぞれ1億ユーロ超
5　当事者のいずれもEU内売上高の3分の2超を同一EU加盟国内で得ていないこと

支配的地位の形成または強化の結果として、共同体市場またはその実質的部分における有効な競争を著しく阻害する共同体規模を有する企業結合は、共同体市場と両立しないと宣言される。共同体規模を有する企業結合には、欧州委員会への事前届出義務を課している。EU企業結合規則においても、評価に際して考慮する事項が規定されているが、欧州委員会の2004年2月5日の「水平型合併の評価に関するガイドライン」[53]および欧州委員会の2008年10月18日の「非水平型合併の評価に関するガイドライン」[54]が公表されており、それらによって審査されることになる。

II　国際取引と貿易問題

1　世界貿易機関（WTO）と自由貿易協定（FTA）

(1)　世界貿易機関（WTO）

世界貿易機関[55]（WTO）は、WTO協定およびその他の多角的貿易協定の目的を達成するために枠組みを提供することを目的として1995年に設立された機関である。WTO協定は、国際貿易における憲法の役割を果たしており、

53　Guidelines on the assessment of horizontal mergers under the Council Regulation on the control of concentrations between undertakings
54　Guidelines on the assessment of non-horizontal mergers under the Council Regulation on the control of concentrations between undertakings
55　World Trade Organization

第4章　国際取引の法務を構成する諸問題

WTO加盟国の国家主権を制約するが、WTO加盟国の私人が同国内の他の私人または政府に対して、WTO協定に基づく義務の履行を要求する権利を付与するものではない（京都地判昭和59・6・29判タ530号265頁）。国際取引において、直接にWTO協定が問題となることはないが、国際貿易の枠組みを知るうえで理解しておく必要がある。

WTO協定[56]は、「世界貿易機関の設立に関するマラケシュ協定」[57]および「附属書」記載の諸協定から構成される。

世界貿易機関を設立するマラケシュ協定（通称：WTO設立協定）
附属書1
(1)　附属書1A　物品の貿易に関する多角的協定
　(A)　1994年の関税および貿易に関する一般協定（通称：1994年のGATT）
　(B)　農業に関する協定
　(C)　衛生植物検疫措置の適用に関する協定（通称：SPS協定）
　(D)　繊維および繊維製品（衣類を含む）に関する協定（通称：繊維協定。2004年末に終了）
　(E)　貿易の技術的障害に関る協定（通称：TBT協定）
　(F)　貿易に関連する投資措置に関する協定（通称：TRIMs協定）
　(G)　1994年の関税および貿易に関する一般協定第6条の実施に関する協定（通称：アンチダンピング協定）
　(H)　1994年の関税および貿易に関する一般協定第7条の実施に関する協定（通称：関税評価協定）
　(I)　船積み前検査に関する協定
　(J)　原産地規則に関する協定（通称：原産地規則協定）
　(K)　輸入許可手続に関する協定
　(L)　補助金および相殺措置に関する協定　（通称：補助金協定）

56　経済産業省HP「WTO協定集」〈http://www.meti.go.jp/policy/trade_policy/wto/wto_agreements/index.html〉参照。
57　Marrakesh Agreement Establishing the World Trade Organization

(M)　セーフガードに関する協定（通称：セーフガード協定）
(2)　附属書１Ｂ　サービスの貿易に関する一般協定（通称：GATS）
(3)　附属書１Ｃ　知的所有権の貿易関連の側面に関する協定（通称：TRIPS協定）
附属書２　紛争解決にかかる規則および手続に関する了解（通称：紛争解決了解）
附属書３　貿易政策審査制度
附属書４　複数国間貿易協定
　(A)　民間航空機貿易に関する協定
　(B)　政府調達に関する協定
　(C)　国際酪農品協定（1997年末に終了）
　(D)　国際牛肉協定（1997年末に終了）
　(E)　情報技術に関する協定（2007年に発効）

　WTO協定は、その前身である1947年のGATT（「関税および貿易に関する一般協定」[58] という協定の名称であるが、非公式の国際機関の名称として用いられてきた）が物品貿易だけを対象としていたのに対して、サービス貿易（「サービスの貿易に関する一般協定」[59]（GATS））および知的財産権（「知的財産権の貿易関連の側面に関する協定」[60]（TRIPS））も対象としている。WTO協定には、「貿易に関連する投資措置に関する協定」[61]（TRIMs）もあるが、これは、直接投資の自由化協定ではなく、直接投資後の貿易制限を規制できることを明確にしただけである。そのため、主として投資後の制限を禁止して投資企業の保護を目的として、投資企業の国が投資受入れ国と締結する二国間投資協定[62]（BIT）が依然として重要性を有している。最近のBITは、投資前の制限の禁止も含むようになってきている。2011年６月現在で、日本は16ヵ国

58　General Agreement on Tariffs and Trade
59　General Agreement on Trade in Services
60　Agreement on Trade-Related Aspects of Intellectual Property Rights
61　Agreement on Trade-Related Investment Measures
62　Bilateral Investment Agreement

とBITを締結している[63]。

　WTOの下では、協定上の紛争解決、各国の貿易政策の審査等を含めた協定の運用・実施が行われるとともに、新たな貿易自由化やルールの強化・拡充を目指した多角的貿易交渉（ラウンド）が実施される。2011年6月現在、ドーハ・ラウンドが継続中である。物品の貿易では、数量制限（数量制限効果を有するライセンス制も含む）が禁止される（GATT11条）。関税による輸入制限だけが容認されるが、ラウンドで相互主義により引き下げを譲許[64]した関税を超える額の関税をWTO加盟国に課すことは禁止される（GATT 2条）。交渉を簡略化するため、一律に関税引き下げをWTO加盟国に適用し、その例外とする産品リストを各加盟国が申し出る方式の交渉（フォーミュラ交渉）が行われている。関税引き下げの成果は、最恵国待遇[65]（加盟国間無差別）により、すべてのWTO加盟国に等しく及ぼされる（GATT 1条）。また、内国民待遇[66]により、国内規制による非関税貿易障壁を制約している（GATT 3条）。ただし、内外共通の規制であれば、輸入量に影響する国内規制を実施することは許容される。WTO加盟国となるには、政府調達協定等の複数国間貿易協定を除いて、WTO協定を一括受諾する必要がある。南北問題に配慮して、WTO協定は、途上国に特別かつ異なる待遇を与えている。

　WTOにおける決定権限は閣僚会議[67]と一般理事会[68]にあるが、いずれもWTO加盟国すべてがメンバーであり、その全員一致によって決定がされるのが原則となっている。そのため、決議ができず、こう着状態になるのが通常である。WTO協定違反を行っているWTO加盟国に対して、被害国は、

63　外務省HP「投資」⟨http://www.mofa.go.jp/mofaj/gaiko/investment/index.html⟩参照。
64　Concessions
65　Most-Favoured-Nation Treatment
66　National Treatment
67　Ministerial Conference
68　General Council

WTOに提訴できる。第一審裁判所に相当するパネル[69]とその上訴裁判所に相当する上級委員会[70]は、提訴された貿易制限措置を審査する。WTO協定違反と認定されれば、紛争解決機関[71]が違反国に違反の是正を求める。上級委員会の決定は、WTO加盟国の全員が反対しない限り、紛争解決機関によって採択される（ネガティブ・コンセンサス方式）。そのため、WTOの重要な政策決定は、紛争解決手続でなされるのが通常となっている。違反国が是正しない場合、提訴国は違反国と代償[72]について交渉でき、交渉が成立しなければ、譲許その他の義務を停止する制裁措置（輸入量制限または関税引き上げ）を実施できる（紛争解決了解22条）。

(2) 自由貿易協定（FTA）

WTOの意思決定が困難であるため、現在のドーハ・ラウンドは滞っており、自由貿易協定[73]（FTA）に多くの国が期待を寄せている。

WTO協定では、欧州諸国と米国が参加する欧州連合[74]（EU）と北米自由貿易協定[75]（NAFTA）を否定することを考えられなかったため、妥協の産物として、条件付きで地域貿易協定[76]（RTA）を許容している。RTAには関税同盟[77]とFTAがあるが、RTAのほとんどをFTAが占めている。日本政府は、貿易の自由化を超えて、ヒト、モノ、カネの移動の自由化、円滑化を図り、幅広い経済関係の強化を目指すFTAを経済連携協定[78]（EPA）と呼んでいる。

---

69 Panel
70 Appellate Body
71 Dispute Settlement Body
72 Compensation
73 Free Trade Agreement
74 European Union
75 North America Free Trade Agreement
76 Regional Trade Agreement
77 Customs Union
78 Economic Partnership Agreement

FTAは、グループ内貿易について実質上すべての関税をなくすとともに、FTA加盟国により異なる関税率をグループ域外国からの輸入に適用できる点で同じくRTAである関税同盟と異なる。RTAによって域外国と比べて差別的に有利な取扱いをRTA加盟国同士が同意することがWTOの最恵国待遇に違反しないためには、域外国に適用される関税をその他の通商規則がより高度な、または、より制限的なものであってはならないとともに、域内の実質上のすべての貿易についての関税をその他の制限的通商規則が廃止されていることが条件とされている（GATT24条）。2011年6月現在で、日本は、12カ国1地域（シンガポール（2002年11月発効）、メキシコ（2005年4月発効）、マレーシア（2006年7月発効）、チリ（2007年9月発効）、タイ（2007年11月発効）、インドネシア（2008年7月発効）、ブルネイ（2008年7月発効）、ASEAN（2008年12月発効）、フィリピン（2008年12月発効）、スイス（2009年9月発効）、ベトナム（2009年10月発効）、インド（未発効）、ペルー（未発効））とFTAを締結している[79]。

2 貿易救済措置

米国は、1974年通商法[80] 301条の規定によって、外国政府の措置が、不公正、不合理または差別的であり、かつ米国通商に負担をかけ、または制限する場合、米国が制裁措置を含む対抗措置をとる権限を認めていたため、申立てまたは職権で開始する米国通商部[81]（USTR）の調査に基づいて、対抗措置による自国の輸入制限を武器に貿易相手国の貿易障壁の削減を一方的に要求する手法を用いてきた。

しかし、WTOの紛争解決手続の導入後は、米国は、WTO協定違反の場

---

79 外務省HP「経済連携協定(EPA)／自由貿易協定(FTA)」〈http://www.mofa.go.jp/mofaj/gaiko/fta/index.html〉参照。
80 Trade Act of 1974
81 United States Trade Representative

合だけでなく、不公正、不合理または差別的な貿易慣行に対してもWTOの紛争解決手続の発動を待つ方針を表明している。

WTO協定の下でも、物品貿易の自由化原則の一時的な例外として、貿易救済措置が認められている。貿易救済措置としては、アンチダンピング措置[82]、補助金相殺措置[83]およびセーフガード[84]（緊急輸入制限[85]）がある。

(1) アンチダンピング措置

(ア) アンチダンピング協定

アンチダンピング措置は、不当に安いとみなす輸入品に対して、不当安値分に相当する関税を輸入国が課すことで、不公正貿易に対抗する貿易救済措置である。WTO協定では、GATT 6条および「1994年の関税および貿易に関する一般協定第6条の実施に関する協定」[86]（アンチダンピング協定）が、WTO加盟国による濫用を防止するため、アンチダンピングの認定基準および措置発動手続を詳細に規定している。

アンチダンピング税を輸入品に課すには、次の①～③の要件が必要である。

① 輸出価格が正常価格より低いこと（GATT6.1条）
② 国内産業に実質的な損害が発生していること、またはそのおそれが存在すること（同6.6条）
③ 実質的損害がダンピングによりもたらされているという因果関係があること（アンチダンピング協定3.5条）

上記①の正常価格には、㋐輸出国の本国価格、㋑第三国への輸出価格、㋒構成価格の3種類があり、輸出国の本国価格を原則として、それが認定できない場合に第三国への輸出価格により、それも認定できない場合に構成価格

---

82 Anti-dumping measures
83 Subsidies countervailing measures
84 Safeguards
85 Emergency action on imports
86 Agreement on Implementation of Article VI of the General Agreement on Tariffs and Trade 1994

によることになっている。上記㋑の構成価格とは、原産国の生産費に管理費、販売経費、一般的な経費および利潤を加えたものであり、総販売原価プラス利潤のことである。

　輸出価格と正常価格を、同種の産品についての通常の商取引における価格と比較した差額がダンピング・マージンであり、アンチダンピング税は、ダンピング・マージンを上限としている。輸出価格が関連会社間取引によって決定されている場合は、独立当事者間価格に基づいて輸出価格を決定することがアンチダンピング協定で定められている（アンチダンピング協定2.3条）。また、新製品が長期的には売上増により費用が低下していくことを見越して、販売開始後の短期においては費用以下の価格を設定するハイテク製品等のフォワード・プライシングに配慮する規定をアンチダンピング協定は置いている（同協定2.2.1条）。アンチダンピング措置の調査は、当局の決定による場合を除いて、国内産業からの書面による申請がなされた場合に開始できる（同協定5.1条）。ダンピングによって被害を受けている産業の支持または反対を表明している事業者の生産高の50％を超える事業者からの支持がある場合には、国内産業からの申請とみなされる。ただし、ダンピングによって被害を受けている産業の総生産高の25％未満の場合は、調査を開始できない（同協定5.4条）。

　また、アンチダンピング税は、その賦課の日またはその最新の見直しの日から5年以内に廃止しなければならない。ただし、ダンピングおよび損害の存続する可能性がある場合は、継続できる（アンチダンピング協定11.3条）。輸出企業は輸入国の当局と価格約束をすることによってアンチダンピング税を回避できるが（同協定8.1条）、輸入国の当局は、ダンピングおよびダンピングによって生じる損害について肯定的な仮の決定を行わない限り、価格約束をしてはならない（同協定8.2条）。

　　(イ)　不当廉売関税の規定

　アンチダンピング協定に基づいて、わが国では、関税定率法（明治43年法

律第54号）8条が不当廉売関税を規定しており、WTO加盟国の国内法も同様な規定を置いている。

　(ウ)　独禁法との関係

　かつて米国とEUのアンチダンピング措置が保護主義の手段として濫用されてきた歴史がある。米国の1916年のアンチダンピング法は、米国の反トラスト法と同様に刑事罰と3倍賠償を認めていたが、WTO紛争解決手続に提訴され、パネルに引き続き上級委員会が、WTO協定に違反すると決定した[87]。

　日本の独禁法では、不当廉売は不公正な取引方法として排除措置命令および課徴金納付命令の対象となるとともに、排除型私的独占として排除措置命令、課徴金納付命令および刑罰の対象となる。

　公正取引委員会の「不当廉売に関する独占禁止法の考え方」および「排除型私的独占に係る独占禁止法上の指針」は、不当廉売について、以下の考え方を示している。

　廉売行為に経済合理性があるかどうかは、概念的には、設定された価格が平均回避可能価格（廉売行為者が廉売対象商品の追加供給を止めた場合に生じなくなる廉売対象商品固有の固定費用および可変費用を合算した費用を追加供給量で除することによって得られる廉売対象商品一単位当たりの費用をいう）を回収するかどうかによって判断される。しかし、実務上は、廉売対象商品を供給しなければ発生しない費用を下回る価格は、「供給に要する費用を著しく下回る対価」と推定され、「排除行為」に該当しうるとされている。どのような費用が「商品を供給しなければ発生しない費用」となるかについては、実情に即して合理的に考えられる期間において、商品の供給量の変化に応じて増減する費用であるか否か、商品の供給と密接な関連性を有する費用項目であるか否かという観点から判断される。

87　United States-Anti-Dumping Act of 1916, WT/DS136/ABR, 26 August 2000

さらに、不公正な取引方法として課徴金納付命令の対象となるには、「他の事業者の事業活動を困難にさせるおそれ」が必要であり、排除型私的独占として課徴金納付命令の対象となるには、「一定の取引分野における競争を実質的に制限すること」が必要となる。したがって、アンチダンピング措置に比べて、独禁法違反の要件は厳格になっている。

(2) 補助金相殺措置

(ア) 補助金協定

補助金相殺措置は、補助金により不当に安く輸出された産品の不当安値分を相殺する追加関税を輸入国が課すことで、不公正貿易に対抗する貿易救済措置である。WTO協定では、GATT16条は輸出補助金を禁止しているが、「補助金及び相殺措置に関する協定」[88]（補助金協定）が広範な補助金規制を新たに定めている。

補助金協定の対象となる補助金は、次の①②の要件が必要である（補助金協定1.1条）。

① 政府が資金面で貢献していること（何らかの形式による所得または価格の支持を含む）

② 上記①によって利益がもたされること

また、補助金のうち、企業または産業に対して特定性がある場合にのみ、補助金協定の規制の対象となる（補助金協定1.2条）。

補助金協定は、禁止される補助金と相殺措置の対象となる補助金を分類している。禁止される補助金は、輸出が行われることに基づいて交付される補助金、および、輸入物品よりも国産物品を優先して使用することに基づいて交付される補助金であり（補助金協定3条）、相殺措置の対象となる補助金は、他のWTO加盟国の利益に悪影響を及ぼす補助金である（同協定5条）。補助金によって被害を受けた国は、①WTO紛争解決手続により補助金の撤回ま

---

88 Agreement on Subsidies and Countervailing Measures

たは是正の勧告を求める解決（同協定4.4条、7.4条）、または、②一方的に相殺関税を課す解決（GATT6.3条）の選択をすることができる。輸入国が相殺関税を課すには、㋐相殺関税の対象となりうる補助金が存在すること（補助金協定19.1条）、㋑同種の産品を生産する国内産業に実質的な損害を与えまたは与えるおそれがあること（同協定15.1条）、㋒補助金と国内産業の損害に因果関係があること（同協定19.1条）の3要件が必要である。輸出国が支出する補助金と同額までの相殺関税を輸入国は課すことができる（GATT6.3条）。相殺関税は、その賦課の日またはその最新の見直しの日から5年以内に廃止しなければならない。ただし、補助金および損害の存続する可能性がある場合は、継続できる（補助金協定21.3条）。輸出国の政府または輸出企業は輸入国の当局と約束をすることによって相殺関税を回避できるが（同協定18.1条）、輸入国の当局は、補助金および補助金によって生じる損害について肯定的な仮の決定を行わない限り、また、輸出企業は、輸出国の承諾を得ない限り、約束をしてはならない（同協定18.2条）。

　㋑　相殺関税の規定

　補助金協定に基づいて、わが国では、関税定率法7条が相殺関税を規定しており、WTO加盟国の国内法でも、同様な規定を置いている。

　(3)　セーフガード（緊急輸入制限）

　　㋐　セーフガード協定

　セーフガードとは、WTO加盟国が約束した関税譲許とWTO協定上の義務を自国産業保護のために一時的に逸脱することを許容する制度であり、緊急輸入制限（GATT19条）、国際収支の危機回避（GATT12条、18条B）、および、幼稚産業の保護（GATT18条C・D）がある。これらのうち、特に重要な緊急輸入制限とは、輸入増により国内産業に重大な損害が生じる場合に緊急避難として輸入を制限することである。不公正貿易に対抗するものかどうかを問わない貿易救済措置である。WTO協定のGATT19条および「セーフガードに関する協定」[89]（セーフガード協定）が規定している。

緊急輸入制限としてのセーフガードを発動するには、次の①〜③の要件が必要である。

① 輸入増大が予見されなかった発展によるものであること（GATT19.1条）

② 国内産業に重大な損害を与えまたは与えるおそれがあること（セーフガード協定4.1条）

③ 輸入増大と重大な損害の因果関係があること（同協定4.2条）

セーフガードとして実施できる輸入制限は、関税引き上げと数量制限である（セーフガード協定5.1条）。セーフガードの実施期間は、最長4年に限定され、延長可能であるが、8年を超えることはできない（同協定7条）。セーフガード実施国は、代償を輸出国に与えなければならず、代償が与えられない場合には輸出国は対抗措置をとることができる（同協定8.2条）。ただし、セーフガード発動が輸入絶対量の増加によるものであり、セーフガード協定を遵守して実施された場合には、代償措置としての輸入制限を輸出国は3年間実施できない（同協定8.3条）。また、セーフガードは、輸出国間に無差別に実施しなければならないのが原則であるが、特定国からの輸入増が不均等に大きい場合、輸入国は、特定の輸出国だけに対する選択的セーフガードを実施できる（同協定5.2条）。

(イ) 関税引き上げの規定

セーフガード協定に基づいて、わが国では、関税法定率法9条が関税引き上げを規定している。数量制限は、外国為替及び外国貿易法（昭和24年法律第228号）52条に基づいて行われる。WTO加盟国の国内法も、同様な規定をしている。

89　Agreement on Safeguards

3 関税関連問題

(1) 関税率表

　各国が賦課する関税の基準となる関税率表は、関税分類と関税率から構成される。課税対象となる輸入品を具体的な品目ごとにグループ化して、それぞれの項目ごとに関税率が設定されている。関税は、輸入品の評価額に関税率を乗じて税額とする従価税[90]が通常である。

　関税分類については、1988年の「商品の名称および分類についての統一システムに関する国際条約」[91]（HS条約）に基づき世界関税機関[92]（WCO）の作成した関税分類の国際調和制度をほとんどの国が採用しているため、関税番号6桁までの関税分類の統一化がなされている。この関税分類によって関税率が異なり、専門的かつ技術的な側面が強いため、輸入者と税関との見解が異なる場合も出てくる。日本の場合、関税率表は、関税定率法に別表として付されている。

　関税評価については、WTO協定の「1994年の関税および貿易に関する一般協定第7条の実施に関する協定」[93]（関税評価協定）が国際ルールを定めている。取引価額、すなわち輸入品に現実に支払ったまたは支払われるべき価格により関税評価を実施するのが基本となる（関税評価協定1条）。独立当事者間取引でない場合や輸出の際に売買がない場合（委託販売等の取引）には、独立当事者間での輸入国内での販売価格から費用を控除した額または輸出国内での費用と利潤の積算額で関税評価を実施する（同協定6条）。

90　Ad valorem tax
91　International Convention on Harmonized Commodity Description and Coding System
92　World Customs Organization
93　Agreement on Implementation of Article VII of the General Agreement on Tariffs and Trade 1994

(2) 原産地認定

輸入品の原産国によって関税率が異なるので、次の①～③の場合には、原産地の認定が必要となる。

① 途上国からの輸入を優遇して譲許関税率より低い関税率を課す場合
② アンチダンピング措置等により特定の国からの輸入品には譲許関税率よりも高い関税率を課す場合
③ RTA参加国からの輸入品に関税を課さない場合

原産地を認定するために輸入国が設ける規則が、原産地規則である。企業の多国籍化により原産地規則は複雑化しており、輸出企業が原産地規則に対応するために多大のコストをかけている。

そのような状況を改善するため、WTO協定の「原産地規則に関する協定」[94]（原産地規則協定）が制定されている。原産地規則協定では、特定の物品の原産地について、当該物品が完全に生産された国、または、当該物品の生産に2カ国以上の国が関与している場合には、最後の実質的な変更が行われた国のいずれかとすると規定している（原産地規則協定3条(b)）。原産地規則協定は、基準の枠組みだけを規定しているので、依然として、原産地規則には、WTO加盟国間でも大きな差異が存在している。

4　技術障壁に関する協定（TBT協定）と相互承認協定（MRA）

(1) 技術障壁に関する協定（TBT協定）

規格を中心とする技術的事項の規制がもたらす貿易障壁が、技術障壁である。政府または民間団体の設ける規格（基準認証制度）は、外国製品を考慮せずに作成されるため、貿易制限効果をもたらす。そのため、GATTでは「貿易および技術的障害に関する協定」[95]（TBT協定）を制定し、WTOがそれを引き継いでいる。

94　Agreement on Rules of Origin
95　Agreement on Techinical Barriers to Trade

TBT協定によって、国際規格の尊重義務等をWTO加盟国に課すとともに（TBT協定2.4条）、強制規格については、他のWTO加盟国の規格が自国規格と異なっても、自国規格の目的に合致する場合には、他のWTO加盟国の規格を承認するよう積極的考慮を払うことを求めている（同協定2.7条）。

(2) 相互承認協定（MRA）

相手国において行われた自国の強行法規の技術基準への適合性評価の結果が自国において行われたものと同等であるとして政府が相互に認め合い、かつ、受け入れることを政府間相互承認という。政府間相互承認の取決めが、相互承認協定[96]（MRA）である。MRAは、それによって適合性評価に伴う手続等の簡素化およびコスト削減が見込まれ、貿易の円滑化につながる。2011年6月現在で、日本は4カ国1地域（EU（2001年4月）、シンガポール（2002年11月）、米国（2007年2月）、タイ（2007年11月）、フィリピン（2008年12月）とEPAを含むMRAを締結している[97]。

従来の指定委任型相互承認の協定では、輸出国政府が指定した第三者機関が輸入国政府の技術基準および適合性評価手続に基づいて適合性評価を行った場合、輸入国政府はその評価結果を自国で実施した適合性評価と同等の保証が得られたものとして受け入れる。最近の域外指定型相互承認の協定では、輸入国政府が輸出国にある第三者機関を自国の関係法令に基づき直接指定し、輸出国にある第三者機関が輸入国政府の技術基準および適合性評価手続に基づいて行った適合性評価の結果を相互に受け入れる。EUとのMRAでは、電気製品、電気通信機器、化学品および医薬品、シンガポールとのMRAでは、電気製品および電気通信機器、米国とのMRAでは、電気通信機器、タイおよびフィリピンとのMRAでは、電気製品を対象としている。

96　Mutual Recognition Agreement
97　経済産業省HP「相互承認INDEX」〈http://www.meti.go.jp/policy/economy/hyojun/kijyun/mrarenew/MRindex.htm〉参照。

5　一般的例外規定

　WTO協定でもGATT20条の一般例外規定により、特定の物品についての輸入を制限または禁止できる。たとえば、医薬品、化粧品、医療機器、食品等の輸入は、薬事法、食品衛生法等関連法の規定する要件を満たす必要がある。

　また、税関は、特許権、商標権、著作権等の知的財産権を侵害または誤認混同行為等を組成する模倣品等の輸入をしてはならない貨物を当事者の申立てにより認定手続が終了するまで輸入差止めすることができる。

　なお、環境保護と貿易制限の問題については、Ⅵで述べる。

6　輸出管理[98]

　WTO協定の下でも、GATT21条の安全保障のための例外規定により、自国の安全保障上の重大な利益の保護のため必要な措置並びに国際的な平和および安全の維持のため国際連合憲章に基づく義務に従う措置は認められている。

(1)　国際的な枠組み

　国際的な輸出管理の枠組みとしては、通常兵器および関連汎用品についてのワッセナー・アレンジメント[99]、核兵器関連の原子力供給国グループ[100]、化学兵器および生物兵器関連のオーストラリア・グループ[101]並びにミサイル関連のミサイル・テクノロジー・コントロール・リジーム[102]がある。また、

98　経済産業省HP「安全貿易管理の概要」〈http://www.meti.go.jp/policy/anpo/index.html〉参照。

99　The Wassenaar Arrangement on Export Controls for Conventional Arms and Dual-Use Goods and Technologies

100　Nuclear Suppliers Group

101　Australia Group

102　Missile Technology Control Regime

輸出管理関連の条約として、核不拡散条約[103]、化学兵器禁止条約[104]および生物兵器禁止条約[105]がある。東西冷戦時代の共産圏諸国に対するココム管理[106]の終結後、対象地域を限定しない不拡散輸出管理が欧米を中心に導入された。

(2) 日本での規制

このような国際的な輸出管理レジームは、日本においては、外国為替及び外国貿易法での、国際的な平和および安全の維持の観点からの規制に反映されている。

国際的な平和および安全の維持を妨げることとなると認められるものとして政令で定める特定の地域を仕向地とする特定の種類の貨物の輸出をしようとする者は、政令で定めるところにより、経済産業大臣の許可を受けなければならない（外為法48条1項）。特定の地域の仕向地や特定の種類の貨物については、輸出貿易管理令（昭和24年政令第378号）別表第1で指定されている。

また、国際的な平和および安全の維持を妨げることとなると認められるものとして政令で定める特定の種類の貨物の設計、製造もしくは使用にかかる技術（以下、「特定技術」という）を特定の外国（以下、「特定国」という）において提供することを目的とする取引を行おうとする居住者もしくは非居住者または特定技術を特定国の非居住者に提供することを目的とする取引を行おうとする居住者は、政令で定めるところにより、当該取引について、経済産業大臣の許可を受けなければならない（外為法25条1項）。特定国や特定技術については、外国為替令（昭和55年政令第260号）別表で指定されている（〔図8〕参照）。

これらの規制には、リスト規制、キャッチオール規制、積替え規制および

---

103 Treaty on the Non-Proliferation of Nuclear Weapons
104 Convention on the Prohibition on the Development, Production, Stockpiling and Use of Chemical Weapons and on their Destruction
105 Convention on the Prohibition for the Development, Production and Stockpiling of Bacteriological (Biological) and Toxin Weapons and on their Destruction
106 Cold War-era Coordinating Committee for Multilateral Export Controls

139

〔図8〕 輸出管理

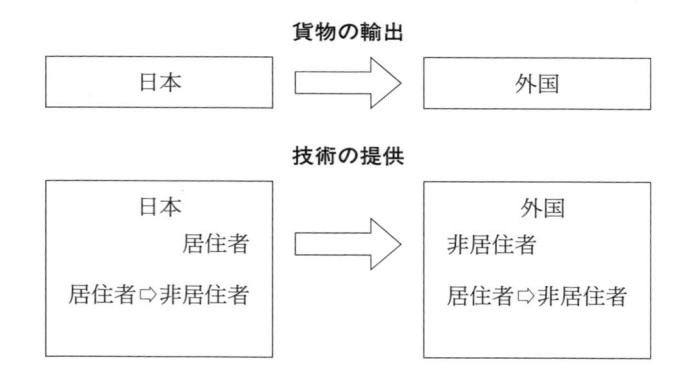

貨物の輸出
日本 → 外国

技術の提供
日本
　　　居住者
居住者⇒非居住者
→
外国
非居住者
居住者⇒非居住者

仲介貿易取引規制がある。

　(ア)　リスト規制

　輸出しようとする貨物が、輸出貿易管理令別表第1第1項～15項に該当する場合、または、提供しようとする技術が、外国為替令別表第1項～15項に該当する場合、貨物の輸出先や技術の提供先がいずれの国であっても、事前に経済産業大臣の許可を受ける必要がある。

　特に国際的に懸念がある地域として、イラン、イラクおよび北朝鮮が、輸出貿易管理令別表第4の地域として規定されており、これらの国を仕向地とする経済産業大臣の許可が必要な貿易取引については、小額特例や包括許可が適用できないなどの厳しい規制が行われている。

　(イ)　キャッチオール規制

　キャッチオール規制は、2002年4月に導入されたもので、大量破壊兵器キャッチオール規制と通常兵器キャッチオール規制がある。

　(A)　大量破壊兵器キャッチオール規制

　輸出しようとする貨物がリスト規制品以外でも食料品や木材を除くすべての貨物の場合（輸出貿易管理令別表第1第16項）または提供しようとする技術がリスト規制品以外でも食料品や木材を除くすべての貨物の設計、製造また

は使用にかかる技術の場合（外国為替令別表第16項）、輸出貿易管理令別表第3の地域に掲げられたホワイト国[107]を除いた全地域向けの貨物の輸出または技術の提供が、用途要件（輸入先において、大量破壊兵器等の開発等に用いられるおそれがある）、需要者要件（輸入者・需要者が大量破壊兵器等の開発等を行うかまたは行っていた）またはインフォーム要件（経済産業大臣から許可申請すべき旨の通知を受けた）により、大量破壊兵器等の開発等に用いられるおそれがあることがわかった場合、事前に経済産業大臣の許可を受ける必要がある。

(B) 通常兵器キャッチオール規制

輸出しようとする貨物がリスト規制品以外でも食料品や木材を除くすべての貨物の場合（輸出貿易管理令別表第1第16項）または提供しようとする技術がリスト規制品以外でも食料品や木材を除くすべての貨物の設計、製造または使用にかかる技術の場合（外国為替令別表第16項）、輸出貿易管理令別表第3の地域に掲げられたホワイト国を除いた全地域向けの貨物の輸出または技術の提供が、輸出貿易管理令別表第3の2の地域に掲げられた国連武器禁輸国（アフガニスタン、コンゴ民主共和国、コートジボワール、エリトリア、イラク、レバノン、リベリア、北朝鮮、シエラレオネ、ソマリアおよびスーダン）向けの場合は、用途要件（輸入先において、通常兵器の開発等に用いられるおそれがある）またはインフォーム要件（経済産業大臣から許可申請すべき旨の通知を受けた）により、国連武器禁輸国以外の非ホワイト国向けの場合は、インフォーム要件（経済産業大臣から許可申請すべき旨の通知を受けた）により、通常兵器の開発等に用いられるおそれがあることがわかった場合、事前に経済産業大臣の許可を受ける必要がある。

---

[107] アルゼンチン、オーストラリア、オーストリア、ベルギー、カナダ、チェコ、デンマーク、フィンランド、フランス、ドイツ、ギリシャ、ハンガリー、アイルランド、イタリア、大韓民国、ルクセンブルグ、オランダ、ニュージーランド、ノルウェー、ポーランド、ポルトガル、スペイン、スウェーデン、スイス、英国および米国

ただし、国連武器禁輸国以外の非ホワイト国向けの場合は、リスト規制品以外の食料品や木材を除くすべての貨物または技術ではなく、通常兵器の開発等に用いられるおそれの強い貨物または技術のみが対象となる。

　㋒　積替え規制・仲介貿易取引規制

　積替え規制・仲介貿易取引規制は、一層の大量破壊兵器等の拡散防止を図るため、2007年6月から導入された。

　　(A)　積替え規制

　仮に陸揚げした貨物については、輸出貿易管理令別表第1第1項に該当する貨物のうち、わが国以外の地域を仕向地とする船荷証券により運送されたものを輸出しようとする場合は、事前に経済産業大臣の許可が必要となる。また、輸出貿易管理令別表第1第2項〜16項に該当する貨物のうち、ホワイト国を除くわが国以外の地域を仕向地とする船荷証券により運送されたものを輸出しようとする貨物が大量破壊兵器等の開発等のために用いられるおそれがあることがわかった場合は、事前に経済産業大臣の許可が必要となる。

　　(B)　仲介貿易取引規制

　外国相互間の貨物の移動を伴う売買、貸借、贈与に関する取引を行うときは、輸出貿易管理令別表第1第1項に該当する貨物の場合は、事前に経済産業大臣の許可が必要となる。また、輸出貿易管理令別表第1第2項〜16項に該当する貨物のうち、ホワイト国を除くわが国以外の地域間を移動する貨物が大量破壊兵器等の開発等のために用いられるおそれがあることがわかった場合は、事前に経済産業大臣の許可が必要となる。

　また、外国相互間の技術の提供に関する取引を行うときは、わが国の居住者から指示を受けた非居住者によって技術が提供される場合またはわが国の居住者が外国において取得した技術をそのまま別の外国で提供する場合、外国為替令別表第1第1項に該当する技術の場合は、事前に経済産業大臣の許可が必要となる。また、外国為替令別表第1第2項〜16項に該当する技術のうち、ホワイト国を除くわが国以外の地域間で提供される技術が大量破壊兵

器等の開発等のために用いられるおそれがあることがわかった場合は、事前に経済産業大臣の許可が必要となる。

(3) 自主管理体制の整備

リスト規制、キャッチオール規制、積替え規制および仲介貿易取引規制のいずれの規制の場合も、輸出許可申請された輸出品目の最終用途や最終需要者などからみて、大量破壊兵器の開発や拡散または通常兵器の過剰蓄積にかかわるおそれがある場合は、輸出が許可されない仕組みになっている。無許可の貨物輸出、無許可の技術取引等の違反には、刑事罰が科せられるとともに、行政制裁（輸出禁止）の対象ともなる。企業としては、法令を遵守して、違反を未然に防ぐために、輸出管理内部規程を作成し実施することによって自主管理体制を整備する必要がある。

(4) 米国での規制

国際的な輸出管理レジームに参加している国には、自国の国内法令による同様な輸出管理規制がある。米国商務省の産業安全保障局（BIS）[108]が所管する米国の輸出管理規制は、国際的な輸出管理レジームより厳しい場合がある。

また、米国の輸出管理規則[109]（EAR）では、米国原産の物品の再輸出もしくは米国原産の部品および構成部分を組み込んだ製品の輸出または米国原産の技術の再輸出またはそれらを用いた直接製品の輸出も、規制対象としているため、このような再輸出規制には域外適用が認められている。その違反には、罰金等の刑事罰が科せられるとともに、輸出禁止等の行政制裁の対象となる。米国に拠点のない米国外の企業に対しては、自主的に服さない限り、刑事罰を科すことはできないが、輸出禁止は有効な制裁であり、また、米国に拠点があれば、刑事罰および行政制裁の対象となる。

108　Bureau of Industry and Security
109　Export Administration Regulations

III 外国公務員贈賄防止およびマネー・ロンダリング防止

1 外国公務員贈賄防止

(1) OECD条約に基づく措置

　外国公務員に対する贈賄が、国際商取引（貿易および投資を含む）において広範にみられる現象がある。これは、深刻な道義的および政治的問題を引き起こし、よい統治および経済発展を阻害し、並びに国際的な競争条件を歪めている。そのため、すべての国が国際取引における贈賄を防止する責任を共有することを考慮し、日本を含む先進国をメンバーとする経済協力開発機構[110]（OECD）が、「国際取引における外国公務員に対する贈賄の防止に関する条約」[111]（OECD条約）を採択することになった。

　OECD条約は、1997年12月17日に当時のOECD加盟国29カ国のうち28カ国およびOECD非加盟国5カ国によって署名され、1999年2月15日から発効している。OECD条約に基づき、各締約国が、外国公務員贈賄防止について同等の措置を講じる義務を負担することになった。

　外国公務員贈賄防止についての同等の措置としては、次の①～③などの措置が規定されている。

① 外国公務員に対する贈賄について自国の法令のもとで犯罪とするために必要な措置をとること（OECD条約1条）

② 外国公務員に贈賄を行いまたはそのような贈賄を隠蔽することを目的とした、帳簿外での取引を実施し、架空に支出を記載し、虚偽の書類を

110　Organization for Economic Co-operation and Development
111　Convention on Combating Bribery of Foreign Public Officials in International Business Transactions

使用することなどを禁止するために必要な措置をとること（OECD条約8条）

③　属地主義（自国の領域内において行われた犯罪に対しては、犯人の国籍いかんを問わず、自国の刑罰法規を適用する）を原則として裁判権を設定し、属人主義（自国の国民によって行われた犯罪については、その犯罪地のいかんにかかわらず、自国の刑罰法規を適用する）については、各国の法原則と同一の原則により裁判権を設定するために必要な措置をとること（OECD条約4条）

(2) 日本での規制

わが国では、不正競争防止法の改正により、外国公務員等に対する不正の利益の供与等の罪および両罰規定が導入され、1999年2月1日から施行されている（不正競争法18条、21条2項6号、22条1項）。また、国民の国外犯処罰を導入するための不正競争防止法の改正も2005年1月1日から施行されている（同法21条6項）。

しかし、海外での贈賄行為を立証するには、収賄側の外国公務員の供述が不可欠であるとともに、多くの企業が賄賂を渡す際に現地の代理店を介在させているため、これまでに訴追された事例は、フィリピン公務員に対する不正利益供与事案（福岡簡命平成19・3・9公刊物未登載）、および、ベトナム公務員に対する不正利益供与事案（東京地判平成21・1・19判時2046号159頁）の2件にすぎない。

経済産業省では、国際商取引に関連する企業における自主的・予防的アプローチを支援するという目的から、「外国公務員贈賄防止指針」を公表している。

(3) 米国での規制

米国では、1977年に海外腐敗行為防止法[112]（FCPA）が制定されている。米国もOECD条約の締約国であり、条約上の義務を履行するため、FCPAは

112　Foreign Corrupt Practices Act

1998年に改正された。FCPAは、反贈賄条項[113]と帳簿および記録条項[114]から構成されている。FCPAは、司法省[115]と証券取引委員会[116]が執行を担当している。司法省は、反トラスト法と同様に違反した企業およびそれに関与した個人に厳しい刑事訴追を行っている。

(ア) 反贈賄条項

反贈賄条項では、発行者[117]（証券取引法に基づいて有価証券届出書または有価証券報告書を提出している米国および外国会社）、国内関係者[118]（米国民、米国居住者、米国を本拠地とする企業体および米国法を設立準拠法とする企業体）および発行者または国内関係者以外の者（外国人非居住者および外国企業体）の外国公務員等に対する贈賄が違法とされている。発行者および国内関係者と異なり、発行者または国内関係者以外の者は、米国の領域内の行為についてのみ違法とされている。

第三者を通じて支払いが行われた場合、賄賂の全部または一部が外国公務員等に直接または間接に供与されることを承知していた場合も違法とされ、そのような可能性を意識的に無視した場合も承知していたとされている。

贈賄の相手方としては、外国政府関係者だけでなく、外国の政党もしくはその職員または外国政府行政官庁の候補者も含まれる。

ただし、所定の政府の活動の円滑化のために支払い[119]の例外を設けている。そのため、通常的かつ一般的に実践する政府の活動の履行を円滑化または確保するための支払いは違法とならない。

(イ) 帳簿および記録条項

---

113 Anti-Bribery Provisions
114 Books & Records Provisions
115 Department of Justice
116 Securities and Exchange Commission
117 Issuers
118 Domestic concerns
119 Facilitating payments for routine governmental actions

III 外国公務員贈賄防止およびマネー・ロンダリング防止

帳簿および記録条項では、発行者に、その資産の取引および処分について、適度に詳細で、正確かつ公正に反映させた帳簿、記録、会計の作成および保存、並びに内部会計管理システムの考案および維持を義務づけている。

(4) OECD条約外の国際的な取組み

国際的な取組みとしては、2003年10月31日、国連が「腐敗の防止に関する国際連合条約」[120]を採択し、日本を含む140カ国が署名し、2005年12月4日に発効している。贈賄を含む不正・腐敗問題に対する意識は、先進国に限らず、世界的に急速な高まりをみせている。

(5) 商業賄賂

なお、商業賄賂は、日本の刑法には規定がないが、公務員以外への利益の供与および公務員以外による利益の収受を犯罪とするものである。

米国のモデル刑法典[121]では、商業賄賂は犯罪とされており、それに倣って多くの州の刑法典が制定されている。公務員に対する賄賂が国家法益に対する犯罪とされるのに対して、商業賄賂は雇用主等の利益という個人法益または公正な競争という社会法益に対する犯罪とされている。また、中国では、不正競争防止法で禁止されるだけでなく、刑法で犯罪とされており、日本企業およびその従業員が摘発された事例もある。そのほか、ロシア等でも商業賄賂は犯罪とされている。

また、1999年1月27日にEUで採択され、2002年7月1日に発効した「腐敗に関する刑法条約」[122]では、商業賄賂を犯罪とするために必要な措置をとることも締約国に義務づけている。EU加盟国のほとんどが、この条約の締約国となっている。

日本企業では、商業賄賂を受け取る行為を就業規則で禁止する場合が多いが、商業賄賂を渡す行為については禁止されておらず、注意が必要である。

---

120 United Nations Convention against Corruption
121 Model Penal Code
122 Criminal Law Convention on Corruption

2 マネー・ロンダリング防止

　1989年に設立された政府間会合であるマネー・ロンダリングに関する金融活動作業部会[123]（FATA）の2003年の勧告[124]において、マネー・ロンダリング対策として、①本人確認、②本人確認記録・取引記録の作成・保存、および、③疑わしい取引の届出が義務づけられる事業者の範囲を金融機関以外の非金融業者（不動産業者、宝石商等）および職業専門家（法律専門家等）にまで拡大することが各国に求められた。

　わが国では、2008年3月31日から全面的に施行されている「犯罪による収益の移転防止に関する法律」（平成19年法律第22号。以下、「犯罪収益移転法」という）により、本人確認等の義務づけられる事業者が、従来の「金融機関等による顧客等の本人確認等及び預金口座等の不正な利用の防止に関する法律」（平成14年法律第32号）による金融機関等から、ファイナンスリース事業者、クレジットカード事業者、宅地建物取引業者、宝石・貴金属等取扱事業者、郵便物受取サービス業者および電話受付代行業者、並びに（疑わしい取引届出義務を除き）司法書士、行政書士、公認会計士および税理士の、法令で範囲の定められた特定業務のうち特定取引を行う際に拡大された（犯罪収益移転法4条）。弁護士は、日本弁護士連合会が弁護士の守秘義務の範囲が制約されるため、法制化に強く反対したため、その会則で司法書士等の例に準じる義務を定めることになった（同法8条）。日本弁護士連合会は会則[125]を制定し、2007年7月1日から施行されている。また、疑わしい取引に関する情報を集約・整理・分析して捜査機関等に提供する業務を担う資金情報機関[126]（FIU）を金融庁から国家公安委員会に移管した（同法3条）。

---

[123] Financial Action Task Force on Money Laundering
[124] FATF 40 Recommendations
[125] 日本弁護士連合会「依頼者の身元確認及び記録保存等に関する規程」参照。
[126] Financial Intelligence Unit

OECD条約7条では、マネー・ロンダリングにかかる法制の適用において、自国の公務員に関する贈賄または収賄を前提犯罪としている締約国は、外国公務員に対する賄賂についても、その行われた場所にかかわらず、同一の条件でマネー・ロンダリングにかかる法制を適用すると規定している。わが国でも、2000年2月1日から施行されている「組織的な犯罪の処罰および犯罪収益の規制等に関する法律」（平成11年法律第136号。以下、「組織的犯罪法」という）により、外国公務員贈賄罪により供与された財産を犯罪収益として（組織的犯罪法2条2項3号）、そのマネー・ロンダリングに関する犯罪収益の没収を含めた処罰規定を設けている（同法9条〜17条）。

IV　国際取引と税務問題

1　駐在員事務所、支店および子会社

外国で単独で事業を行う場合には、駐在員事務所、支店および子会社の三つの形態を選択できるのが通常であるが、中国のように外国企業が支店を設置することを認めない場合もある。

三つの形態のうち、どれを選択するかは、現地で許容される事業活動、進出および撤退の手続の容易さ、責任制限ができるかなどによっても判断されるが、現地および本国での税務上の取扱いが重要な判断要素となる。

(1)　駐在員事務所

(ア)　定　義

駐在員事務所は、本国企業とは同一の法人であり、その活動が限定されており、所得の発生する活動が禁止されるので、現地での税金を課せられないことになる。ただし、活動によっては、現地法で本国法人が現地に恒久的施

127　Permanent Establishment

設[127]（PE）のための事業を行う一定の場所を有するとみなされて現地で課税されるおそれがあるので、注意が必要である。

　(イ)　恒久的施設（PE）

　PEがなければ、課税されないのが国際的な原則であり、PEには、支店PE、建設PEおよび代理人PEの3種類がある。租税条約で規定されない限り、各国法の規定するPEの意義は必ずしも同一ではない。

　たとえば、日本では、次の①～③のように規定している。

① 　支店PE　　国内に支店、工場その他事業を行う一定の場所で政令で定めるもの（法人税法141条1項1号）

② 　建設PE　　国内において建設、据付け、組立てその他の作業またはその作業の指揮監督の役務の提供を1年を超えて行う場合（法人税法141条1項2号）

③ 　代理人PE　　国内に自己のために契約を締結する権限のある者その他これに準ずる者で政令で定めるもの（法人税法141条1項2号。その事業にかかる業務を、外国法人に対し独立して行い、かつ、通常の方法により行う場合における者を除く（法人税法施行令186条1項））

　また、日本では、①外国法人がその資産を購入する業務のためにのみ使用する一定の場所、②外国法人がその資産を保管するためにのみ使用する一定の場所、③外国法人が広告、宣伝、情報の提供、市場調査、基礎的研究その他その事業の遂行にとって補助的な機能を有する事業上の活動を行うためにのみ使用する一定の場所は、PEに該当しないものとして取り扱われている（法人税法施行令185条2項）。しかし、これらには、PEの詳細な判断基準が明記されているものではない。

　(ウ)　駐在員事務所の設置

　駐在員事務所の設置には、政府機関への申請が要求されるのが典型的であるが、日本では、原則として何も申請が要求されていない（ただし、銀行法52条、金融商品取引法62条、保険業法218条等によって、駐在員事務所の設置に事

前届出が例外的に要求される）。

　駐在員事務所は、現地の顧客に商品を直接販売している場合で、出張ベースでの営業活動だけでは不十分な場合には最適な事業形態である。

(2) 支　店

(ア) 定　義

　支店は、本国企業とは同一の法人であり、一定の分野の活動が特別に制限される場合を除いて、すべての活動ができる。支店の現地での活動によって発生した所得については独立の法人であるかのように課税される。支店PEについては、日本では、総合主義により日本を源泉とする所得のすべてを課税対象としているが（法人税法141条1項1号）、ほとんどの租税条約では、帰属主義により支店PEに帰属する国内源泉所得のみを課税対象としている（たとえば、日米租税条約[128] 7条1項）。

(イ) 所得の帰属

　PEに帰属する所得の計算に際しては、移転価格税制と同様な問題が生じる。OECDの発表する「恒久的施設（PE）への所得の帰属に関するレポート」[129]では、移転価格の議論で用いられる独立企業間原則を基礎としたOECD承認アプローチによる計算が提唱されている。支店の利益を本国に送金したり、金銭または知的財産権の内部貸借による利子または使用料を本国に送金しても現地子会社の場合のような配当、利子または使用料に対する現地での源泉課税はない。

(ウ) 支店の設置

　支店の設置にも現地子会社と同様に登記・登録が要求されるが、資本金は必要なく、支店の閉鎖には解散・清算の必要がない。支店は、現地での営業活動が必要であるが、子会社を設立する必要がない現地での活動が予定され

---

[128] 所得に対する租税に関する二重課税の回避及び脱税の防止のための日本政府とアメリカ合衆国政府との間の条約

[129] Report on the Attribution of Profits to Permanent Establishment

ている場合に適切な事業形態である。支店の場合、本国企業が、支店の活動についても無限責任を負うことになる。もっとも、このような無限責任の懸念は、本国で子会社を設立して、それが現地に支店を設置すれば、解消できる。

　日本の会社法では、外国会社が日本において取引を継続してしようとするときは、日本における代表者を定め（会社法817条１項）、かつ、外国会社につき登記しなければならない（同法933条１項）としているので、日本に営業所を設ける必要は必ずしもない。代表者のうち少なくとも１名は日本に住所を有する者でなければならない（同法817条１項）。

　　　(エ)　外為法の規制

　非居住者である個人、外国法人等の外国投資家が日本国内に支店、工場その他の事業所を設置するには、外国為替及び外国貿易法（以下、「外為法」という）上の対内直接投資として、事後報告だけで足りるとされていたが、これは2009年６月23日より廃止され（外為法55条の５第１項、対内直接投資政令６条の３、対内直接投資命令６条の２）、業種および国または地域によっては事前届出が必要となる場合があるだけになっている（外為法27条１項、対内直接投資政令３条２項、対内直接投資命令３条）。

　逆に、居住者が外国における支店、工場その他の事業所の設置または拡張にかかる資金を支払う場合には、外為法上の対外直接投資による資本取引として、１億円相当額を超える場合に限って、事後報告が必要となる（外為法55条の３第１項６号、報告省令10条１項）が、業種によっては事前届出が必要となる場合がある（外為法23条１項、外為令12条１項、外為省令21条）。

　なお、外為法上は、後に説明する税法と異なり、居住者とは、日本国内に住所または居所を有する個人および日本国内に主たる事務所を有する法人をいい、外国法人の日本国内支店、出張所その他の事務所は、法律上の代理権があると否とにかかわらず、その主たる事務所が外国にある場合においても居住者とみなされるので、注意が必要である（外為法６条１項５号）。

(3) 子会社

㋐ 定　義

　子会社は、本国企業とは別の法人であり、子会社の活動によって発生した所得は子会社のみに現地で課税され、子会社から本国企業に配当されるまでは本国では原則として本国企業に課税されない。例外としては、外国子会社配当益金不算入（4参照）およびタックスヘイブン対策税制（8参照）がある。子会社から本国企業への配当には、現地での源泉課税がされる。

㋑ 子会社の設立

　現地での有限責任の会社としては、公開会社と閉鎖会社の2種類が認められている場合が多い。英米法の国では、日本と異なり、設立時の資本の払込みが必要でなく、簡単に会社の設立ができる。日本では、代表取締役または代表社員のうち少なくとも1名は日本に住所を有しなければ登記申請は受理されないが、英米法の国ではそのような制限はない。日本の会社法では、もっぱら日本において事業を行う目的をもちながら、日本法の適用を回避する目的で外国法に準拠して設立された会社（擬似外国会社）は、外国法人としての法人格は認められるが、日本において取引を継続してすることはできないとされている（会社法821条1項）。

㋒ 外為法の規制

　非居住者である個人、外国法人等の外国投資家が日本国内に会社の株式または持分を取得するには、外為法上の対内直接投資として、事後報告だけで足りるが（外為法55条の5第1項、対内直接投資政令6条の3、対内直接投資命令6条の2）、業種および国または地域によっては事前届出が必要となる場合がある（外為法27条1項、対内直接投資政令3条2項、対内直接投資命令3条）。

　逆に、居住者が出資比率10％以上の外国法人の発行する証券を非居住者から取得する場合または当該外国法人に対して期間1年超の金銭の貸付けを行う場合には、外為法上の対外直接投資による資本取引として、1億円相当額

153

を超える場合に限って、事後報告が必要となる（外為法55条の3第1項6号、報告省令10条1項）が、業種によっては事前届出が必要となる場合がある（外為法23条1項、外為令12条1項、外為省令21条）。

　　(エ)　ハイブリッド・エンティティ[130]

　米国では、米国および米国以外の国のリミテッド・ライアビリティー・カンパニー[131]およびパートナーシップ[132]は、米国内国歳入法規則301.7701条[133]のチェック・ザ・ボックス規定[134]により、パススルー課税または法人税の納税主体となることを選択できる。そのため、これらは、ハイブリッド・エンティティと呼ばれている。米国では、法人税の納税主体となることを選択した場合は、子会社と税務上は同様な取扱いとなるが、パススルー課税となることを選択した場合は、構成員が非居住者および外国法人であるとその構成員に帰属する所得について、非居住者および外国法人に対する支払いにかかる源泉徴収の取扱い（2参照）と同様となる。日本では、米国のリミテッド・ライアビリティー・カンパニーを法人税の納税主体として取り扱い、米国のパートナーシップをパススルー課税として取り扱うので、それと異なる選択が米国でされた場合に問題となるため、その取扱いが日米租税条約で規定されている（日米租税条約4条6項）。

2　非居住者および外国法人に対する支払いにかかる源泉徴収

　個人の納税者は、「居住者」と「非居住者」に分類され、法人の納税者は、「内国法人」と「外国法人」に分類される。

　居住者は、日本に住所を有する者または日本に1年以上居所を有する者であり（所得税法2条1項3号）、非居住者は、居住者以外のすべての者である

130　Hybrid entity
131　Limited Liability Company
132　Partnership
133　Treasury Regulations§301.7701
134　Check-the-box

(同項 5 号)。また、内国法人は、日本国内に本店または主たる事務所を有する法人であり（法人税法 2 条 1 項 6 号）、外国法人は内国法人以外のすべての法人である（同項 7 号）。

　居住者および内国法人は、所得の源泉地のいかんを問わず全世界所得に対して日本で課税される（所得税法 7 条 1 項 1 号、法人税法 5 条）。ただし、居住者のうち非永住者（非永住者とは、日本国籍を有せず、かつ、過去10年間のうち 5 年以下の期間国内に住所または居所を有する者をいう（所得税法 2 条 1 項 4 号））は、国外源泉所得については、日本国内で支払われるか、日本へ送金されない限り、日本で課税されない（同法 7 条 1 項 2 号）。

　また、非居住者および外国法人は、日本の国内源泉所得についてのみ日本で課税される（所得税法 7 条 1 項 3 号、法人税法 9 条）。非居住者および外国法人の国内源泉所得については、所得の種類ごと、PEの種類ごと、およびPEを有するか否かにより、源泉徴収の対象となるか、申告課税の対象となるかの区分、並びに源泉税率が法令で定められている（所得税法161条、164条、212条、213条、法人税法138条、141条）。

　なお、日本にPEを有しない非居住者および外国法人が、日本の子会社株式を他者に譲渡した、いわゆる事業譲渡類似株式譲渡の場合、日本では、①株式譲渡をした事業年度終了の日以前 3 年以内のどこかの時点で25％以上に相当する株式を有しており、②当該株式の 5 ％以上の株式の譲渡を行った場合、国内源泉所得となるので、注意が必要である（所得税法施行令280条 2 項 4 号、法人税法施行令177条 2 項 4 号）。また、租税条約による特例にも注意が必要となる（たとえば、日米租税条約13条 7 項は免税としている）。

3　外国税額控除

　日本の居住者および内国法人は全世界所得に対して、日本で課税されるために、同一の所得に対して日本の課税に加えて海外での課税を受ける場合があり、国際的な二重課税の問題が生じる。国際的な二重課税を排除する方法

として、国外源泉所得についてその発生地国で課税された外国税額を日本で課税される税額から控除する外国税額控除が認められている（所得税法95条、法人税法69条）。

　外国税額控除の対象となるのは、外国またはその地方公共団体により課せられる所得（所得に代えて収入金額等を課税標準とする場合を含む）を課税標準とする税に限られ、日本の所得税および法人税に相当する税（加算税および延滞税を除く）である。これは、日本の居住者および内国法人の外国支店等が得た所得について、外国で申告納税した外国所得税および外国法人税のみならず、国際取引により取得した利子、配当等の所得に源泉徴収された税を含む。ただし、所得に対する負担が高率な外国法人税の部分は除かれる。また、通常行われない取引に課せられた外国所得税および外国法人税は、除かれる。

　外国税額控除は、控除限度額の範囲内で、日本の居住者および内国法人が外国所得税および外国法人税を納付することになる日の属する事業年度の所得税および法人税から控除する。日本の外国税額控除制度では、国外所得全体に対して一括して控除限度額を計算する一括限度額計算方式を採用している。控除限度額は、各事業年度の所得に対する所得税または法人税の額に、当該事業年度の全世界所得金額に対する当該事業年度の国外所得金額の割合（ただし、法人税の場合は90％等を限度とする）を乗じて計算される（所得税法施行令222条、法人税法施行令142条）。当該事業年度の国外所得金額とは、各事業年度の所得に対して課税される国外源泉所得金額（国外事業所を通じない棚卸資産の譲渡により生ずる所得は含まない）である。ただし、外国法人税が課税されない所得の場合には、その3分の2相当額は除外される。なお、住民税（道府県民税および市町村民税）の控除限度額は、所得税および法人税の控除限度額に標準税率を乗じて計算する（所得税法施行令223条、法人税法施行令143条）。

　控除限度額を超過する外国税額がある場合には、当該限度超過額は、その

事業年度の開始の日前3年以内に開始した各事業年度の控除余裕額の範囲内で控除することができる（所得税法施行令224条、法人税法施行令144条）。また、各事業年度において納付することとなる外国税額が当該事業年度の控除限度額に達しない場合には、その事業年度の開始の日前3年以内の繰越控除対象外国税額は、その事業年度の控除余裕額の範囲内で控除することができる（所得税法施行令225条、法人税法施行令145条）。さらに、各事業年度において控除余裕額の範囲内で控除しうる外国税額が当該事業年度に対する所得税および法人税の額を超える場合、その超過額は還付される（所得税法120条1項4号、138条1項、法人税法74条1項3号、78条1項）。

日本の居住者および内国法人は、外国所得税および外国法人税を外国税額控除の対象とするのか、または経費および損金に算入するのか、いずれかを選択することができる。

4　外国子会社から受ける配当等の益金不算入

2009年度の税制改正により、日本の内国法人の外国子会社が外国で課税された外国法人税額を日本の親会社が課税される日本の法人税から控除することを認める間接外国税額控除が廃止され、外国子会社配当益金不算入の制度が導入された（法人税法23条の2）。これは、海外の子会社から受ける配当にかかる国際的な二重課税の排除の方法を変更するもので、海外子会社の留保金を日本に還流させ、日本経済の活性化に役立たせることを狙いとしている。

日本の内国法人が外国法人から受ける配当等が益金の額に算入されないためには、①当該内国法人が発行済株式等の25％以上の株式等を保有し、②それが配当の支払い義務が確定する日以前の6カ月以上継続していることが必要である（法人税法施行令22条の4第1項）。上記①の保有割合は、米国、オーストラリアおよびブラジルとの租税条約では10％、フランスとの租税条約では15％と定められているので、その保有割合による。

益金の額に算入されないのは、配当等の額の95％に相当する額である（法

人税法施行令22条の4第2項)。制度の簡素化のため、配当等の額の5％に相当する額は、配当等の額にかかる費用の額に相当するものとされている。配当等の額に対して課税される外国源泉税等の額は、損金の額に算入されず（法人税法39条の2)、外国税額控除の対象ともならない（法人税法施行令142条の3第7項3号)。

5　2国間租税条約

　日本は、所得に対する二重課税の回避および租税回避の防止を目的として、多くの国との2国間租税条約を締結している。日本が締結した租税条約は、所得および財産についてのOECDモデル条約[135]に準拠しつつ、条約締結当事国の諸事情を反映させたものとなっている。

(1)　適用対象

　租税条約は、「一方または双方の締約国の居住者」に適用するとされているが（たとえば、日米租税条約1条1項)、原則として、相手国の居住者に適用される。租税条約上の「居住者」とは、法令上、全世界所得について課税されるべき者とされている（たとえば、日米租税条約4条1項)。

　租税条約によっては、一定の要件を満たした「適格者」（たとえば、日米租税条約22条1項）もしくは「適格所得」（たとえば、日米租税条約22条2項）または「権限のある当局が認定するとき」（たとえば、日米租税条約22条4項）にしか適用しない特典制限条項（LOB条項）[136]を置いているものもある。日米租税条約、日英租税条約、日仏租税条約、日豪租税条約等がその例である。

　例外的に、租税条約が自国の居住者に適用される場合としては、学生・教授免税条項がある。相手国の居住者となるか非居住者になるかにかかわらず、相手国に滞在する学生・教授が受け取る給付・報酬について相手国で課税されないと規定している（たとえば、日米租税条約19条、20条)。なお、日本で

135　OECD Model Tax Convention on Income and on Capital
136　Limitation of Benefits

は、学資に充てるために給付される金品は、非課税所得とされている（所得税法9条1項15号）。

(2) 限度税率

租税条約の最大の特典は、配当、利子、使用料等の投資所得に対する源泉税率が軽減されることである（たとえば、日米租税条約10条、11条、12条）。これは、限度税率と呼ばれる。日本の源泉税率は20％であるから、日本が締結した租税条約では5％または10％とするものが多い。配当、利子、使用料等の支払いを受ける者が、租税条約に定める限度税率の適用を受けようとする場合には、租税条約に関する届出書を、その支払いをする前日までに、日本の源泉徴収義務者を通じて支払者の所轄税務署長に提出することになる。

なお、租税条約に関する届出書を、その支払いをする前日までに提出せずに、国内法に規定する源泉税率により源泉徴収が行われた場合も、その後に租税条約に関する届出書とともに租税条約に関する源泉徴収税額の還付請求書を所轄税務署長に提出することによって、差額の還付を受けることができる。

(3) タックス・スペアリング

日本と途上国との間の租税条約では、日本の居住者および内国法人に対し、途上国での優遇税制により租税の減免がなかったとしたら納付したであろう租税の額を外国で課税された租税の額とみなして外国税額控除を認めることにしている。これは、タックス・スペアリングと呼ばれる。タイ、ブラジル、中国等の関係で多く利用されている。

(4) 税務当局間の協力

租税条約には、租税回避の防止を目的として、情報交換、相互協議、徴収共助等の税務当局間の協力について規定を置いている。「相互協議」（たとえば、日米租税条約25条）は、①条約違反の課税を受けたとき、②条約違反の課税を受ける可能性が認められるとき、③条約の解釈・適用について、疑義・困難があるとき、④移転価格課税の対応的調整を図るときに、2国間の

税務当局が直接協議をして問題の解決を図ることになる。

　ただし、この相互協議は、納税者からの自己の居住者または国民である国の税務当局に対する申立てにより行われるが、協議が必要な案件かどうかは税務当局が判断し、解決するように努力が求められるだけで、必ず解決されるとは限らない。

6　移転価格に対する課税

(1) 定　義

　法人が国外関連者との間で行う取引の対価の額が独立企業間価格と異なることにより当該法人の課税所得が減少している場合には、その取引が独立企業間価格で行われたとみなして課税所得を計算する（租税特別措置法66条の4）。これを移転価格税制[137]という。内国法人だけでなく、外国法人にも本制度の適用がある。資本取引を除くすべての取引に本制度の適用がある。法人が国外関連者との間で取引を行った場合には、当該国外関連者の名称および本店または主たる事務所の所在地その他の事項を記載した書類を当該事業年度の確定申告書に添付しなければならない。

(2) 国外関連者

　国外関連者とは、法人と特殊の関係にある外国法人である。「資本関係」と「実質的支配関係」で判定される（租税特別措置法施行令39条の12）。

(ア) 資本関係

「資本関係」とは、次の①②の関係をいう。

① 　二つの法人のいずれか一方の法人が他方の法人の発行済株式の総数または出資金額の100分の50以上の株式または出資の金額を直接または間接に保有する関係

② 　二つの法人が同一の者によってそれぞれの発行済株式の総数または出

137　Transfer price

〔図9〕 間接保有事例（その1）

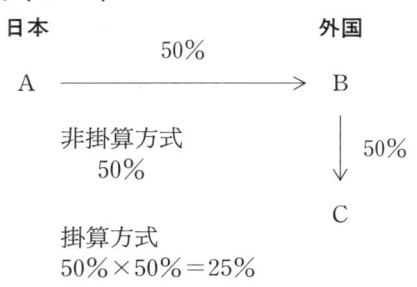

```
       日本                    外国
              50%
         A ─────────────▶ B
                              │
         非掛算方式             │ 50%
         50%                   ▼
                               C
         掛算方式
         50%×50%＝25%
```

〔図10〕 間接保有事例（その2）

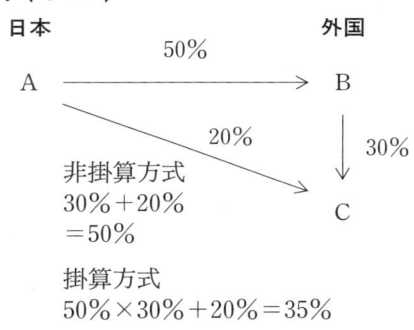

```
       日本                    外国
              50%
         A ─────────────▶ B
              ＼               │
               ＼ 20%          │ 30%
         非掛算方式 ＼          ▼
         30%＋20%    ▶         C
         ＝50%
         掛算方式
         50%×30%＋20%＝35%
```

資の金額の100分の50以上の株式の数または出資の金額を直接または間接に保有される関係

「間接に保有する」とは、一方の法人が50％以上の株式等の保有を通じて他方の法人の株式等を保有することをいい、タックスヘイブン税制における間接保有割合の計算方法（掛算方式）とは異なる。また、直接保有と間接保有がある場合には、合計して判定する。掛算方式では、他段階の保有関係は乗じて、ラインの異なる保有関係は合計して、保有割合を計算する（〔図9〕〔図10〕参照）。

　(ｲ)　実質的支配関係

実質的支配関係とは、次の①②の関係をいう。

① 他方の法人の役員の2分の1以上または代表する権限を有する役員が、一方の法人の役員もしくは使用人を兼務している者または一方の法人の役員もしくは使用人であった者である関係
② 他方の法人がその事業活動の相当部分を一方の法人との取引に依存して行っている関係、または他方の法人がその事業活動に必要とされる資金の相当部分を一方の法人からの借入れにより、もしくは一方の法人の保証を受けて調達している関係等の特定事実が存在することにより、一方の法人が他方の法人の事業の方針の全部または一部につき実質的に決定できる関係

(3) 独立企業間価格の算定方法

独立企業間価格を算定する方法には、多くの方法があり、OECD移転価格ガイドライン[138]で説明されているが、日本の法令では、棚卸資産の売買取引とそれ以外の取引に区分して規定している。

(ア) 棚卸資産の売買取引

棚卸資産の売買取引については、原則として、

① 独立価格比準法（国外関連取引にかかる棚卸資産と同種の棚卸資産の非関連者との間で行う取引の対価の額をもって、独立企業間価格とする方法）
② 再販売価格基準法（国外関連取引にかかる棚卸資産の買手が非関連者に対して当該棚卸資産を販売した対価の額から通常の利潤の額を控除して計算した金額をもって、独立企業間価格とする方法）
③ 原価基準法（国外関連取引にかかる棚卸資産の売手の購入、製造その他の行為による取得の原価の額に通常の利潤の額を加算して計算した金額をもって、独立企業間価格とする方法）

の基本3法のいずれかの方法を適用することとし、基本3法を用いることができない場合に限り、基本3法に準ずる方法または政令で定める、次の④〜

---

138 OECD Transfer Pricing Guidelines

⑥の方法を適用することができる。
- ④　利益分割法（国外関連取引にかかる棚卸資産により法人および国外関連者に生じた営業利益の合計額を、その発生に寄与した程度を推測するに相応しい要因により分割した金額に基づいて、独立企業間価格を算定する方法）
- ⑤　取引単位営業利益法（国外関連取引と比較対象取引の営業利益率を比較する方法）
- ⑥　上記④⑤に準ずる方法

　　(ｲ)　棚卸資産の売買取引以外の取引

棚卸資産の売買取引以外の取引については、原則として、基本3法と同等の方法を適用することとし、基本3法と同等の方法が適用できない場合に限り、基本3法に準ずる方法または政令で定める利益分割法、取引単位営業利益法およびこれに準ずる方法と同等の方法を適用することができる。

(4)　更正決定

移転価格税制に関する更正決定は、法定申告期限から6年間できる。税務当局に対する事前確認制度を利用すれば、更正決定を受けることはない。更正決定を受けた者または事前確認の申出をした者は、租税条約の相手国の税務当局との相互協議の申立てができる。更正決定を受けた者は、不服ある場合には、税務署への異議申立て、国税不服審判所への審査請求、裁判所への訴訟提起も行うことになる。相互協議を申し立てた者は、更正決定により納付すべき法人税および加算税の額について納税の猶予を申請することができる（租税特別措置法66条の4の2）。

7　過小資本対策税制

(1)　定　義

企業グループ間の資金調達に際して、出資によるかまたは貸付けによるかは、その裁量に委ねられているが、税務上の観点からすれば、支払利息が損金算入できるのに対して、配当の損金算入ができないので、課税所得を減少

させるには、支払利息が有利となる。また、他国籍企業は、相対的に税率の低い国の企業グループ会社からの借入れによれば、受取利息に対する課税を減少させることができる。このような国際的な租税回避を防止するために、過小資本対策税制が導入された（租税特別措置法66条の5）。

(2) 適用対象

日本の内国法人が、国外支配株主等または資金供給者等に負債の利子等を支払う場合において、その国外支配株主等および資金提供者等に対する負債にかかる平均残高が国外支配株主等の資本持分の3倍に相当する金額を超えるときは、当該事業年度において国外支配株主等および資金提供者等に支払う負債の利子等の額のうち、その超える部分に対応する金額は、損金の額に算入しない。過小資本対策税制は、日本国内において事業を行う外国法人が支払う負債の利子等にも適用される。

ただし、当該事業年度の総負債にかかる平均負債残高が、自己資本の3倍に相当する金額以下となる場合には、過小資本対策税制の適用がない。

(ア) 国外支配株主等

「国外支配株主等」とは、非居住者または外国法人で、内国法人との間に、次の①〜③の関係がある者をいう（租税特別措置法施行令39条の13第11項）。

① 内国法人がその発行済株式または出資の総数または総額の50％以上の株式または出資の数または金額を直接または間接に保有される関係

② 内国法人と外国法人が同一の者によってそれぞれ発行済株式または出資の総数または総額の50％以上の株式または出資の数または金額を直接または間接に保有される関係

③ 特定事実その他これに類する事実が存在することにより、非居住者または外国法人が内国法人の事業の方針の全部または一部につき実質的に決定できる関係

「間接に保有する」とは、一方の法人が50％以上の株式等の保有を通じて他方の法人の株式等を保有することをいい、タックスヘイブン税制における

間接保有割合の計算方法（掛算方式）とは異なる（租税特別措置法施行令39条の13第12項）。

　(イ)　資金供給者等

「資金供給者等」とは、内国法人に資金を供与する者および当該資金の供与に関係のある者で、次の①②などの場合における当該第三者のことをいう（租税特別措置法施行令39条の13第13項）。

① 　国外支配者等が第三者を通じて内国法人に対して資金を供与したと認められる場合
② 　国外支配株主等が第三者に対して内国法人の債務の保証をすることにより、当該第三者が内国法人に対して資金を供与したと認められる場合

　(ウ)　国外支配株主等の資本持分

「国外支配株主等の資本持分」とは、内国法人の当該事業年度にかかる自己資本の額に、当該事業年度終了の日における国外支配株主等の有する内国法人にかかる直接および間接保有割合を乗じて計算した金額をいう（租税特別措置法施行令39条の13第19項・20項・21項）。間接保有割合の算定方法（掛算方式）は、国外支配株主等に該当するか否かを判定する際の間接保有割合とは異なる。

8　タックスヘイブン対策税制

(1)　定　義

多国籍企業がタックスヘイブンといわれる国または地域に所在する子会社を利用する租税回避を防止するため、タックスヘイブン対策税制が導入された（租税特別措置法40条の4、66条の6）。

(2)　適用対象

タックスヘイブン対策税制では、特定外国子会社等の所得を、その特定外国子会社等の発行済株式または出資の総数または総額の10％以上を直接および間接に保有する居住者および内国法人、並びに10％以上を直接および間接

に保有する同族株主グループに属する居住者および内国法人の所得に合算して課税する。間接保有割合は、掛算方式で計算する。

　　(ア)　特定外国子会社等

「特定外国子会社等」とは、法令上、本店または主たる事務所の所在する国または地域におけるその所得に対して課せられる税の負担が、本邦における法人の所得に対して課される税の負担に比して著しく低いものとして政令で定める外国関係会社に該当するものと規定されている。「外国関係会社」には、外国法人のうち、居住者、内国法人および特殊関係非居住者が、直接および間接に保有する株式または出資が、発行済株式または出資の総数または総額の50％を超える外国法人が該当する。間接保有割合は、掛算方式で計算する。「特殊関係非居住者」には、居住者および内国法人と特殊の関係のある広範囲の非居住者が該当する（租税特別措置法施行令39条の14第3項）。

特定外国子会社等には、外国関係会社のうち、①法人の所得に対して課せられる税が存在しない国または地域に本店または主たる事務所を有するもの、②各事業年度の所得に対して課せられる租税の額がその所得の金額の20％以下であるものが該当する（租税特別措置法施行令39条の14第1項）。

タックスヘイブン国は、財務大臣により41カ国が指定されていたが、1992年度の税制改正により外国関係会社ごとに判定されることになった。

　　(イ)　同族株主グループ

「同族株主グループ」とは、特定外国子会社等の株式または出資を保有する者のうち、ある居住者または内国法人およびそれと特殊の関係のある株主グループである。「特殊の関係のある者」には、広範囲の個人および法人が該当する（租税特別措置法施行令39条の16第6項・7項）。

　(3)　**適用除外基準**

特定外国子会社等が、次のすべての適用除外基準を満たす場合、タックスヘイブン対策税制は適用されない（租税特別措置法66条の6第3項）。

　①　特定外国子会社等の営む事業が株式または債券を保有し、工業所有権、

著作権等を提供し、船舶または航空機を貸し付けるものでないこと（事業基準）

② 特定外国子会社等がその本店所在地国において事業を営むのに必要と認められる事務所、店舗、工場等の固定施設を有すること（実体基準）

③ 特定外国子会社等が本店所在地国においてその事業の管理、支配および運営を自ら行っていること（管理支配基準）

④ 特定外国子会社等の主たる事業が卸売業、銀行業、信託業、金融商品取引業、保険業、水運業または航空運送業である場合、特定外国子会社等はその事業を主として関連者以外の者と行っていること（非関連者基準）

⑤ 特定外国子会社等の主たる事業が上記④以外のものである場合、特定外国子会社等はこれらの事業を主としてその本店が所在する国または地域で行っていること（所在地国基準）

(4) 合算所得

「合算所得」は、特定外国子会社等の各事業年度の決算に基づく所得の金額（基準所得金額）に前7年の欠損の金額および当該事業年度の税額による調整を加えた金額（適用対象金額）のうち、直接および間接に保有する当該特定外国子会社等の株式または出資に対応する金額（課税対象金額）である。

V　国際取引と労務・出入国管理

1　労働契約の準拠法および国際裁判管轄

(1)　準拠法――労働者保護の強行規定

労働契約の準拠法については、法例には契約に関する準拠法の特例がなかったが、法の適用に関する通則法では特例を置いた（法適用通則法12条）。

当事者の準拠法選択がある場合でも、労働契約に最も密接な関係がある地

の法中の特定の強行規定の適用をすべき旨の意思を労働者が使用者に表示すれば、その強行規定の適用がある。労働契約において労務を提供すべき地の法（特定できない場合は、労働者を雇い入れた事業所の所在地の法）を労働契約に最も密接な関係がある地の法と推定される。

当事者の準拠法選択がない場合には、契約に関する準拠法に関する原則どおり、労働契約に最も密接な関係がある地の法が準拠法となるが、労働契約において労務を提供すべき地の法（特定できない場合は、労働者を雇い入れた事業所の所在地の法）を労働契約に最も密接な関係がある地の法と推定される。

強行規定とは、当事者の意思によって適用を排除することができない規定のことであり、強行規定には、制定法に限らず、判例法理を含む。

労働者保護規定は、消費者保護規定と異なり、契約の成立および効力に関する強行規定のみだけを対象として、契約の方式に関する強行規定を対象としていない。

EUのローマⅠ規則8条と比較して、①裁判所に優遇比較を行わせ、労働者にとって厚い保護を奪う結果にならないようにさせるのではなく、労働者の主張に委ねていること、②労働者に保護を与える法の決定について、契約の履行のために常時労務に従事する国の法とはせずに、労働契約に最も密接な関係がある地の法として、柔軟性を確保していることに特徴がある。

(2) 国際裁判管轄

労働関係に関する訴えの国際裁判管轄については、判例では労働者の裁判所に対するアクセスの確保の観点から特別の規律をしていなかったが、2011年の改正民事訴訟法により、日本の裁判所が国際裁判管轄を有する場合の特例（民事訴訟法3条の4第2項・3項）と当事者による管轄権の合意の特例（同法3条の7第6項）が置かれた。

(ア) 日本の裁判所が国際管轄を有する場合

労働契約の存否その他の労働関係に関する事項についての個々の労働者と

事業主との間に生じた民事に関する紛争を個別労働民事紛争と定義している。個別労働民事紛争に関する労働者からの事業主に対する訴えは、労働契約における労務の提供地（その地が定まっていない場合は、労働者を雇い入れた事業所の所在地）が日本国内にある場合にも、日本の裁判所が国際裁判管轄を有する。これに対して、個別労働関係民事紛争に関する事業主からの労働者に対する訴えについては、労働者の住所等が日本国内にある場合にのみ、日本の裁判所が国際裁判管轄を有する。ただし、労働者の住所等が外国にあっても、労働者が応訴した場合および管轄に関する合意が有効な場合には、日本の裁判所が国際裁判管轄を有する。労働契約における労務の提供地は、国際私法の場合と異なり、現実に労務を提供しているまたは提供していた地を基準とし、1カ所に限られない。

　(イ)　当事者による管轄権の合意

　個別労働民事紛争を対象とする管轄権に関する合意については、①事後の合意がある場合、②労働契約の終了の時にされた合意であって、その時における労務の提供の地がある国の裁判所の合意がある場合（ただし、専属的管轄合意は非専属的管轄合意とみなされる）、および、③労働者が合意に基づき合意された国の裁判所の訴えを提起したときまたは事業主が日本もしくは外国の裁判所に訴えを提起した場合において労働者が合意を援用した場合にのみ、有効としている。

　(3)　国際仲裁合意

　なお、労働契約に仲裁合意がある場合、仲裁法附則4条により、仲裁合意は無効である。この規定は、明確ではないが、仲裁地が日本国内にある場合だけでなく、日本法が仲裁合意の準拠法である限り、日本国外を仲裁地とする国際仲裁合意にも適用があると解釈されるべきである。

　たとえば、日本人労働者と外国事業主との間の日本国外を仲裁地とする仲裁合意があっても、日本の裁判所が国際裁判管轄を有し、法の適用に関する通則法12条によって日本法が仲裁合意の準拠法となる限り、日本の裁判所に

訴えを提起することは妨げられず、また、日本国外の仲裁判断の承認・執行が日本で求められても、日本法が仲裁合意の準拠法である限り、執行決定の申立てを却下すべきである。

2　営業秘密保護および競業禁止

(1)　守秘義務および競業避止義務

　誓約書、労働契約または就業規則で、事業者が労働者に守秘義務および競業避止義務を課すことが多い。多くの国では、守秘義務の有効性が問題とされることはないが、退職後の競業避止義務が有効となるには、事業主の営業秘密の保護と労働者の保護とのバランスで、競業の制限される期間、活動の範囲、地域などから合理的な場合にのみ有効性が認められている。日本の判例（奈良地判昭和45・10・23判時624号78頁）でも、①競業禁止条項制定の目的、②労働者の従前の地位、③競業禁止の期間、地域、職種、④競業禁止に対する代償措置等を総合的に考慮して合理性の有無を判断している。

　このような守秘義務および競業避止義務の違反により事業者と労働者の間で、退職金の減額、損害賠償請求、競業行為の差止請求という形で紛争となることが多い。

(2)　想定される紛争

　　(ア)　外国企業の日本支店に雇用された外国人の労働者が退職後に本国に帰国し、競業避止義務に違反して事業主に損害を与えるケース

　日本が法廷地で、法の適用に関する通則法が適用される場合、労働契約において労務を提供すべき地である日本の法を労働契約に最も密接な関係がある地の法と推定されて、当事者の準拠法選択が外国法である場合でも、労働契約に最も密接な関係がある地である日本の法中の特定の強行規定の適用をすべき旨の意思を労働者が使用者に表示すれば、その強行規定の適用がある。退職後の競業避止義務の有効性を合理性のある場合に限定する日本の判例法理も強行規定と考えられる。

(イ) 日本企業に雇用された外国人の労働者が退職後に本国に帰国し、競業避止義務に違反して事業主に損害を与えるケース、または、日本企業に雇用された日本人の労働者が外国企業に引き抜かれ、退職後に外国で競業避止義務に違反して事業主に損害を与えるケース

日本が法廷地で、法の適用に関する通則法が適用される場合、当事者の準拠法選択がない場合には、契約に関する準拠法に関する原則どおり、労働契約に最も密接な関係がある地の法が準拠法となるが、労働契約において労務を提供すべき地の法である日本法が労働契約に最も密接な関係がある地の法と推定される。退職後の競業避止義務の有効性を合理性のある場合に限定する日本の判例法理が適用される。

(3) 守秘義務および競業避止義務をめぐる紛争の国際裁判管轄

上記(2)のいずれの場合も、日本の裁判所で事業主が労働者に対する訴えを提起し、日本の民事訴訟法が適用される場合、個別労働関係民事紛争に関する事業主からの労働者に対する訴えについては、労働者の住所等が日本国内にある場合にのみ、日本の裁判所に国際裁判管轄があるとしているので、本国に帰国した外国人の労働者を日本の裁判所に訴えることはできない。ただし、労働者の住所等が外国にあっても、労働契約の終了の時にされた合意であって、その時における労務の提供の地がある日本の裁判所の合意がある場合（ただし、専属的管轄合意は非専属的管轄合意とみなされる）には、管轄に関する合意が有効となり、日本の裁判所が国際裁判管轄を有する。

したがって、実務上は、退職時に誓約書を取って、その中で日本の裁判所の管轄権に関する合意をするには、就業規則や労働契約において退職後の競業避止義務を規定するだけでなく、退職時に誓約書に署名する義務を明記しておく必要がある。また、日本の裁判所の管轄権に関する合意を嫌う外国人の労働者をして退職時に誓約書に署名させるには、退職金の増額等の代償措置を講じることも必要となる。

もっとも、事業主の営業秘密に対する不正競争防止法違反に該当する行為

を労働者が行う場合や退職後の労働者の競業行為が自由競争の範囲を逸脱して不法行為に該当する場合まで、個別労働関係民事紛争といえるかは疑問がある。これらの場合が個別労働関係民事紛争に該当しないとすれば、事業者は労働者の住所等が日本国内になくても、不法行為があった地が日本国内にあるときは、日本の裁判所に訴えを提起できる（民事訴訟法3条の3第8号）。

3　2国間社会保障協定[139]

(1) 定　義

　日本企業から海外の子会社、支店または駐在員事務所に派遣されて海外で働く機会が増えている。海外で働くと、働いている国の社会保障制度に加入をする必要があり、日本の社会保障制度の保険料と二重に負担しなければならない場合が生じている（二重加入の問題）。また、日本や海外の年金を受け取るためには、一定の期間その年金に加入しなければならない場合があるため、保険料の掛け捨てになってしまうことがある（保険料掛け捨ての問題）。

　このような問題を解決するため、日本は、ドイツ（2000年2月）、英国（2001年2月）、韓国（2005年4月）、米国（2005年10月）、ベルギー（2007年1月）、フランス（2007年6月）、カナダ（2008年3月）、オーストラリア（2009年1月）、オランダ（2009年3月）、チェコ（2009年6月）、スペイン（2010年12月）、アイルランド（2010年12月）との2国間社会保障協定を発効させており、それ以外の国とも締結済みまたは交渉中である。

　2国間社会保障協定では、相手国への派遣が5年を超えない見込みの場合、当該期間中は相手国の社会保障制度に関する法令の適用を免除し、自国の社会保障制度に関する法令のみを適用し、5年を超える見込みの場合、相手国の社会保険制度に関する法令のみを適用する。また、両国間の年金制度への加入期間を通算して、年金を受給するために最低必要とされる期間以上であ

139　日本年金機構HP「社会保障協定」⟨http://www.nenkin.go.jp/agreement/index.html#p03⟩参照。

れば、それぞれの国の制度の加入期間に応じた年金がそれぞれの国の制度から受給できる。

(2) 日米社会保障協定

(ア) 社会保障制度の日米比較

たとえば、日米社会保障協定では、次のとおりとなる。二重加入の問題の防止は、事業所で就労する人だけなく、自営業者にも適用される。

日本の社会保障制度としては、年金制度（国民年金、厚生年金および共済年金）と医療保険制度（健康保険、船員保険、国民健康保険および共済組合）が対象となるが、米国の社会保障制度としては、年金制度（老齢年金、遺族年金および障害年金）のみが対象となる。米国では、2010年のヘルスケア改革で段階的に公的医療保険制度の導入が決定されたが、それまでは民間医療保険によっていた。メディケアは公的医療保険制度であるが、原則として65歳まで給付がされない。

なお、社会保障協定の対象とならないが、日本では、企業年金として、自営業者等に対する基礎年金の上乗せ年金として国民年金基金制度、厚生年金の上乗せ年金として厚生年金基金制度、確定給付企業年金制度および確定拠出年金制度がある。これに対して、米国では、企業年金制度および従業員または退職者に対する企業健康保険制度を企業が採用した場合、連邦法である従業員退職所得保障法[140]（ERISA）が加入者および受給者の利益を保護するためにそれらの制度の運用を包括的に規制している。

(イ) 二重加入の防止

一時派遣で、アメリカの社会保障制度への加入を免除されるためには、日本の社会保障制度に加入していることを証明する適用証明書の交付を年金事務所から受ける必要がある。適用証明書交付の条件は、次の①〜③である。

① 日本の年金制度および医療保険制度に加入していること

---

140 Employee Retirement Income Security Act

② 日本の事業所との雇用関係が継続していること（自営業者については、日本でも引き続き自営業を行うこと）
③ 派遣期間が5年以内と見込まれる場合であること（自営業者については、就労期間が5年以内と見込まれる場合であること）
④ 米国に派遣される直前に、原則として6カ月以上継続して日本で就労していたこと

　また、日本で国民年金および国民健康保険に加入していた人は、米国に住所を移すと国民年金の加入義務がなくなるので、国民年金に任意加入する必要がある。米国から日本に派遣される場合は、米国の年金制度に引き続き加入していても、日本の年金制度への加入のみが免除され、米国の民間医療保険に日本に滞在する家族の全員が加入していない限り、日本の医療保険制度への加入が免除されない。

　　(ウ)　保険料掛け捨ての防止

　保険料掛け捨ての問題の防止については、米国の年金加入期間は四半期のクレジット単位で表されており、1クレジットが日本の年金加入期間の3カ月に相当する。老齢年金を受給するには、日本では25年、米国では40クレジットの年金加入期間が必要であり、その通算が認められる。通算により要件を満たした老齢年金については、日本および米国のそれぞれの年金加入期間に応じて年金額が決まる。

　また、日本の障害年金および遺族年金に相当するものが米国にもあり、老齢年金と異なる受給条件および年金額計算方法となっている。

4　出入国管理

(1)　ビ　ザ[141]

　外国の子会社、支店または駐在員事務所に派遣されて外国で働く場合には、

141　外務省HP「ビザ（査証）」〈http://www.mofa.go.jp/mofaj/toko/visa/〉参照。

就労ビザが必要となる。また、外国に出張して働く場合にも、短期滞在ビザが必要となる。サービス貿易の自由化によって、今後は、国際的なサービスの提供のために、サービス提供者が国境を越えてサービスを提供する場合だけでなく、サービス受領者が国境を越えてサービスの提供を受ける場合も増えてくる。

　国際法上の一般原則によれば、外国人の入国の拒否は当該国家の自由裁量によって決定できる。出入国管理については、各国法が規定しているが、日本では、「出入国管理及び難民認定法」（昭和26年政令第319号。以下、「入管法」という）によって定められ、法務省入国管理局が行っている。

　入国しようとする外国人は、有効なパスポートで入国しようとする国の発給するビザを受けたものを所持している必要がある（入管法7条1項）。ビザは、外国人の入国および滞在がビザに記載される条件のもとで適当であることを確認するものであり、入国しようとする国の領事官等によって発給される。

　日本では、ビザを発給することは外務省の権限であり、日本の大使館、領事館等の在外公館においてその長が発給する。ビザを取得したことはあらかじめ入国を許可されたことを意味するものではなく、外国人が入国するための条件の一つが満たされたにすぎない。

(2) 在留資格制度

　日本では、出入国管理について在留資格制度を採用している。在留資格制度とは、外国人が日本に入国し在留して従事することのできる社会的活動または入国し在留することのできる身分もしくは地位に基づく活動を類型化した在留資格リストを定め、外国人がこれらの在留資格のいずれかに該当しない限りは入国および在留を認めない制度である。入国の際に在留資格を認定することは困難であるため、外国人が短期滞在以外の在留資格で日本に入国しようとする場合には、申請に基づき、法務大臣があらかじめ在留資格認定証明書を交付できることになっている（入管法7条の2）。

第4章　国際取引の法務を構成する諸問題

　日本に入国しようとする外国人は、日本の在外公館で就労ビザの申請をする前に、弁護士、行政書士等の代理人を通じて、地方入国管理局に、申請書および立証するための資料を提出して、在留資格認定証明書を取得するのが通常となっている。

(3)　シェンゲン協定

　欧州の国家間では、シェンゲン協定[142]およびシェンゲン協定施行協定[143]により、国境検査なしで（すなわち、パスポートおよびビザの検査が必要ない）、国境を越えることが許可されている。シェンゲン協定およびシェンゲン協定施行協定は、ベルギー、フランス、ルクセンブルク、オランダおよび西ドイツの5カ国でEUの枠組みの外で締結されたが、EUの枠組みに組み込まれたもので、EU加盟国以外の欧州諸国（ノルウェー、アイスランドおよびスイス）も参加しているが、EU加盟国で適用対象から除外されている国（英国およびアイルランド）もある。

(4)　短期滞在

　短期商用者の短期滞在の在留資格は、日本に職業活動の基盤を有することなく、業務連絡、商談、契約調印、アフターサービス、宣伝、市況調査等の短期商用活動を行う者で、収入を伴う事業を運営したり、報酬を受ける活動を行わない場合に認められる。税務上も、2国間租税条約の短期滞在者免税条項（たとえば、日米租税条約14条2項）において、一方の国の居住者が他方の国における勤務に基づいて得る所得であっても、①課税年度において開始または終了するいずれの12カ月間における滞在期間が183日以下であること、②報酬が他方の国の居住者でない雇用者（またはこれに代わる者）から支払われるものであること、③報酬が他方の国に所在するPEによって負担されるものでないことの要件を満たす場合、源泉地国では免税とされている。

　短期滞在の在留資格の場合は、直接に日本の在外公館で短期滞在ビザを申

142　Schengen Agreement
143　Convention implementing the Schengen Agreement

請する。ただし、日本国政府は多くの国および地域に対してビザ免除措置を実施している。これらの国および地域の人は、短期滞在を目的とする場合には、入国に際してビザを取得している必要はない。日本国政府と相手国政府が相互に免除する場合と一方的に免除する場合がある。もっとも、日本で収入を伴う事業を運営したり、報酬を受ける活動を行う場合、それぞれのビザ免除措置に定める期間を超えて滞在する場合にはビザを取得しておく必要がある。

逆に、外国のビザ免除措置を利用する場合、国によってその条件が異なるので、注意が必要である。たとえば、米国のビザ免除プログラムは、電子渡航認証システム（ESTA）[144]により渡航認証が承認されていることが条件になっている。また、逮捕歴・犯罪歴がある場合には、米国のビザ免除プログラムを利用することができないので、Ｂビザ（短期滞在者ビザ）[145]の申請が必要となる。

なお、APEC・ビジネス・トラベル・カード（ABTC）の交付を申請者の属する各国政府または各地域行政府（日本の場合は外務省）からされていれば、ABTC保持者は、ABTCの交付日から3年間はABTCの裏面に記載されたABTC制度参加国・地域に短期商用目的で入国する際にビザが必要ない。また、ABTC保持者は、入国審査の際にABTC専用レーンを利用することができ円滑な審査が受けられる。

(5) **各種就労ビザ**

就労ビザには、各種のものがあるが、国内の雇用への悪影響その他の社会問題を生じる懸念から、各国によって発給要件の厳しさは異なる。外国企業から日本の子会社、支店または駐在員事務所に派遣されて日本で働く場合には、投資・経営、企業内転勤および技術ないし人文知識・国際業務の在留資

---

144 Electronic System for Travel Authorization
145 Temporary visitors

格に基づく就労ビザを取得する場合が多い。在留資格の内容、該当する活動、在留期間、審査基準および立証に必要な提出書類の詳細が入管法で定められている。

たとえば、米国では、Eビザ（条約貿易商・投資家[146]ビザ）、Lビザ（企業内転勤者[147]ビザ）およびH—1Bビザ（専門職業[148]ビザ）がそれらに相当する。ただし、Eビザには、米国と通商条約を締結している国の国籍を有する貿易商・投資家またはその従業員である必要があり、H—1Bビザには、年間発給数の制限がある。Eビザは直接に米国大使館または領事館に申請されるのが通常であるが、LビザおよびH—1Bビザは移民帰化局地方サービス・センター[149]に申請して認可を得てから米国大使館または領事館に申請しなければならない。

VI 国際取引と環境問題

環境問題への関心の高まりから、先進国だけでなく、途上国でも、さまざまな国内環境法が整備されている。また、国内の地方政府が環境条例を制定している場合もある。

国際取引においては、環境汚染を招いた場合にどのような責任を負担するかという問題だけでなく、特定の物品の輸入が国内環境法によって禁止または制限されていないか、買収する外国会社が国内環境法を遵守しているのか、貿易保険契約を締結するために対象となるプロジェクトについて環境社会配慮が適切になされていることが要求されるなどの問題が生じる。そのため、外国の環境規制、規制・執行当局およびその執行状況について理解する必要

146　Treaty-Investors or Treaty-Traders
147　Intracompany transferees
148　Professionals
149　U.S. Citizen and Immigration Services Regional Service Center

が出てくる。

1　環境関連条約

(1)　多国間環境条約

地球的な広がりをもつ環境問題については、多国間環境条約[150]（MEA）が相次いで締結されており、各締約国は、MEA上の義務に基づいて国内実施法を制定している。

代表的な環境問題とそれに対応するMEAには、次のものがある。

① 有害廃棄物・化学物質の越境移動（バーゼル条約[151]、ストックホルム条約[152]（POPS）、ロッテルダム条約[153]（PIC））

② オゾン層の破壊（オゾン層の破壊に関するウィーン条約[154]／モントリオール議定書[155]）

③ 気候変動（気候変動枠組条約[156]／京都議定書[157]）

④ 酸性雨等の越境汚染（1979年の長距離越境大気汚染条約[158]）

⑤ 生物の多様性の損失（生物多様性条約[159]（CBD）／カルタヘナ議定書[160]／名古屋議定書[161]）

150　Multilateral Environmental Agreement
151　Basel Convention on the Control of Transboundary Movements of Hazardous Wastes and Their Disposal
152　Stockholm Convention on Persistent Organic Pollutants
153　Rotterdam Convention on Prior Informed Consent Procedure for Certain Hazardous Chemicals and Pesticides in International Trade
154　Vienna Convention for the Protection of the Ozone Layer
155　Montreal Protocol on Substances that Deplete the Ozone Layer
156　United Nations Framework Convention on Climate Change
157　Kyoto Protocol to the United Nations Framework Convention on Climate Change
158　1979 Convention on Long-Range Transboundary Air Pollution
159　Convention on Biological Diversity
160　Cartagena Protocol on Biosafety to the Convention on Biological Diversity

⑥　野生動植物の絶滅（ワシントン条約[162]（CITES）、ラムサール条約[163]）

⑦　海洋汚染（1973年の船舶による汚染の防止のための国際条約に関する1978年の議定書[164]（MARPOL）、廃棄物その他の物の投棄による海洋汚染の防止に関する条約[165]）

(2) 予防原則

予防原則[166]（プリコーショナリ・プリンシプル）は、1992年の「環境と開発に関するリオ宣言」[167]において、「深刻な、あるいは不可逆な被害のおそれがある場合には、十分な科学的確実性の欠如が、環境悪化を防止するための費用対効果の大きい対策を延期する理由として使われてはならない」と宣言された。

予防原則は、オゾン層の破壊に関するウィーン条約、気候変動枠組条約、生物多様性条約、同条約に基づくカルタヘナ議定書等が採用しているが、それに基づく義務・措置が明確でないため、国際慣習法上の原則としてまで認められていない。しかし、「持続可能な開発」[168]の概念に派生する原則として、国際環境法上は強調されるようになってきている。

161　Nagoya Protocol on Access to Genetic Resources and the Fair and Equitable Sharing of Benefits arising from their Utilization to the Convention on Biological Diversity

162　Convention on International Trade in Endangered Species of Wild Fauna and Flora

163　Convention on Wetlands of International Importance

164　International Convention for the Prevention of Pollution from Ships, 1973, as modified by the Protocol of 1978 relating thereto

165　Convention on the Prevention of Marine Pollution by Dumping of Wastes and other Matter

166　Precautionary principle

167　Rio Declaration on Environment and Development

168　Sustainable development

169　United Nations Environment Programs

2 自由貿易と環境関連条約の整合性

(1) WTOの役割

環境問題に対しては、国連の環境問題を包括的に扱う機関として、国連環境計画[169]（UNEP）が設立されており、地球環境問題に対応するための資金と技術的支援を原則無償で提供する世界最大規模の国際基金として、地球環境ファシリティ[170]（GEF）が設けられているが、一方で、WTOの役割も拡大している。WTO協定では、「経済開発の水準が異なるそれぞれの締約国のニーズおよび関心に沿って環境を保護し、および保全し、並びにそのための手段を拡充することに努めつつ、持続可能な開発の目的に従って世界の資源の最も適当な形で利用することを考慮し」と述べており、WTOには「貿易と環境委員会」[171]が設置されている。

(2) 貿易制限の例外取扱い

環境保護を目的とするものであっても貿易制限は、WTO協定のGATTの数量制限の禁止、最恵国待遇または内国民待遇に違反する。GATT20条の一般例外規定では、(a)から(j)まで10項の例外取扱いの対象を列挙しており、環境保護との関係では、以下の2項が関係している。

(b) 人、動物または植物の生命または健康の保護のために必要な措置
(g) 有限天然資源の保存に関する措置。ただし、この措置が国内の生産または消費に対する制限と関連して実施される場合に限る。

また、GATT20条柱書で、例外取扱いが認められるためには、①同様の条件の下にある諸国の間において恣意的なまたは正当化されない差別待遇の手段となるような方法を適用しないこと、②国際貿易の偽装された制限とな

---

170 Global Environment Facility
171 Committee on Trade and Environment

るような方法を適用しないことを条件としている。

　たとえば、海亀を殺してしまう捕獲法により捕らえたエビの輸入を禁止する米国法が問題となったエビ・海亀事件では、インド、パキスタン、タイおよびマレーシアが米国を数量制限の禁止の違反でWTOに提訴したが、上級委員会は、GATT20条(g)「有限天然資源の保存に関する措置」に該当することは認めたが、GATT20条柱書の「同様の条件の下にある諸国の間において恣意的なまたは正当化されない差別待遇の手段となるような方法を適用しないこと」の条件を満たしていないと判断した[172]。上級委員会は、米国が一方的に設定した環境保護手段がGATT20条柱書の正当化されない差別待遇に該当するとのパネルの判断を覆した。ただし、ほかの理由で問題があるとされた。それを是正した米国の手段は、マレーシアによって再度WTOに提訴されたが、上級委員会により是認された[173]。

(3) 環境保護を目的とする規格規制

　環境保護を目的とする規格規制が、貿易障壁となることがある。規格を中心とする技術的事項の規制がもたらす貿易障壁である技術障壁について、WTO協定のTBT協定があることは、II 4で述べた。強制規格であれ、任意規格であれ、規格は、環境の保全の目的のために必要である以上に、貿易制限的であってはならない。

(4) 衛生植物検疫措置

　WTO協定の「衛生植物検疫措置の適用に関する協定」[174]（SPS協定）は、人、動物または植物の生命または健康を保護するために衛生植物検疫措置に関するGATT20条(b)項の詳細規定であるとともに、独自の規定が加えられ

172　United States-Import Prohibition of Certain Shrimp and Shrimp Products, WT/DS58/ABR, 12 October 1998

173　United States-Import Prohibition of Certain Shrimp and Shrimp Products, WT/DS58/ABR, 22 October 2001

174　Agreement on the Application of Sanitary and Phytosanitary Measures

ている。

　WTO加盟国は、関連する科学的証拠が不十分な場合は、入手可能な適切な情報に基づき、暫定的な衛生植物検疫措置を採用することができるが、そのような状況において、WTO加盟国は、一層客観的な危険の評価のために必要な追加の情報を得るように努めるものとし、また、適当な期間内に当該衛生植物検疫措置を再検討するものとされている（SPS協定5.7条）。そして、この暫定的措置を除くほか、WTO加盟国は、衛生植物検疫措置を十分な科学的証拠なしに維持しないことを確保するものとしている（SPS協定2.2条）。そのため、予防原則を採用しているMEAとSPS協定とは予防原則の取扱いに違いが生じている。

　生物多様性条約のもとにおけるカルタヘナ議定書では、現代のバイオテクノロジーにより改変された生物[175]（LMO）の輸出入手続等について定めており、たとえば、農業用LMO種苗を取引する場合、輸入国が危険性の評価を行ったうえで事前の許可がなければ、種苗を輸出することができないなどの規定がある。しかし、LMOの安全・環境への悪影響を示す科学的証拠はこれまでに見つかっていない。そのため、カルタヘナ議定書の締約国でないWTO加盟国に対するカルタヘナ議定書の締約国であるWTO加盟国の輸入制限が、SPS協定違反と認定される場合が生ずる。

VII　国際技術ライセンス契約

1　知的財産権の保護と準拠法

(1)　準拠法

　知的財産権は、技術に関するものに限られないが、ここでは、商標、商号、

175　Living modified organism

商品表示・形態を除いた技術に関する知的財産権に関して説明する。

　技術ライセンスは、それ自体が独立した、莫大な投資を自らのリスクで行うことなく迅速に海外市場に進出する手段であるが、合弁に付随して合弁の当事者が合弁会社に技術ライセンスを行うなど、ほかの海外進出の手段の重要な一部ともなる。技術ライセンス契約の主要な条項は、知的財産権の実施権の許諾とそれに対するロイヤルティの支払いであるが、それに付随してさまざまな条項が盛り込まれることになる。本書には、日本の会社がオーストラリアの特許権についてオーストラリアの会社に通常実施権を許諾するライセンス契約書（資料7参照）を登載したが、ICCが、モデル国際技術移転契約を公表しており、契約書作成の際に参考になる。

　㈦　知的財産権の実施権の許諾

　知的財産権の実施権の許諾については、その知的財産権が実施権を許諾する国で保護されていることが前提となる。技術ライセンス契約で準拠法を定めても、この前提をくつがえすことはできない。各国の知的財産権は、国際的に認められた属地主義の原則により、その権利の成立、移転、効力等が当該国の法によって定められ、その効力は当該国の領域内に限られるので、ライセンサー（ライセンスを行う者）の国で保護されていても、当然にライセンシー（ライセンスを受ける者）の国で保護されるものではない。

　㈦　知的財産権の侵害

　知的財産権の侵害についても、諸外国では保護国法が準拠法となると考えられているが、保護国がいかなる国を指すかについてわが国の学説上争いがあり、知的財産権を侵害する行為が行われた地の法と明記することも法の適用に関する通則法の立法過程で審議されたが、国際的な特許権侵害に関するカードリーダー事件の判決（最一小判平成14・9・26民集56巻7号1551頁。差止請求および廃棄請求は特許権の効力と性質決定して準拠法を特許権の登録され

176　ICC Model International Transfer of Technology Contract（2009）

た国の法とし、損害賠償請求は不法行為と性質決定して準拠法を結果発生地の国の法としながら、それぞれ日本の公序則および日本法の累積的な適用により、いずれの請求も認めなかった）と異なる準拠法決定の考え方となるため、立法は見送られた。

　　(ウ)　職務発明

　なお、国際的に特許出願された職務発明に関する光ディスク事件の判決（最三小判平成18・10・17民集60巻8号2853頁）は、労働契約で、日本その他の国で特許登録された従業員の職務発明について、使用者に特許を受ける権利を譲渡させる合意をした場合、譲渡の対価に関する問題の準拠法は、譲渡の原因関係である契約の効力の問題であるとして、第一次的に当事者の意思に従って定められるとしながら、外国の特許を受ける権利の譲渡にも特許法35条4項を類推適用して、相当の対価の支払いを請求できるとした。特許特有の問題として特許権の登録された国の法を準拠法とすべきとの上告理由は斥けられた。

(2) 知的財産権保護の法体系と国際的な保護

　知的財産権の保護の体系は国によって異なるが、日本の場合は、技術に関する知的財産権としては、特許権、実用新案権、意匠権、著作権、半導体集積回路の回路配置に関する法律に基づく回線配置利用権、種苗法に基づく育成権、不正競争防止法に基づく営業秘密がある。

　工業所有権については1883年の「工業所有権に関するパリ条約」[177]、著作権については1886年の「文学的および美術的著作物の保護に関するベルヌ条約」[178]があるほか、WTO協定の中の「知的所有権の貿易関連の側面に関する協定」[179]（TRIPS協定）が、国際的な知的財産権の保護を定めている。ベルヌ条約5条2項は、「保護の範囲および著作者の権利を保全するため著作

177　Paris Convention for the Protection of Industrial Property
178　Berne Convention for the Protection of Literary and Artistic Works
179　Agreement on Trade-Related Aspects of Intellectual Property Rights

者に保障される救済の方法は、この条約によるほか、専ら、保護が要求される同盟国の法令の定めるところによる」と定めており、これは、保護国法の適用を定める国際私法の規則であるとする解釈が一般である。これに対して、パリ条約は、国際私法の規則までは含んでいない。

　登録を必要とする知的財産権については、パリ条約に基づく一定の期間の優先権（特許および実用新案については12カ月、意匠および商標については6カ月）があるほか、特許権について1970年の「特許協力条約」[180]、商標権について1989年の「標章の国際登録に関するマドリッド協定の議定書」[181]があり、国際出願制度を利用することができる。

　全世界的な知的財産権の保護の促進のための活動を行うとともに、知的財産権に関する条約および国際登録業務の管理・運営を行う国際連合の専門機関である世界知的所有権機関[182]（WIPO）が1970年に設立されている。

　TRIPS協定では、既存の国際協定をすべて取り入れたうえで、それに加えて、知的財産権についてWTO加盟国が達成しなければならないミニマム基準を設けており、それに違反したWTO加盟国に対して、WTOの紛争解決手続により違反是正を求めることを認めている。

(3) 並行輸入における国際消尽

　第三者がメーカーと契約した販売店の販売ルートとは別の販売ルートで入手した真正商品を輸入する並行輸入[183]を禁止することは、垂直的取引制限として独禁法上問題となるが、知的財産権との関係でも、国際消尽[184]により特許権等に基づく差止請求権等が行使できなくなるか否かという観点から問題とされている。

180　Patent Cooperation Treaty
181　Protocol Relating to the Madrid Agreement Concerning the International Registration of Marks
182　World Intellectual Property Organization
183　Parallel importation
184　International exhaustion

特許権等の消尽とは、特許権等の権利者が当該特許権等の対象となる製品を譲渡した場合、当該製品について特許権等はその目的を達成したものとして消尽し、もはや特許権等の効力は、当該製品を使用し、譲渡しまたは貸し渡す行為等には及ばないとする考えであり、国内での譲渡には認められるが、国際取引にも同様に適用されるか否かが議論されている。

　わが国では、国際消尽を認めることが属地主義の原則に抵触するものでないが、国内消尽と同様に国際消尽が認められるものでないとしながら、一定の要件のもとで、並行輸入が、黙示の実施許諾を根拠に特許権の侵害とならないこと（最三小判平成9・7・1民集51巻6号2299頁）、商標の機能から実質的違法性を欠くことを根拠に商標権の侵害とならないこと（最一小判平成15・2・27民集57巻2号125頁）が判例で認められている。また、著作権については、著作権法26条の2第2項5号で譲渡権の国際消尽が定められている。

　しかし、欧州では、欧州単一市場での物品の自由な移動の原則から欧州経済地域内での国際消尽は認められるのに対して、オリジナル商標を付けた商品の欧州経済地域外からの並行輸入は、欧州経済地域において商標権の侵害となることは欧州上級裁判所の判例[185]で確立されているので、注意が必要である。もっとも、知的財産権を侵害する模倣品の税関による輸入差止めは、並行輸入品を対象としていない[186]。

　TRIPS協定6条でも、国際消尽を認めるか否かはWTO加盟国の法に委ねている。

(4) 途上国のライセンス規制

　途上国では、ライセンシーを保護するために、技術ライセンス契約について政府の許認可を要求したり、規定内容について規制している場合がある。

185　Slihouette v Hartlauer (Case C-355/96) [1998]
186　Council Regulation (EC) No 1383/2003 of 22 July 2003 concerning customs action against goods suspected of infringing certain intellectual property rights and the measures to be taken against goods found to have infringed such rights

〔図11〕 水平的制限行為

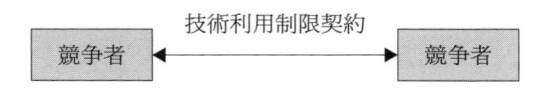

競争者 ←技術利用制限契約→ 競争者

〔図12〕 垂直的制限行為

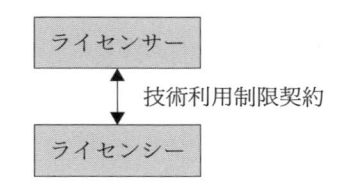

ライセンサー
↕ 技術利用制限契約
ライセンシー

ライセンシーの国の法についても、注意が必要である。日本では、技術が航空機、武器、火薬類、原子力および宇宙開発に関する指定技術にかかる居住者・非居住者（非居住者の日本支店等を含む）間の技術導入契約について、外為法上の事前届出または事後報告が要求される場合（外為法30条1項、55条の6）を除いて、政府の許認可は要求されない。ただし、特許権等の専用実施権の設定等は登録しなければ効力が生じない（特許法98条1項等）。

2　知的財産権と独禁法

(1)　総　論

技術にかかる知的財産権は、独禁法とは緊張関係にある。独禁法は市場における公正かつ自由な競争を促進するが、知的財産権は一定の状況で競争者を排除する権利を認める。しかし、知的財産権も発明による技術の開発を促進するために必要なものであるから、独禁法も知的財産権も、事業者の創意を発揮させ、一般消費者の利益の確保を目的とする点では共通する。

技術の利用にかかる制限行為について、技術の市場または技術を用いた製品の市場での市場シェアが単独で50％を超えるような場合には、私的独占または市場支配的地位の濫用の観点からの独禁法違反の問題が生じる。

(ｱ) 日本での規制

　日本の独禁法では、パテントプール、クロスライセンス等の水平的制限行為（競争者間での技術の利用にかかる制限行為）である場合は、不当な取引制限の観点からの独禁法違反の問題とされるが、垂直的制限行為（競争者ではないライセンサーとライセンシーとの間での技術の利用にかかる制限行為）である場合は、不公正な取引方法の観点からの独禁法違反の問題とされる。ただし、水平的制限行為が不当な取引制限とならなくても、不公正な取引方法となる場合はある（〔図11〕〔図12〕参照）。

　これらは、公正取引委員会の「知的財産の利用に関する独占禁止法の指針」に示された運用基準に従って判断される。この指針では、技術を用いた製品の販売価格、販売数量、販売シェア、販売地域もしくは販売先にかかる制限、研究開発活動の制限または改良技術の譲渡義務・独占的ライセンス義務を課す場合を除き、制限の当事者の製品市場のシェアの合計が20％以下の場合は、原則として競争減殺効果は軽微であるとの考え方を示している。ただし、製品市場におけるシェアが算出できないときまたは製品市場におけるシェアに基づいて技術市場への影響を判断することが適当と認められないときには、事業活動に著しい支障を生じることなく利用可能な代替技術の権利を有する者が4以上存在すれば、競争減殺効果は軽微であると考えられている。

(ｲ) 米国での規制

　米国では、水平的制限行為も垂直的制限行為も、シャーマン法1条の問題となる。同条は、判例で、すべての取引制限を違法としたものではなく、不合理な取引制限のみが違法となるとする合理の原則に従って解釈されている。ただし、価格協定、生産数量協定、市場分割協定、共同ボイコットなどの水平的取引制限は当然違法と判断されている。

　また、知的財産権の譲渡や独占的なライセンスは、資産の取得として、クレイトン法7条の企業結合の規制も受ける。連邦取引委員会と司法省は1995

年4月6日に「知的財産のライセンシングのための反トラストガイドライン」[187]を公表している。この中には、判例とは異なる執行方針を示している部分もある。これにより、特別の事情のない限り、違法とされないセーフティ・ゾーン[188]が、知的財産のライセンシング協定では、制限が明白に反競争的でなく、ライセンサーとライセンシーの制限によって実質的に影響する各関連市場での市場シェアの合計が20％以下であるとの考え方が示されている。関連市場は、製品市場だけによるのが技術または研究開発での競争への効果を適切に判断できない場合を除いて、製品市場だけによるとされている。

　(ウ)　EUでの規制

　(A)　一括適用免除が適用される場合

　EUでは、水平的制限行為も垂直的制限行為も、欧州連合の機能に関する条約の101条の問題となる。これらは、「技術移転協定の部類への欧州連合の機能に関する条約の101条3項の適用に関する2004年4月27日委員会規則772/2004号」[189]の一括適用免除規則とガイドライン[190]によって違法性が判断される。一括適用免除規則では、競争者間の技術移転協定の当事者の影響する関連の技術および製品の市場での市場シェアの合計が20％を超えない場合、競争者間でない技術移転協定の各当事者の影響する関連の技術および製品の市場での市場シェアの30％を超えない場合、一括適用免除が適用される。

　(B)　一括適用免除が適用されない場合

　ただし、競争者間の技術移転協定の場合、次の①〜④については、ハードコア制限[191]とされていて、それを含む技術移転協定に一括適用免除が適用さ

187　Antitrust Guidelines for the Licensing of Intellectual Property
188　Safety zone
189　Commission Regulation (EC) No 772/2004 OF 27 April 2004 on the application of Article 81(3) of the Treaty to categories of technology transfer agreements
190　Commission Notice Guidelines on the application of Article 81 of the EC Treaty to technology transfer agreements
191　Hardcore restrictions

れない。
　①　製品の販売価格の制限
　②　製品の生産数量の相互制限
　③　一定の例外を除く市場または顧客の分割
　④　ライセンシーによる独自の技術の開発または当事者による研究開発の制限

　上記③の例外としては、㋐一つ以上の技術利用分野または一つ以上の製品市場でのみライセンスされた技術で生産する義務をライセンシーに課す場合、㋑相互的でない契約で一つ以上の技術利用分野、一つ以上の製品市場または他の当事者に留保された地域内でのライセンスされた技術での生産をしない義務をライセンサーまたはライセンシーに課す場合、㋒特定の地域の他のライセンシーに技術をライセンスしない義務をライセンサーに課す場合、㋓相互的でない契約で他の当事者に留保された独占的な地域または独占的な顧客グループへのライセンシーまたはライセンサーによる積極的または消極的販売を制限する場合などがある。

　また、競争者ではない当事者間での技術移転協定の場合、次の①～③については、ハードコア制限とされていて、それを含む技術移転協定に一括適用免除が適用されない。
　①　最低販売価格維持
　②　一定の例外を除くライセンシーが契約製品を消極的に販売する地域または顧客の制限
　③　小売段階での選択的流通システムのメンバーであるライセンシーによるエンドユーザーへの積極的または消極的販売の制限

　上記②の例外としては、㋐ライセンサーに留保された独占的な地域または独占的な顧客グループへの消極的販売を制限する場合、㋑ライセンサーによって他のライセンシーに分割された独占的な地域または独占的な顧客グループへの消極的販売をこの他のライセンシーがその地域またはその顧客グルー

プに契約製品を販売している最初の2年間制限する場合などがある。

さらに、競争者間であるか否かを問わず、技術移転協定の場合、次の①～③については、免除対象外制限[192]とされていて、技術移転協定に含まれるそれらの義務には一括適用免除が適用されない。ただし、免除対象外制限を含んでいても、技術移転協定のその他の規定に一括適用免除を適用することは妨げられない。

① ライセンシーにライセンスされた技術の独自の分離可能な改良または独自の新しい適用に関してライセンサーまたはライセンサーによって指名された第三者へ独占的ライセンスを与える義務を課すこと
② ライセンシーにライセンスされた技術の独自の分離可能な改良または独自の新しい適用に関する権利の全部または一部をライセンサーへ譲渡する義務を課すこと
③ ライセンシーにライセンサーの保有する知的財産権の有効性を争わない義務を課すこと

最後に、競争者ではない当事者間での技術移転協定の場合、ライセンシーによる独自の技術の利用の制限または当事者による研究開発の制限の義務を課すことも免除対象外制限とされていて、技術移転協定に含まれるその義務には一括適用免除が適用されない。

したがって、一括適用免除の恩典を受けるためには、ハードコア制限および免除対象外制限に該当する規定を契約に置かないようにする必要がある。

3 知的財産権と輸出管理

国際的な輸出管理レジームは、日本においては、外為法での国際的な平和および安全の維持の観点からの規制に反映されている（II参照）。

外為法25条1項により、国際的な平和および安全の維持を妨げることとな

192　Excluded restrictions

ると認められるものとして政令で定める特定の種類の貨物の設計、製造もしくは使用にかかる技術（以下、「特定技術」という）を特定の外国（以下、「特定国」という）において提供することを目的とする取引を行おうとする居住者もしくは非居住者または特定技術を特定国の非居住者に提供することを目的とする取引を行おうとする居住者は、政令で定めるところにより、当該取引について、経済産業大臣の許可を受けなければならない。貨物の輸出だけでなく、技術の提供を目的とする取引も、リスト規制、キャッチオール規制および技術の仲介取引の規制に服する。規制の対象となる技術には、技術資料またはソフトウェアの提供、技術者の受け入れまたは派遣を通じた技術支援も含まれる。

米国の再輸出規制の域外適用は技術またはソフトウェアも対象としているので、米国原産の技術もしくはソフウェアを日本から再輸出する場合または米国原産の技術もしくはソフトウェアを用いた直接製品を日本から輸出する場合には、米国法の遵守も必要となる。

4　国際裁判管轄

(1)　設定の登録により発生する知的財産権の存否または効力に関する訴え

日本においては、設定の登録により発生する知的財産権は、特許庁等の行政処分として付与され、その権利を無効とするには特許無効審判等を経なければならない。特許権等の無効審判請求に対する審決等については、専属管轄を有する東京高等裁判所に審決等に対する訴えを提起しなければならない。これに対して、外国で登録された特許権等については、その存否または効力に関する訴えが日本の裁判所に提起された場合、その国際裁判管轄が問題となる。

2011年の改正民事訴訟法では、知的財産権のうち設定の登録により発生するものの存否または効力に関する訴えの管轄権は、その登録が日本において

されたものであるときは、日本の裁判所に専属するとしている（民訴法3条の5第3項）。ただし、権利の帰属に関する訴えは専属管轄の対象から除外している。

たとえば、共同研究開発契約で、共同で発明した特許権を当事者の共有とすることに合意したが、一方当事者の日本企業が無断で日本での特許権の登録をして第三者に実施させた場合、他方当事者の外国企業の損害賠償を求める訴えは、特許権の存否または効力に関する訴えでなく、契約上の債務に関する訴えであるから、専属管轄の対象とはならないが、2011年の改正特許法で認められた特許権の移転を求める訴えは、特許権の効力に関する訴えとすれば、専属管轄の対象となる。

また、労働契約で、日本で労務を提供する従業員の職務発明について、外国企業の使用者に日本での特許を受ける権利および特許権を承継させる合意をした場合、従業員の特許権の帰属に関する訴えは専属管轄の対象とならないが、従業員の相当の対価の支払いを求める訴えは、特許権の効力に関する訴えとなれば、専属管轄の対象となるが、前記最三小判平成18・10・17（光ディスク事件）のように、契約上の債務に関する訴えとすれば、専属管轄の対象とならない。

日本で登録された特許権等の存否または効力に関する訴えが外国裁判所に提起された場合、その確定判決は、間接管轄を欠くものとして日本で承認・執行することができないことになる。また、外国で登録された特許権等の存否または効力に関する訴えが日本の裁判所に提起された場合、日本の裁判所は国際裁判管轄を有しない。

(2) 知的財産権の登録に関する訴え

また、登記または登録に関する訴えの管轄権は、登記または登録をすべき地が日本国内にあるときは、日本の裁判所に専属するとされている（民訴法3条の5第2項）。この関係で、設定の登録により発生する知的財産権に限らず、登録が対抗要件の著作権を含む知的財産権の登録に関する訴えも専属管

(3) 知的財産権の侵害に関する訴え

さらに、知的財産権の侵害に関する訴え（損害賠償の訴え、差止めの訴え等）は、不法行為に関する訴えに該当すると解されているが（最一小判平成16・4・8民集58巻4号825頁）、その国際裁判管轄が問題となる。2001年の改正民事訴訟法は、専属管轄の対象とせずに、通常の国際裁判管轄の規律に委ねている。なお、日本においては、特許権等の侵害に関する訴訟において、その権利が無効審判により無効とされるべきものであるとの抗弁を主張することができるが、外国の特許権等の侵害に関する訴訟において、そのような抗弁を主張することができるかは、準拠法となる特許権等の登録された国の法によって判断される。

この点で、欧州司法裁判所は、特許権侵害のないことの確認訴訟において特許権の無効を主張した事案で、専属管轄の対象となることを認めている[193]。また、米国連邦控訴巡回裁判所は、外国の特許権侵害訴訟を米国の特許侵害訴訟に併合することを認めた地裁判決を、国際礼譲、司法経済、当事者の便宜、公正さなどを総合的に検討して、破棄差し戻した[194]。日本とは考え方が異なるので、注意が必要である。

Ⅷ　越境サービス契約

国際的なサービスの提供にも、さまざまな類型があるとともに、サービスの分野もさまざまである。そのため、越境サービス契約の内容は極めて多様である。物品の売買と異なり、①サービス提供者とサービス受領者がともに自国内にとどまって、国境を越えてサービスを提供し、国境を越えてサービスの提供を受ける場合だけでなく、②サービス受領者が国境を越えてサービ

193　GAT v LuK（Case C-4/03）［2006］
194　Voda v Cordis, 476 F.3d 887（Fed. Cir. 2007）

スの提供を受ける場合、③サービス提供者が外国に拠点を設けてサービスの提供を行う場合、④サービス提供者が国境を越えてサービスを提供する場合も多い。企業にとって不可欠であるが中心ではない業務機能または業務過程をその提供を専門とする外国のサービス提供者に移転するアウトソーシングのような比較的単純な越境サービス契約では、主として、上記①の態様のサービス提供が想定されているが、上記②および④の態様のサービス提供も含まれる場合もある。上記③の態様のサービス提供では、拠点を設けた後のサービス提供は国内取引として行われることになる。

越境サービス契約では、提供を受けるサービスの範囲を明確に契約で定めることが必要である。また、サービスの提供の対価の支払条件と経費の負担についても明確に定めることが必要である。さらに、サービス提供者がサービスの提供に際してサービス受領者に損害を与えた場合の責任の範囲についても定めておく必要がある。契約期間を定めた場合に、中途解約が認められるのか否か、認められる場合にはその条件についても定めておく必要がある。

また、国際的な建設プロジェクトに関連する取引、国際的な機器のリースに関連する取引、国際的な貨物運送に関連する取引、国際的な金融・保険に関連する取引、国際的な電気通信に関連する取引、国際的な会計士、弁護士、医師等の専門職サービスに関連する取引なども越境サービス契約の対象となる。サービス貿易の自由化によって、今後も、国際的なサービスの分野も拡大していくことが予想される。

物品の貿易と異なり、サービスの貿易では、国内規制が貿易障壁であって、WTO協定の中の「サービスの貿易に関する一般協定」[195]（GATS）では、内国民待遇（GATS17条）と市場アクセス（GATS16条）をWTO加盟国が約束した特定分野で義務づける方式（ポジティブ・リスト方式）によって、自由化を図っている。そのため、個別サービス分野の自由化要望と回答を多国間で

---

195 General Agreement on Trade in Services

取り交わす方式の交渉（リクエスト・オファー交渉）がとられている。また、サービス分野全体をカバーする一般義務として、最恵国待遇の原則（GATS 2.1条）、透明性の確保義務（GATS 3 条）、資格相互承認の奨励（GATS 7 条）等が規定されている。

IX 国際電子商取引

1 定 義

インターネットや携帯端末の普及によって、電子商取引の規模が世界的に拡大している。電子商取引は、事業者間だけでなく、事業者・消費者間および消費者間でも活用されている。容易に国境を越えた情報のやり取りを行うことができるので、事業者にとって海外市場に進出する手段として、国境を越えた国際電子商取引を活用することが期待されている。

電子商取引の契約および代金決済はインターネット等で行われるが、物品は通常の商取引と同様な物流による場合が多い。しかし、インターネット等で契約および代金決済とともにソフトウェアのダウンロードのようにインターネット等によって物品が提供される場合もある。

国境を越えた国際電子商取引では、関税や内国税をどのように課税するか、どのような電子決済手段を用いるのが安全か、電子商取引に伴って交換される個人情報をどのように保護すべきかなどの問題もある。

2 電子商取引および電子署名に関する法制

(1) モデル法およびガイドライン

UNCITRALでは、1996年に電子商取引に関するモデル法[196]、2001年に電子署名に関するモデル法[197]を作成している。1996年の電子商取引に関するモデル法については、多くの国がそれに基づいた国内法を制定しており、米国

でも統一電子取引法[198]（UETA）を多くの州が州法として採用している。

消費者保護に関して、EUでは、消費者権利指令案[199]により、EU域内の電子商取引に適用される消費者保護法制の統一化を図ろうとしている。

また、OECDが1999年に作成した「電子商取引の文脈での消費者保護のためのガイドライン」[200]は、電子商取引の発展に対応して適切な消費者保護政策を各国が構築するために策定されたが、法制度の調和は難しく、民間の自主ガイドラインによる実質的な調和を推奨している。

(2) 日本の法制
　(ア) 電子署名及び認証業務に関する法律

日本では、「電子署名及び認証業務に関する法律」（平成12年法律第102号）が2001年4月1日から施行されている。これにより、本人による一定の要件を満たす電子署名が行われた電子文書等は、真正に成立したものと推定される。また、電子署名が本人のものであることを確認する認証業務のうち一定の基準を満たすものは、総務大臣、経済産業大臣および法務大臣の認定を受けることができる任意的な認定制度が導入された。電子署名の利用場面は、電子商取引に限られないが、インターネット等におけるやり取りでは、相手方と対面することが不要であるがゆえに、情報の受信者および発信者がそれぞれ本当に本人なのか、情報が途中で改変されていないかを確認することが必要とされ、そのための有効な手段として暗号技術を応用した電子署名および認証業務が利用されている。

196　UNCITRAL Model Law on Electronic Commerce
197　UNCITRAL Model Law on Electronic Signatures
198　Uniform Electronic Transactions Act
199　Proposal for a Directive of the European Parliament and of the Council of 8 October on consumer rights
200　OECD Guidelines for Consumer Protection in the Context of Electronic Commerce

(イ)　電子消費者契約及び電子承諾通知に関する民法の特例に関する法律

「電子消費者契約及び電子承諾通知に関する民法の特例に関する法律」（平成13年法律第95号）が2001年12月25日から施行されている。事業者・消費者間の電子消費者契約においては、欧米では事業者が意思表示の内容の確認のための措置を講じていない場合に消費者が契約に拘束されない旨の立法が進められているため、消費者の操作ミスによる錯誤に関して重過失があっても無効として、民法95条の特例措置を定めた。また、電子承諾通知に関し、ほとんど瞬時に相手方に意思表示の通知が到達する電子的な方法を用いる電子商取引において、民法526条の発信主義は適切ではないので、電子商取引において契約の成立時期について到達主義に転換する特例措置を定めた。

(ウ)　電子商取引及び情報財取引等に関する準則

さらに、経済産業省では、電子商取引等に関するさまざまな法的問題について、民法をはじめとする関係する法律がどのように適用されるのか、その解釈を示すために「電子商取引等に関する準則」を2002年3月に策定した。これは、電子商取引をめぐる取引の実務、それに関する技術の動向、国際的なルール整備の状況に応じて、数次にわたって改訂されて、その名称も「電子商取引及び情報財取引等に関する準則」に改められている。

(エ)　電子商取引における消費者トラブルの解決

電子商取引における消費者トラブルについて、迅速かつ安価な紛争解決を実現する裁判外紛争解決手続の体制を整備することも急務となっている。

(オ)　e-文書法

「民間事業者等が行う書面の保存等における情報通信の技術の利用に関する法律」（平成16年法律第149号）と「民間事業者等が行う書面の保存等における情報通信の技術の利用に関する法律の施行に伴う関係法律の整備等に関する法律」（平成16年法律第150号）（2法を総称して、「e-文書法」と呼んでいる）が2005年4月1日から施行されている。これにより、民間事業者等に対して法令で書面（紙）による保存等に代わり、電磁的記録により保存等を行

うことが容認された。電磁的記録による保存とは、当初から電子的に作成された書類を電子的に保存することおよび書面で作成された書類をスキャナでイメージ化して電子的に保存することを含む。電子文書の保存・管理にあたって、当該電子文書の改変、滅失および毀損の防止の観点から、内容が改変されないことの確認のためにも電子署名が利用されている。

3　国際電子商取引の準拠法および国際裁判管轄（事業者間および事業者・消費者間）

(1)　事業者間の電子商取引

事業者間の国際電子商取引の準拠法および国際裁判管轄については、法の適用に関する通則法および2011年の改正民事訴訟法に基づいて判断され、電子商取引であるからといって通常の商取引の場合と差異が生じるものはない。サーバーの所在地やウェブサイトの言語が事業者間の国際電子商取引についての準拠法および国際裁判管轄に大きく影響することは考えにくい。

(2)　事業者・消費者間の電子商取引

(ア)　準拠法——消費者保護の強行規定

(A)　適用対象

事業者・消費者間の消費者契約の準拠法については、法例には契約に関する準拠法の特例がなかったが、法の適用に関する通則法では特例を置いた（法適用通則法11条）。当事者の準拠法選択がある場合でも、消費者の常居所地法中の特定の強行規定の適用をすべき旨の意思を消費者が事業者に表示すれば、強行規定の適用がある。一方、当事者の準拠法選択がない場合には、準拠法に関する原則にかかわらず、消費者の常居所地法が準拠法となる。

強行規定とは、当事者の意思によって適用を排除することができない規定のことである。意思表示は、実体法上の意思表示であり、裁判上または裁判外を問わず行うことができる。消費者保護規定は、契約の成立および効力に関する強行規定のみだけでなく、契約の方式に関する強行規定を対象とする。

当事者の準拠法選択がある場合には、契約の方式については、契約の準拠法の原則が適用され、契約準拠法と行為地法が選択的に適用されるが、消費者の常居所地法中の特定の強行規定の適用をすべき旨の意思を消費者が事業者に表示すれば、その強行規定の適用がある。また、当事者の準拠法選択がない場合には、契約の方式については、契約の準拠法の原則によって、契約準拠法または行為地法によることはできず、消費者の常居所地法が適用される。

　(B)　適用除外

　能動的消費者には消費者契約の特例の適用がない。①消費者が自己の常居所とは異なる法域にある事業者の事業所において契約を締結した場合が能動的消費者に該当するが、事業者がそれを消費者の常居所地において勧誘した場合を除く。また、②事業者の事業所のある法域において消費者が契約の履行のすべてを受けた場合または受けるべき場合も能動的消費者に該当するが、事業者がそれを消費者の常居所地において勧誘した場合を除く。

　能動的消費者以外にも、消費者の常居所地または契約の相手方が消費者であることについて、事業者が知らず、かつ、知らなかったことに相当の理由がある場合も、消費者契約の特例の適用がない。

　たとえば、事業者がインターネットにウェブサイトを立ち上げて消費者が外国に所在するサーバーでソフトウェアをダウンロードできるようにする場合、事業者と消費者との間の電子商取引には、消費者が物理的にサーバーの所在する外国に赴かず、消費者がその常居所地に所在する端末を通じて最終的にデータを受信している限り、消費者が上記①②の能動的消費者となることはない。仮に能動的消費者となるとしても、ウェブサイトが日本語の場合などには、事業者が日本の消費者の常居所地において勧誘したことになる可能性が高い。ただし、事業者がインターネット上の電子商取引の相手方を特定の常居所地の消費者または事業者に限定しているにもかかわらず、消費者がその常居所地を偽ったり、事業者を装った場合、消費者の常居所地または契約の相手方が消費者であることについて知らなかったことになり、消費者

契約の特例が適用されない可能性が高い。

　法の適用に関する通則法は、裁判所に優遇比較を行わせ、消費者にとって厚い保護を奪う結果にならないようにするのではなく、消費者の主張に委ねていること、事業者の活動が消費者の常居所地がある国で遂行される場合またはそれに向けられている場合に適用を限定するのではなく、能動的消費者への適用を除外していることに、EUのローマⅠ規則6条と比較して特徴がある。

　(イ)　国際裁判管轄

　消費者契約に関する訴えの国際裁判管轄については、判例では消費者の裁判所に対するアクセスの確保の観点から特別の規律をしていなかったが、2011年の改正民事訴訟法により、日本の裁判所が国際裁判管轄を有する場合の特例（民訴法3条の4第1項・3項）と当事者による管轄権の合意の特例（民訴法3条の7第5項）が置かれた。

　(A)　日本の裁判所が国際裁判管轄を有する場合

　消費者契約に関する消費者からの事業者に対する訴えは、訴えの提起の時または消費者契約の締結の時における消費者の住所が日本国内にある場合にも、日本の裁判所が国際裁判管轄が有する。これに対して、消費者契約に関する事業者からの消費者に対する訴えについては、消費者の住所等が日本国内にある場合にのみ、日本の裁判所が国際裁判管轄を有する。ただし、消費者の住所等が外国にあっても、消費者が応訴した場合および管轄に関する合意が有効な場合には、日本の裁判所が国際裁判管轄を有する。

　(B)　当事者による管轄権の合意

　消費者契約に関する紛争を対象とする管轄権に関する合意については、①事後の合意がある場合、②消費者契約の締結の時において消費者が住所を有していた国の裁判所の合意がある場合（ただし、専属的管轄合意は非専属的管轄合意とみなされる）および、③消費者が合意に基づき合意された国の裁判所の訴えを提起したときまたは事業者が日本もしくは外国の裁判所に訴えを

提起した場合において消費者が合意を援用した場合にのみ、有効としている。

国際裁判管轄については、能動的消費者の適用除外は、それを置くと、消費者は一時的に滞在したにすぎない国の裁判所で応訴することを強いられることなり、実質的にその権利を主張することが困難となる点では、消費者の住所地国で契約した場合と同様であると考えられたため置かれていない。そのため、サーバーの所在地やウェブサイトの言語が国際電子商取引についての国際裁判管轄に影響を与えることはない。EUのブリュッセルⅠ規則15条では、消費者契約の準拠法の場合と同様に、消費者契約に関する訴えの国際裁判管轄の特例の適用を事業者の活動が消費者の住所がある国で遂行される場合またはそれに向けられている場合に限定している。

　(ウ)　国際仲裁合意

なお、消費者契約に仲裁合意がある場合、仲裁法附則3条により、消費者は、仲裁合意を解除できる。この規定は、明確ではないが、仲裁地が日本国内にある場合だけでなく、日本法が仲裁合意の準拠法である限り、日本国外を仲裁地とする国際仲裁合意にも適用があると解釈されるべきである。

たとえば、日本人消費者と外国事業者との間の日本国外を仲裁地とする仲裁合意があっても、日本の裁判所が国際裁判管轄権を有し、法の適用に関する通則法11条によって日本法が仲裁合意の準拠法となる限り、日本の裁判所に訴えを提起することは妨げられず、また、日本国外の仲裁判断の承認・執行が日本で求められても、日本法が仲裁合意の準拠法である限り、執行決定の申立てを却下すべきである。

　(エ)　消費者の常居所地の消費者保護法についての知識の必要性

事業者・消費者間の国際電子商取引では、国内電子取引より消費者を保護する準拠法および国際裁判管轄の準則が採用されているため、消費者契約の規定にかかわらず、消費者の常居所地の強行規定が適用され、消費者の住所で訴訟をせざるを得ない。そのため、事業者としては、消費者の常居所地の消費者保護法について、十分な知識を有しておく必要がある。

参考資料

(資料1) Sales Contract（売主用の売買契約書）

SALES CONTRACT

This Sales Contract, made and entered into this＿＿day of＿＿＿＿＿, by and between:

＿＿＿＿＿＿＿, a corporation duly organized and existing under the laws of Japan and having its principal place of business at ＿＿＿＿＿＿＿＿＿＿＿＿＿＿＿＿＿＿＿＿＿＿＿, Japan ("Seller") and,

＿＿＿＿＿＿＿, a corporation duly organized and existing under the laws of ＿＿＿＿ and having its principal place of business at ＿＿＿＿＿＿＿＿＿＿＿＿＿＿＿＿＿＿＿＿＿＿ ("Buyer").

NOW IT IS HEREBY AGREED as follows;

Seller hereby sells to Buyer the following goods in accordance with the terms and conditions set forth in this Contract, and Buyer purchases the goods from Seller under the same terms and conditions.

Seller and Buyer agree that the General Conditions of Sale hereinafter set forth shall constitute an integral part of this Contract.

1. Goods:

2. Specifications:

3. Quantity:

(資料1) Sales Contract

4. Price:

5. Payment:

6. Shipment:

7. Packing:

8. Insurance:

9. Remarks:

IN WITNESS WHEREOF, the parties have caused this Contract to be executed by the duly authorized representatives of each party in duplicate as of the date first above written.

Seller: Buyer:

_____   _____

Name: Name:
Title: Title:

GENERAL CONDITIONS OF SALE

SHIPMENT:
If the price includes freight to an agreed destination, such price is based upon the freight ruling at the date of this Contract, and any difference between such rate and the rate at the date of shipment, whether such difference results from change in the rate or change in route, shall be for Buyer's account. The date of Bill of lading shall be rendered as the date of shipment. In case partial shipments are permitted, each such partial shipment shall be treated as a separate contract to be governed by these General Conditions.

CLAIMS:
All claims must be filed with Seller by airmail, fax or e-mail within ten (10) days after the discharge from vessel. No claims airmailed, faxed or e-mailed after such period will be recognized. Seller in good faith will reasonably endeavor to satisfy Buyer to the extent regarded by Seller as feasible, and THIS IS IN LIEU OF ANY OTHER WARRANTY EXPRESS OR IMPLIED, INCLUDING WITHOUT LIMITATION ANY IMPLIED WARRANTY OF MERCHANTABILITY OR FITNESS FOR A PARTICULAR PURPOSE. THE SELLER SHALL NOT BE LIABLE FOR ANY INDIRECT AND/OR CONSEQUENTIAL DAMAGES.

INTELLECTUAL PROPERTY RIGHTS:
Buyer shall hold Seller harmless from all liability for infringement of patents, utility models, designs, trademarks, copyrights or other intellectual property rights in connection with the Goods in any country except for Seller's country.

FORCE MAJEURE:
Should the performance by Seller of the whole or any part of this Contract be delayed by blockade, war and/or consequences thereof, civil commotion,

insurrection, revolution, prohibition of export or any other acts whatsoever of local or central government or other authority, accidents, cancellation or suspension of shipping orders or freight contracts, strikes, riots, lockouts, fire, acts of God, drought, flood, earthquake, volcanic eruption, plague or other epidemic, and/or any other cause beyond Seller's control, the time of performance may be extended for the duration of the force majeure without penalty or allowance, provided that Seller has used due diligence to expedite performance in accordance with the ordinary business practices. Should the force majeure last more than thirty (30) days, Seller on written notice may exercise its option to terminate this Contract or take any other action which the Seller deems reasonably appropriate.

WAIVER AND REMEDIES:
The failure to exercise or delay in exercising a right or remedy provided by this Contract or by law does not constitute a waiver of the right or remedy or a waiver of other rights or remedies. A waiver of a breach of any of the terms of this Contract or of a default under this Contract does not constitute a waiver of any other breach or default and shall not affect the other terms of this Contract. A waiver of a breach of any of the terms of this Contract or of a default under this Contract will not prevent a party from subsequently requiring compliance with the waived obligation. The rights and remedies provided by this Contract are cumulative and (subject as otherwise provided in this Contract) are not exclusive of any rights or remedies provided by law.

DUTIES ETC.:
All import duties, taxes, dues, levies, surcharges, etc., payable in the country of destination shall be for Buyer's account. All import duties, taxes, dues, levies, surcharges, etc., payable in the country of exportation shall be for Seller's account. Price is given on the basis of the rate of export duties payable in the country of exportation and ruling at the date of this Contract, and any difference between such rate and the rate actually paid shall be for Buyer's account.

LETTER OF CREDIT:
If the payment for the Goods shall be made by a letter of credit, Buyer shall establish in favor of Seller an irrevocable letter of credit ("L/C") issued by first-class international bank acceptable to Seller, the contents of which shall be in conformity with the terms of this Contract. The statement "this credit is subject to Uniform Customs and Practice for Documentary Credits, 2007 Revision, International Chamber of Commerce Publication No. 600" shall be contained in the L/C. If Buyer fails to establish the L/C in accordance with the terms of this Contract by the date stipulated in this Contract, Seller at its option may withhold delivery or cancel this Contract and all resulting costs, damages and consequences shall be for Buyer's account. Buyer shall bear all banking charges incurred in the country of L/C issuing bank.

LICENCES:
Any, if required, export licences, permits or authorisations are to be arranged by Seller. Any, if required, import licences, permits or authorisations are to be arranged by Buyer. All losses, damages, costs and expenses incurred by Seller due to the failure of the Buyer to obtain such permits or authorisation shall be for Buyer's account.

TERMINATION:
Except as provided elsewhere, this Contract may be terminated if the other party fails to perform its obligations under the terms and conditions of this Contract, and fails to remedy such breach within thirty (30) days following the receipt of the notice thereof from the non-breaching party. In such case the non-breaching party must give written notice to the other party to terminate this Contract.

TRADE TERMS:
Unless otherwise stipulated in this Contract, the terms and conditions of this Contract shall be interpreted in accordance with the latest "Rules for

the Use of Domestic and International Trade Terms" (INCOTERMS 2010) provided by the International Chamber of Commerce.

ENTIRE AGREEMENT:
This Contract constitutes the entire agreement between the parties hereto and supersedes all prior or contemporaneous communications or agreements or understandings with regard to the subject matter hereof, and shall not be released, discharged, changed or modified in any manner except by instruments signed by duly authorized officers or representatives of each of the parties hereto.

ASSIGNMENT:
Neither party shall without the prior written consent of the other party assign, transfer, charge or deal in any other manner with this Contract or any of its rights under it, or purport to do any of the same, nor sub-contract any or all of its obligations under this Contract. Each party is entering into this Contract for its benefit and not for the benefit of another person.

ARBITRATION:
All disputes arising out of or relating to this Contract, which the parties are unable to settle amicably, shall be settled by arbitration in Tokyo, Japan under the Commercial Arbitration Rules of The Japan Commercial Arbitration Association. The award rendered by the arbitration(s) shall be final and binding upon both parties.

GOVERNING LAW:
This Contract shall be interpreted and governed by the laws of Japan with the exclusion of the United Nations Convention on Contracts for the International Sale of Goods.

参考資料

(資料2) Purchase Contract（買主用の売買契約書）

PURCHASE CONTRACT

This Purchase Contract, made and entered into this____day of_____, by and between:

_____, a corporation duly organized and existing under the laws of _____ and having its principal place of business at _____ ("Seller") and,

_____, a corporation duly organized and existing under the laws of Japan and having its principal place of business at _____, Japan ("Buyer").

NOW IT IS HEREBY AGREED as follows;

Seller hereby sells to Buyer the following goods in accordance with the terms and conditions set forth in this Contract, and Buyer hereby purchases the goods from Seller under the same terms and conditions.

Seller and Buyer agree that the General Conditions of Purchase hereinafter set forth shall constitute an integral part of this Contract.

1. Goods:

2. Specifications:

3. Quantity:

(資料2) Purchase Contract

4. Price:

5. Payment:

6. Shipment:

7. Packing:

8. Insurance:

9. Remarks:

IN WITNESS WHEREOF, the parties have caused this Contract to be executed by the duly authorized representatives of each party in duplicate as of the date first above written.

Seller: Buyer:

_____   _____

Name: Name:
Title: Title:

GENERAL CONDITIONS OF PURCHASE

SHIPMENT:
If the price includes freight to an agreed destination, such price is

based upon the freight ruling at the date of this Contract, and any difference between such rate and the rate at the date of shipment, whether such difference results from change in the rate or change in route, shall be for Seller's account. The date of Bill of Lading shall be rendered as the date of shipment. In case partial shipments are permitted, each such partial shipment shall be treated as a separate contract to be governed by these General Conditions.

DUTIES ETC.:
All export duties, taxes, dues, levies, surcharges, etc. payable in the country of exportation shall be for Seller's account. Price is given on the basis of the rate of export duties payable in the country of exportation and ruling at the date of this Contract and any difference between such rate and the rate actually paid shall be for the Seller's account.

WARRANTY:
Seller represents and warrants that the Goods covered by this Contract: (a) are not adulterated or misbranded, (b) are free from any defects in materials, design, method of production, packaging, labeling, container receptacles or otherwise, (c) comply with all applicable laws and regulations of the exporting country, (d) comply with related laws and regulations of Japan, (e) conform to the specifications and quality standards of the Goods specified in the sale documents and required by Buyer or its customers, (f) are fit for the purpose for which such Goods are intended, and (g) do not infringe any third party's trademarks, copyrights, patents, know-how or any other intellectual property rights. Seller agrees to indemnify, release and hold harmless Buyer and its customers from and against any and all claims, losses, damages, liabilities, penalties, suits or actions, and related costs and expenses of any kind, including without limitation expenses of investigation and recall of the Goods and reasonable counsel fees, relating to the Goods or breach by Seller of this Con-

tract.

WAIVER AND REMEDIES:
The failure to exercise or delay in exercising a right or remedy provided by this Contract or by law does not constitute a waiver of the right or remedy or a waiver of other rights or remedies. A waiver of a breach of any of the terms of this Contract or of a default under this Contract does not constitute a waiver of any other breach or default and shall not affect the other terms of this Contract. A waiver of a breach of any of the terms of this Contract or of a default under this Contract will not prevent a party from subsequently requiring compliance with the waived obligation. The rights and remedies provided by this Contract are cumulative and (subject as otherwise provided in this Contract) are not exclusive of any rights or remedies provided by law.

REJECTION OF MATERIAL:/
If, on the sampling, analysis and size test at the port of importation, the quality and quantity do not conform to the guaranteed specification in this Contract, Buyer shall be entitled at its option either to reject the cargo or accept it at reduced price. Upon rejection, Seller at its expense shall deliver the replacement conforming cargo without delay and reimburse all costs, damages, losses and expenses incurred by Buyer as a result of failure to supply conforming cargo, including without limitation the cost of keeping the defective goods.

DEFAULT OF DELIVERY:
Buyer reserves the right to refuse any goods and to cancel this Contract if Seller fails to deliver the goods in accordance with the terms and conditions of this Contract.

FORCE MAJEURE:
Should the performance by either party of the whole or any part of

this Contract be delayed by blockade, war and/or consequences thereof, civil commotion, insurrection, revolution, prohibition of export or any other acts whatsoever of local or central government or other authority, accidents, cancellation or suspension of shipping orders or freight contracts, strikes, riots, lockouts, fire, acts of God, drought, flood, earthquake, volcanic eruption, plague or other epidemic, and/or any other cause beyond the party's control, the time of performance shall be extended for the duration of the force majeure without penalty or allowance, provided that the party affected by the force majeure has used due diligence to expedite performance in accordance with the ordinary business practices. Written notice of such force majeure circumstances must be sent to the other party on occurrence of the force majeure event. Should the force majeure last more than thirty (30) days, either party may exercise its option to terminate this Contract following written notice when termination is considered inevitable.

TERMINATION:
Except as provided elsewhere, this Contract shall be terminated if the other party fails to perform its obligations under the terms and conditions of this Contract, and fails to remedy such breach within thirty (30) days following the receipt of the notice thereof from the non-breaching party. In such case the non-breaching party shall give a written notice to the other party to terminate this Contract.

TRADE TERMS:
Unless otherwise stipulated in this Contract, the terms and conditions of this Contract shall be interpreted in accordance with the latest "Rules for the Use of Domestice and International Trade Terms" (INCOTERMS 2010) provided by the International Chamber of Commerce.

ENTIRE AGREEMENT:

This Contract constitutes the entire agreement between the parties hereto and supersedes all prior or contemporaneous communications or agreements or understandings with regard to the subject matter hereof, and shall not be released, discharged, changed or modified in any manner except by instruments signed by duly authorized officers or representatives of each of the parties hereto.

ASSIGNMENT:
Neither party shall without the prior written consent of the other party assign, transfer, charge or deal in any other manner with this Contract or any of its rights under it, or purport to do any of the same, nor sub-contract any or all of its obligations under this Contract. Each party is entering into this Contract for its benefit and not for the benefit of another person.

ARBITRATION:
All disputes arising out of or relating to this Contract, which the parties are unable to settle amicably, shall be settled by arbitration in Tokyo, Japan under the Commercial Arbitration Rules of The Japan Commercial Arbitration Association. The award rendered by the arbitrator(s) shall be final and binding upon both parties.

GOVERNING LAW:
This Contract shall be interpreted and governed by the laws of Japan with the exclusion of the United Nations Convention on Contracts for the International Sale of Goods.

参考資料

(資料3) Distributorship Agreement (販売店契約書)

Exclusive Distributorship Agreement

This Exclusive Distributorship Agreement (this "Agreement"), entered into this_____ day of _____ by and between:

_____

a corporation duly organized and existing under the laws of_____and having its principal office of business at_____
_____

(hereinafter called "Company")

and:

_____

a corporation duly organized and existing under the laws of Japan and having its principal office of business at_____
_____, Japan

  (hereinafter called "Distributor"),

WITNESSETH THAT:

WHEREAS,_____
_____
_____
_____ ;

NOW, THEREFORE, both parties hereto agree as follows:

Article 1. Products

"Products" shall mean all types and models of ＿＿＿＿＿＿＿＿＿＿, and those attachments, parts and accessories manufactured and sold by Company during the life of this Agreement.

Article 2. Territory

"Territory" shall mean Japan.

Article 3. Appointment

During the life of this Agreement, Company appoints Distributor as its sole and exclusive distributor to distribute Products in Territory subject to the terms and conditions herein stipulated and Distributor accepts such appointment.

Article 4. Relationship

The relationship between Company and Distributor during the life of this Agreement shall be that of a vendor and a vendee.

Article 5. Exclusive Transaction

1. Company hereby grants to Distributor the exclusive right to distribute Products in Territory during the life hereof and subject to the provisions and conditions herein provided.
2. Distributor shall sell Products only in Territory and shall not sell or export Products outside Territory during the life hereof and subject to the provisions and Agreement.
3. Company shall not directly or indirectly offer, sell or export Products to Territory through other channel than Distributor and shall refer to Distributor any inquiry or order for Products which company may receive from any person or firm in Territory during the life of this Agreement.

Article 6. Restraint of Competition

Distributor shall not sell or otherwise deal with any product whatsoever which may in any way be competitive with Products. However, the product which is currently handled by Distributor is excluded from this restraint.

Article 7. Individual Contract

1. Each sale and purchase shall be evidenced by a separate individual sales and purchase contract, which shall become effective and binding upon the parties at the time when an order placed by Distributor is accepted by Company by issuing sales confirmation in Distributor's standard form of sales contract in use. A copy of such standard form in use as of the date of this Agreement is attached hereto as Exhibit A.
2. The terms and conditions thereof shall govern each sales and purchase contract except where such terms and conditions are inconsistent with the provisions of this Agreement, in which case the provisions of this Agreement shall prevail.

Article 8. Delivery

Unless otherwise agreed, Company shall deliver Products purchased by Distributor to Distributor at_____or at such other place as Company and Distributor may from time to time agree.

Article 9. Price and Terms of Sale

The price and terms of sale of Products shall be mutually agreed upon in writing by the parties. The price and terms may be changed only by the mutual written agreement of the parties. Company agrees to extend to Distributor the lowest price on Products given to any distributor or purchaser for resale, notwithstanding this Agreement or the mutual agreement of the parties. In addition, Company agrees to grant to Distributor the most favorable purchase terms and conditions given to any distributor or purchaser for resale of Products or similar products or equipment.

Article 10. Payment

Each payment shall be made by Distributor by an irrevocable Letter of Credit with_____days sight in_____in Company's favor.

Article 11. Minimum Purchase

During the life of this Agreement, Distributor guarantees to purchase Products from Company in the quantity and the amount not less than:
a) ____yen and____sets of Products for the first six (6) months,
b) ____yen and____sets of Products for the second six (6) months,
c) ____yen and____sets of Products for the third six (6) months, and
d) ____yen and____sets of Products for the fourth six (6) months.

Article 12. Exchange of Information

Company and Distributor shall, from time to time, exchange between them the information considered necessary or appropriate for the sale of the Products. Distributor shall report to Company every six (6) months its sales amount, and stock on hand.

Article 13. Quality

Company agrees to export Products in high quality, whose requirements shall meet the specifications defined in each sales contract. In case the quality of Products shipped to Distributor turns out not to meet the above requirements of the quality, Distributor can claim the replacement against those inferior Products and accordingly Company shall accept this claim from Distributor and shall bear all the proved damages which Distributor will have incurred.

Article 14. Infringement

Company shall be responsible for any claim of infringement or alleged infringement of patents, designs, trademarks, copyrights or other rights brought by a third party in relation to Products, and Company will pay all damages and costs awarded therein against Distributor or its customers. In the event of any claim of infringement of any of Products, Distributor, at its option, may cancel this Agreement and may return to Company for full credit the unused portion of Products delivered pursuant to it.

Article 15. Trademarks

Distributor may use Company's Trademarks only in connection with the sale of Products during the life of this Agreement; provided, however, that after the termination and／or cancellation of this Agreement, Distributor may use Company's Trademarks only in connection with the sale of Products held by Distributor in stock at the time of termination and／or cancellation.

Article 16. Business Confidence

The parties hereto shall keep in strict confidence from any third party any and all important matters concerning the business affairs and transactions covered by this Agreement.

Article 17. Advertising Materials

Company shall without charges supply Distributor with such advertising and sales promotional material as deemed to be consistent with promotion of the sale of Products in Territory.

Article 18. Sufficient Stock

Distributor shall keep the sufficient stock of Products so as to immediately satisfy the demands of its customers.

Article 19. Technical Advice and Training

Company shall provide Distributor at no cost with such technical advice and information as may be necessary for full understanding of Product, and Distributor shall have the right from time to time, with the prior consent of and at times convenient to Company, to send persons to such locations as Company may designate for instruction and training free of charge, but Company shall bear no responsibility for the payment of compensation, travelling, hotel and other expenses incurred by such persons in connection herewith.

Article 20. Duration

This Agreement shall come into force on the date first above written subject to the signing of both Company and Distributor and, unless earlier terminated, remain in force for a period of two (2) years and shall be automatically renewed and continued on a year to year basis unless either party shall have otherwise notified the other party in writing at least six (6) months before the expiration of the original term or any such extension of this Agreement.

Article 21. Termination of Agreement

1. In the event that either party fails to perform any obligation hereunder or otherwise commits any breach of this Agreement, the other party may terminate this Agreement by giving to the party in default a written notice, which shall become effective ninety (90) days after the

said notice has duly been delivered to the party in default, unless the failure or breach is corrected within said ninety (90) days period.
2. In the event that any proceeding for insolvency or bankruptcy is instituted by or against Distributor or a receiver is appointed for Distributor, Company may forthwith terminate this Agreement.

Article 22. Effect of Termination

No termination of this Agreement shall relieve either of the parties of the obligation to pay the other any amounts due to the other at the time of termination regardless of whether the amount are then or thereafter payable. Notwithstanding termination of this Agreement by cancellation, or its termination by expiration, the parties, except as otherwise provided, shall complete performance on any orders accepted prior to the effective date of such termination.

Article 23. Notice

Any notice required to be sent to the other party under this Agreement shall be given in writing by registered, postage prepaid airmail addressed to the address first mentioned or such other address as the party may notify in writing.

Article 24. Arbitration

All disputes, controversies or differences which may arise between the parties hereto, out of, in relation to or in connection with this Agreement, shall be finally settled by arbitration in Tokyo, Japan in accordance with the Commercial Arbitration Rules of The Japan Commercial Arbitration Association. The award rendered by arbitrator (s) shall be final and binding upon both parties.

Article 25. Force Majeure

Neither party shall be responsible for any failure or delay in the performance of any obligation imposed upon it hereunder, nor shall such failure or delay be deemed to be a breach of this Agreement if such failure or delay is due to circumstances of any nature whatsoever which are not within its immediate control and are not preventable by reasonable diligence on its part.

Article 26. Assignability

This Agreement, including all rights and obligations, in whole or in part, shall not be assigned to any third parties without the prior written consent of Company and Distributor.

Article 27. Trade Terms and Governing Law

The trade terms under this Agreement shall be governed and interpreted by the provisions of the latest International Commercial Terms (Incoterms 2010). This Agreement shall be governed as to all matters, including validity, construction and performance, by and under the laws of Japan. The parties agree to exclude the application of the United Nations Convention on Contracts for the International Sales of Goods (1980).

Article 28. Entire Agreement

This Agreement constitutes the entire and only agreement between the parties hereto relating to distributorship of Products and no modification, change, and amendment of this Agreement shall be binding upon both Company and Distributor except by the mutual express consent in writing of subsequent date signed by authorized officer or representative of each of the parties hereto.

IN WITNESS WHEREOF, the parties hereto have caused their authorized representatives to execute this Agreement on the date first above written.

Company:

Distributor:

（資料４） Joint Venture Agreement（合弁契約書）

JOINT VENTURE AGREEMENT

This Agreement, made and entered into this_____day of_____ by and among_____, an Israeli corporation whose address is _____, Israel (hereinafter called "XYZ"), _____, a Japanese corporation whose address is_____, Japan (hereinafter called "ABC") and_____, a Japanese corporation whose address is_____, Japan (hereinafter called "DEF"),

WITNESSETH:

Whereas, XYZ, ABC and DEF are desirous of establishing a new company to be jointly controlled, operated and managed by the parties for the purposes of developing, manufacturing, selling and exporting certain products and holding the shares of an Israeli company doing so under the terms and conditions set forth herein,

Now, Therefore, the parties hereto agree as follows:

Article 1. Definitions

In this Agreement, the following words and expressions shall have the meanings hereby assigned to them except where the context otherwise requires:

a) "New Company" shall mean the joint venture company to be established under this Agreement.
b) "Effective Date" shall mean the date when this Agreement comes into effect as stipulated in Article 30 hereof.
c) "Products" shall mean _____ and other items, as agreed upon in writing by the parties hereto from time to time

during the life of this Agreement.

Article 2. Establishment

XYZ, ABC and DEF shall jointly establish New Company, as a company limited by shares under the laws of Israel, to be jointly owned, controlled, operated and managed by XYZ, ABC and DEF in accordance with the provisions of this Agreement.

Article 3. Business Purpose

Notwithstanding the objective set forth in its Memorandum of Association, the business purpose for which New Company is established shall, unless and until otherwise subsequently agreed by the parties hereto, be as follows:
a)   The development, manufacture and sale of Products in Israel, and the export of Products from Israel;
b)   The establishment and participation in ownership of a Japanese company, and assistance to such company in developing, manufacturing, selling and exporting Products; and
c)   Other business activities, to which all parties hereto may hereafter agree in writing.

Article 4. Head Office

The address of the initial principal office of New Company shall be _____, Israel.

Article 5. Name

New Company shall be named in English _____ and in Hebrew _____.

(資料4) Joint Venture Agreement

Article 6. Memorandum of Association and Articles of Association

New Company shall, subject to the legality thereof under the relevant laws of Israel, adopt a Memorandum of Association and Articles of Association in accordance with the provisions of this Agreement; provided, however, that the text of the Memorandum of Association and Articles of Association shall be subject to the prior written approval of all parties hereto, and shall be attached hereto as Exhibits I and II.

Article 7. Capital

1. New Company shall have an authorized capital of One Hundred Thirty Thousand Eight Hundred New Israeli Shekels (NIS 130,800), and at the time of the establishment of New Company, the whole of the capital shall become share capital divided into One Hundred Thirty Thousand Eight Hundred (130,800) shares each having a par value of One New Israeli Shekel (NIS 1).
2. At or immediately after the establishment of New Company, XYZ, ABC and DEF shall subscribe and pay for equity shares in New Company as follows:
    a) XYZ: Sixteen Thousand Three Hundred Fifty (16,350) shares
      Fifty percent (50%)
    b) ABC: Eight Thousand One Hundred Seventy-five (8,175) shares
      Twenty five percent (25%)
    c) DEF: Eight Thousand One Hundred Seventy-five (8,175) shares
      Twenty five percent (25%)
3. Upon issuance of the shares of New Company:
    a) XYZ shall pay for XYZ's subscription by granting to New Com-

pany an exclusive license in the form of ExhibitIIIto use technical know-how as to the process in the manufacture of Products, such grant being deemed equivalent to the total par value of all shares being subscribed for by XYZ pursuant to the paragraph 2 of this Article.

b) ABC and DEF shall pay in cash the amount equivalent to their subscribed shares at par value.

Article 8. Kind of Shares

All the shares to be issued by New Company shall be ordinary shares, each having one voting right at a General Meeting of Shareholders.

Article 9. Increase of Capital

1. New Company shall not increase its authorized capital or paid-up capital as stipulated in Article 7 hereof without a prior written agreement between XYZ, ABC and DEF.
2. In the event that it is decided by mutual agreement as stated above in this Article that the authorized capital and／or paid-up capital of New Company be increased over the total amount of the share capital of New Company as stipulated in Article 7 hereof, the new shares shall be offered first to the shareholders of New Company who were the shareholders at the time of the establishment of New Company, in proportion to their respective shareholdings.　If any of the shareholders concerned should decline to subscribe for the offered new shares, wholly or partially, the remaining shareholders who were the shareholders at the time of the establishment of New Company may subscribe for such part of the new shares in proportion to their respective shareholdings.
3. The new shares subscribed shall be paid for by the shareholder obtaining the allotment within 30 days after their subscription, subject to any necessary government approvals.

Article 10. Disposition of Shares

1. No party hereto may sell, assign, transfer, mortgage or pledge its shares of New Company wholly or partially without the prior written consent of the other parties.
2. If any party hereto desires to sell, assign, transfer, mortgage or pledge any or all of its shares, and there is a third party who has offered to purchase such shares or to be a mortgagee or pledgee thereof, it shall offer such shares in writing first to the other parties for the same price and on the same terms and conditions as that proposed by the third party. In case the parties to whom the offer is made fail to accept it within sixty (60) days after receiving notice thereof, the offering party may, under the same terms and conditions, sell, assign, transfer, mortgage or pledge the shares to the third party free from the foregoing requirements; provided, however, that in case there has been no disposition of the shares within one hundred twenty (120) days from the day the offer is first made to the third party the foregoing requirements shall survive and be applicable.
3. Any party disposing of shares pursuant to this Article shall require that any transferee, buyer, assignee, mortgagee, pledgee or successor in interest of such shares shall agree to have the same rights and obligations of the parties hereto.

Article 11. Ordinary and Extraordinary General Meetings

1. An Ordinary General Meeting of Shareholders of New Company shall be held by resolution of its Board of Directors within three months from the last day of each accounting period of New Company. An Extraordinary General Meeting of Shareholders shall be held by resolution of the Board of Directors whenever necessary.
2. Notice of any Ordinary General Meeting or of any Extraordinary General Meeting shall be given in writing to shareholders entitled to vote not less than thirty (30) days before the date of such meeting.

Such notice shall specify the place, the day and the hour of the meeting and the general nature of the business to be transacted at the meeting.
3. Each share shall carry one （1） vote at all meetings of shareholders. The voting right may be exercised by a proxy, who shall identify himself in the proper legal written form executed and presented prior to the General Meeting.

Article 12. Quorum and Resolutions

A quorum at any meeting of shareholders of New Company shall require attendance of at least two （2） shareholders holding shares aggregating not less than thirty-three percent （33％） of all shares issued and outstanding, and any resolution of the General Meeting shall be adopted by an affirmative vote of a majority of the shareholders present, whose voting rights shall be in proportion to the number of shares owned by each shareholder.

Article 13. Important Matters in General Meetings

In addition to other matters, the following important matters shall be transacted at a General Meeting of Shareholders of New Company. No such important matters may become an agenda item for the General Meeting without the prior written consent of all parties hereto, and the resolution of said important matters at the General Meeting shall be adopted by unanimous vote of all shareholders of New Company, whose voting rights shall be in proportion to the number of shares owned by each shareholder:

a) Any change in the Memorandum of Association and／or Articles of Association of New Company;
b) Any change of business purpose;
c) Increase or decrease in the authorized capital and／or paid-up capital;
d) Issuance of debentures;

e) Transfer of any part or the whole of the business;
f) Disposition of all or a substantial portion of assets;
g) Investment in other companies, or appropriation of profit or loss arising from such investment;
h) Decision on dividends;
i) Dissolution, amalgamation, consolidation, merger or reorganization;
j) Matters decided by the Board of Directors of New Company, which are deemed so important that they may affect the financial and／or business position of New Company.

Article 14. Board of Directors

1. New Company shall be administered and operated by the Board of Directors. The Board of Directors of New Company shall consist of four (4) directors, two (2) of whom shall be elected according to the nomination of XYZ, one (1) of whom shall be elected according to the nomination of ABC and one (1) of whom shall be elected according to the nomination of DEF.
2. Election or removal of directors shall be made by resolution of the General Meeting of Shareholders. Each director shall hold office until the General Meeting held next after his election and until his successor shall have been elected and shall have qualified, or until the director shall have been removed.

Articles 15. Quorum and Resolution

Each director shall have one (1) voting right on the Board of Directors of New Company. Two (2) or more of all members at a meeting shall constitute a quorum for the transaction of business, and an affirmative vote of a majority of the members present at a meeting shall be required to pass all resolutions and conduct corporate business. In the event of a deadlock or impasse in the Board of Directors as to whether the business of New Company should be continued, expanded, suspended or disposed of, such issue shall, as an important matter, be resolved by a General Meeting of Shareholders of New Company.

Article 16. Important Matters in Board of Directors Meetings

Any resolution with respect to any of the following important matters at a meeting of the Board of Directors of New Company shall be subject to unanimous vote of all members of the Board of Directors of New Company:

a) The agenda for a General Meeting;
b) Periodic and long-term management plan, annual budget and draft of closing accounts;
c) Any change in line of business;
d) Borrowing an additional sum which shall exceed the previously determined credit line;
e) Finance, pledge, mortgage, assignment or delivery of the corporation's property or assets as security for any loan;
f) Purchase or contract for any machinery, equipment or other property or assets on behalf of New Company in an amount in excess of _____ ___; and
g) Any other matters within the scope of the power of the Board of Directors which are of such importance that they may affect the financial and business position or policy of New Company.

Article 17. Vacancy

In the event of a vacancy on the Board of Directors of New Company caused by death, resignation, expiration of term or otherwise, said vacancy shall be filled by a person nominated by the party responsible for the nomination of the initial director as stipulated in Article 14 hereof.

Article 18. Officers

(資料 4) Joint Venture Agreement

1. New Company shall have one (1) President who shall be elected from among the directors nominated by XYZ. The President, who may also be the general manager, shall preside, if present, at all General Meetings of Shareholders and meetings of the Board of Directors, and shall perform such other duties as shall from time to time be assigned to him by the Board of Directors.
2. New Company shall have one (1) Vice-President who shall be elected from among the directors nominated by ABC and DEF. The Vice-President, who may also be the secretary, shall assist the President, and, in the absence or disability of the President and when so acting, shall have all powers of the President in addition to those appurtenant to his position as the Vice-President.

Article 19. Auditor

New Company may have three (3) auditors, and XYZ, ABC and DEF may each nominate one of them. The auditors shall have all the rights and duties assigned to them by the laws of Israel and the Articles of Association. The auditors shall especially be entitled and obligated to:

a) Examine the annual balance sheet and all pertinent documents and records of New Company,

b) Inform the General Meeting of Shareholders of the results of such examination, and

c) Investigate the affairs of New Company and the state of its property when especially necessary for the purpose of assuming their duties.

Article 20. Accounting Period

The accounting period of new Company shall begin on the 1st day of April in one year and end on the 31st day of March in the next year.

Article 21. Accounting Books

1. The complete books of account and records shall be made and kept by New Company according to sound accounting practice employing standards, procedures and form conforming to international practice, and an auditors' report thereon shall be submitted to each of the parties hereto by New Company within thirty (30) days from the completion of the audit. Access to such books of account and records shall be made available to each of the parties hereto at all times during normal business hours, and each party may at its own expense have such books of account audited by its representatives.
2. Subject to prior agreement between the parties hereto, New Company shall appoint an independent firm of certified public accountants to audit its books of account for each fiscal period. Such firm of accountants shall be a firm widely known internationally and all parties hereto shall state their acceptance thereof in writing.

Article 22. Accounts and Audit

1. New Company shall provide the parties hereto as soon as possible after the close of each fiscal year of New Company with audited copies of the following:
   a) A balance sheet at the end of such period,
   b) Profit and loss statement for such period,
   c) Sources and application of funds statement, and
   d) Other financial information which may be requested by the parties hereto.
2. In addition to the above paragraph, New Company shall provide the parties by the end of every following month with unaudited monthly reports signed by the President and Vice-President. Such reports shall consist of:
   a) A balance sheet as at the end of such period,
   b) Profit and loss statement for such period,
   c) Sources and application of funds statement, and
   d) Other financial information which may be requested by the parties

hereto.

Article 23. Observance of this Agreement by New Company

The parties hereto acknowledge the terms and conditions of this Agreement and hereby undertake to ensure that New Company shall carry out its management and administration and its business in accordance with the terms and conditions of this Agreement and perform all obligations intended under this Agreement to be undertaken or performed by New Company.

Article 24. Dividends

Dividends shall be paid by New Company, when earned, in accordance with a decision after consultation between the parties hereto as to rate and amount; provided, however, that special reserves in addition to the reserves required by mandatory provisions of the laws of Israel may be established by unanimous vote of shareholders at a General Meeting of Shareholders.

Article 25. Financing

The parties hereto confirm that New Company shall make its best efforts to procure on its own responsibility all necessary funds and financial facilities, and shall render its assets as mortgage or pledge against the financing with the prior consent of the parties hereto and only when the bank or other financier concerned demands additional guarantee shall such guarantee be provided by the then existing shareholders of New Company from time to time. Such guarantee shall not be made jointly, but shall be proportionate to the parties' respective shareholding in New Company at the time of provision of said guarantee.

Article 26. Technical Collaboration

XYZ shall provide New Company with technical collaboration in developing and manufacturing Products. For such purposes, XYZ shall furnish New Company with technical know-how as to the process in the manufacture of Products in accordance with the terms and conditions of the License Agreement to be entered into between New Company and XYZ separately, and which is attached hereto as Exhibit III.

Article 27. Expenses

New Company shall take over or bear all the costs and expenses arising from the following acts and transactions of the parties hereto:
a) The registration of New Company,
b) The printing and issuance of share certificates for New Company, and
c) Any other acts, activities and transactions directly for the benefit of New Company, subject to prior written agreement between the parties hereto.

Article 28. Taxes

All income taxes required to be paid under the laws of Israel by either party in connection with this Agreement shall be for the account of that party. All other taxes imposed in Israel, if any, payable in connection with this Agreement shall be for the account of New Company. Any sum required under the income tax laws in the Israel to be withheld by New Company for the account of either party from payments due to either party hereunder shall be withheld and promptly paid by New Company. New Company shall transmit to the party concerned any official tax receipt or other evidence of payment of such taxes issued by the tax authorities in Israel.

Article 29. Non-Disclosure

New Company, XYZ, ABC and DEF shall not at any time during the term of this Agreement or thereafter in any way or manner whatsoever make known, divulge or communicate any technical, industrial or market information relating to the establishment or operation and management of any of the parties hereto or New Company or relating to the development and manufacture of the Products, furnished by or exchanged among New Company, XYZ, ABC and DEF hereunder, to any other person, firm or company, and shall take and maintain such information under strict security precautions to prevent any disclosure. New Company, XYZ, ABC and DEF shall use said information only for the purpose of achieving the objectives contemplated hereunder.

Article 30. Validity and Term

1. This Agreement shall not become effective until and unless all the following conditions are satisfied in form and substance satisfactory to the parties hereto:
   a) Approval by the appropriate authorities of the Government of Israel, pursuant to all relevant laws and regulations, for the introduction of capital and issuance of shares in New Company in accordance with the terms and condition of this Agreement is granted;
   b) Approval or acceptance by the appropriate authorities of the Government of Japan, under the relevant laws and regulations of Japan, for the acquisition of the shares of New Company in accordance with the terms and conditions of this Agreement is granted;
   c) The License Agreement contemplated herein becomes effective.
2. Each party hereto shall notify the other parties by facsimile immediately after approval of the concerned government has been obtained.
3. This Agreement shall become effective on the day when all the conditions set forth in the paragraph 1 of this Article are satisfied and continue in effect so long as any party hereto holds any shares in New Company, unless this Agreement is earlier terminated as set forth in

Article 31 hereof.

Article 31. Termination

1. Notwithstanding anything contrary in this Agreement, XYZ, ABC or DEF, so long as it is not the party being insolvent or having committed a breach as descried below, shall have the right to unilaterally terminate this Agreement by giving prior written notice to the other parties hereto in the following circumstances:

    a) If another party shall be insolvency (including suspension of payment), or have filed against it a petition for insolvency, reorganization or a similar proceeding, or file an answer admitting the material facts alleged in such a petition filed by another, or make an assignment or attempted assignment for the benefit of any creditor in a proceeding for insolvency, reorganization or similar action, or have a receiver, liquidator or trustee appointed for it or any of its assets, or have all or a substantial portion of its assets taken by provisionary seizure or similar proceeding or by governmental action; or

    b) If another party, for any reason other than as a result of an occurrence provided for in Article 33 hereof, shall at any time default in any respect in the performance of any of its obligations under this Agreement or otherwise commit any breach of this Agreement, unless such default or breach shall have been remedied within sixty (60) days after a written notice of such default or breach has been given to the defaulting party by the other party.

2. XYZ, ABC and DEF shall have the right to terminate this Agreement by giving sixty (60) days prior written notice to the other party hereto:

    a) If at any time during the term of this Agreement the Government of Israel or Japan shall by subsidiary legislation, or administration or judicial act, require any alteration or modification of this Agreement or any of the associated agreements, or any change in the performance of this Agreement or any of the associated agreements by any of the parties in a manner deemed by the party terminating this Agreement to be materially and substantially adverse to its interest; or

b) If performance of this Agreement by any party shall become in any material respect impossible or impracticable by virtue of the laws concerned or any order, action, regulation, or intervention of any government or agency thereof.

4. New Company shall be dissolved in accordance with the laws of Israel in the event that XYZ, ABC and/or DEF elects to terminate this Agreement pursuant to the provisions of this Agreement and, in such case, the other parties shall take the necessary steps and cooperate fully to dissolve New Company without undue delay in accordance with the laws concerned. In case of dissolution of New Company, all the assets of New Company shall be distributed to the shareholders in accordance with the respective proportionate ownership of shares then held by each shareholder of New Company .

5. The termination or expiration of this Agreement shall not affect any debts or credits between the parties which were outstanding before or at the time termination becomes effective .

Article 32. Communications

All notices, consents, approvals or other formal communications required of the parties hereto by this Agreement shall be in writing. All such communications shall be deemed served effectively if sent by facsimile or by registered air mail with return receipt requested, addressed to the other party at the following address or at such other address as has been notified by a party:

a. To XYZ:

b. To ABC:

c. To DEF:

Any communication made as above shall be deemed to be received and become effective the day of receipt of facsimile or seven (7) days after sending by registered air mail with return receipt requested.

Article 33. Force Majeure

Neither party shall be liable to the other parties for failure or delay in the performance of any of its obligations under this Agreement for the time and to the extent such failure or delay is caused by riot, civil commotion, war, hostilities between nations, law, governmental order or regulation, embargo, action by a government or any agency thereof, Act of God, storm, fire, accident, strike, sabotage, explosion or other similar of different contingency beyond the reasonable control of the parties hereto.

Article 34. Arbitration

All disputes, controversies or differences which may arise between the parties hereto, out of or in relation to or in connection with this Agreement, or for the breach thereof, shall be finally settled by arbitration in Tokyo, Japan in accordance with the Commercial Arbitration Rules of the Japan Commercial Arbitration Association. The award rendered by the arbitrator (s) shall be final and binding upon the parties hereto.

Article 35. Governing Law

The formation, validity, construction and performance of this Agreement shall be governed by the laws of Israel.

Article 36. Assignment

Neither this Agreement nor any right or obligation hereunder shall be assignable in whole or in part, whether by operation of law or otherwise, by either party without the prior written consent of the other parties.

Article 37. Modification

No modification, change or amendment of this Agreement shall be binding upon the parties hereto except by mutual express consent in writing of subsequent date signed by an authorized officer or representative of each of the parties hereto.

Article 38. Waiver

No waiver by any party at any time of any breach of any of the terms and conditions of this Agreement shall be interpreted as any waiver of any subsequent breach, whether of the same or of any other terms and conditions of this Agreement.

Article 39. Entire Agreement

All of the agreements and understandings between the parties with reference to the subject matter of this Agreement are embodied herein, and this Agreement supersedes all prior agreements and understandings between them with reference to such subject matter.

Article 40. Headings

The headings of each Article of this Agreement are inserted for convenience of reference only and shall not affect the interpretation of the respective Articles of this Agreement.

Article 41. Language

参考資料

This Agreement has been executed in three (3) copies, all with equal force and effect, in the English language.

In Witness Whereof, the parties have caused this Agreement to be executed by their duly authorized officers on the day and year first above written.

XYZ:

ABC:

DEF:

(資料5) Stock Purchase Agreement（株式取得契約書）

STOCK PURCHASE AND
JOINT VENTURE TERMINATION AGREEMENT

THIS STOCK PURCHASE AND JOINT VENTURE TERMINATION AGREEMENT (this "Agreement") is made this_____day of_____ by and between_____ ("XYZ"), a British Virgin Islands corporation, having its principal place of business at_____, Hong Kong,_____ ("ABC"), a Japanese corporation, having its principal place of business at_____, Japan and _____ ("DEF"), a British Virgin Islands corporation, having its principal place of business at_____, Hong Kong.

WITNESSETH:

WHEREAS, XYZ, ABC and DEF are joint shareholders in_____, a Japanese corporation (the "JVC"), pursuant to that certain Agreement between the parties, dated _____, ____ (the "JV Agreement"); and

WHEREAS, the parties desire to terminate the JV Agreement by way of the sale by ABC to XYZ of all of sixty (60) shares of capital stock owned by ABC in the JVC, representing thirty percent (30%) of the total number of issued and outstanding shares of the JVC (the "Shares").

NOW THEREFORE, in consideration of the premises and the mutual covenants contained herein, and subject to the terms and conditions set forth herein, the parties hereto agree as follows:

1.TERMINATION OF JV AGREEMENT

In consideration of the transfer by ABC to XYZ of the Shares as contemplated herein, XYZ, ABC and DEF hereby agree to terminate the JV Agreement as of_____, ____ (the "Closing Date").

2.PURCHASE PRICE

ABC shall sell, and XYZ shall purchase, the Shares under the terms and conditions set forth in this Agreement at a purchase price of Five Hundred Thousand Japanese Yen （JPY 500,000） (the "Purchase Price").

3.PAYMENT AND TRANSFER OF SHARES

3.1 <u>Pre-condition</u>. Prior to the Closing Date, ABC shall apply for the approval of the board of directors of the JVC for the transfer of the Shares to XYZ.

3.2 <u>Payment</u>. XYZ shall pay the Purchase Price to ABC on the Closing Date.

3.3 <u>Transfer of Shares</u>. On the Closing Date, ABC shall transfer the Shares to XYZ, free and clear of all liens, encumbrances or claims whatsoever, in exchange for payment of the Purchase Price by delivering to XYZ the stock certificates evidencing the Shares.

3.4 <u>Cessation of Rights</u>. On the Closing Date, ABC shall cease to have any rights in or to the Shares.

4.MANAGEMENT RESPONSIBILITIES

4.1 <u>Transfer of Responsibilities</u>. Concurrently with the transfer of the Shares, all management and financial responsibilities of the JVC held by ABC shall be transferred to XYZ and ABC shall have no management or financial responsibilities in respect to the JVC.

4.2 <u>Resignation of Director</u>. On the Closing Date, ABC shall have one (1) director of the JVC nominated by ABC resign from its position at the JVC.

5.<u>RETURN OF CONFIDENTIAL INFORMATION</u>

Both parties shall, as quickly as possible, but in any event within thirty (30) days following the Closing Date, deliver to the other party, all of the Confidential Information (as defined in the JV Agreement) and abide by the terms and conditions set forth in Article 14 of the JV Agreement.

6.<u>SURVIVAL</u>

The parties recognize and agree that the obligations of the parties set forth in Article 14 of the JV Agreement to maintain the confidentiality of the Confidential Information shall survive following the Closing Date.

7. <u>INDEMNIFICATION</u>

In consideration of the acquisition of the Shares by XYZ, ABC undertakes and does indemnify and hold XYZ harmless from and against thirty percent (30%) of the amount of any and all liability, loss, damage or injury, together with all reasonable costs and expenses relating thereto, arising out of or resulting from any acts or omissions of the JVC, or its agents, employees or officers which occurred prior to the Closing Date.

8.<u>GOVERNING LAW/JURISDICTION</u>.

This Agreement shall be governed by and construed in accordance with the laws of Japan. Any and all disputes arising out of and/or relating to this Agreement shall be subject to the exclusive jurisdiction of the Tokyo District Court.

参考資料

IN WITNESS WHEREOF, the parties have caused this Agreement to be executed by their duly authorized officers on the day and year first above written.

XYZ:_____

By_____
Name:
Title:

ABC:_____

By_____
Name:
Title:

DEF:_____

By_____
Name:
Title:

（資料 6 ） Asset Purchase Agreement（資産取得契約書）

BUSINESS TRANSFER AGREEMENT

THIS BUSINESS TRANSFER (*JIGYO-JYOTO*) AGREEMENT (this "Agreement") is made as of the＿＿＿day of＿＿＿＿＿＿, by and between ＿＿＿＿＿＿＿＿＿＿, Japan Branch, whose registered office is at＿＿＿＿＿ ＿＿＿＿＿＿＿＿, Japan (the "Seller") and＿＿＿＿＿＿＿whose registered office is at＿＿＿＿＿＿＿＿＿＿＿＿＿＿＿＿＿＿＿＿＿＿, Japan (the "Buyer").

WITNESSETH:

WHEREAS, the Seller is engaged in manufacture, sale and services of＿＿＿ ＿＿＿＿＿＿＿＿＿＿＿＿＿＿＿＿ in Japan (the "Business") ; and

WHEREAS, the parties have agreed that the Seller shall sell and the Buyer shall purchase the Business as a going concern with effect from＿＿＿＿＿＿, ＿＿＿ (the "Closing Date") upon the terms and conditions of this Agreement;

NOW, THEREFORE, in consideration of the mutual understandings and covenants herein contained, the Seller and the Buyer hereby covenant and agree as follows:

ARTICLE 1
BASIC TRANSACTION

1.1 *Jigyo-Jyoto*. On and subject to the terms and conditions of this Agreement, the Buyer agrees to purchase from the Seller, and the Seller agrees to transfer to the Buyer, the Business in an *Jigyo-Jyoto* transaction on the Closing Date.

1.2 Acquired Assets. The Seller shall transfer to the Buyer title to, or a valid leasehold interest in, the following assets （the "Acquired Assets"） on an "as is" basis on the Closing Date:

(a) All notes and accounts receivable of the Seller which shall have arisen in the ordinary course of the Business;

(b) All machinery, equipment and other tangible assets necessary for the conduct of the Business;

(c) All inventories of the Seller used in the Business consists of raw materials and supplies, manufactured and purchased parts, goods in process, and finished goods; and

(d) All of the license, purchase, lease, sale, service and other agreements which allow the Seller to conduct the Business.

The list of the Acquired Assets shall be attached hereto as Exhibit A.

1.3 <u>Assumed Liabilities</u>. The Seller shall assume from the Buyer all liabilities which shall have arisen in the ordinary course of the Business (the "Assumed Liabilities") on the Closing Date. The list of the Assumed Liabilities shall be attached hereto as Exhibit B.

ARTICLE 2
PURCHASE PRICE

2.1 <u>Purchase Price</u>.

(a) Subject to the provisions in Articles 2.2 and 2.3, the purchase price (the "Purchase Price") for the Business shall be the net asset value (the "Net Asset Value") of the Business in the amount of_____ _____Japanese Yen （¥_____）.

(b) It is acknowledged and agreed by the parties hereto that the Net Asset Value has been determined based on the values of the Acquired Assets and Assumed Liabilities as of_____, _____.

2.2 <u>Closing Date Balance Sheet</u>. Within one (1) months after the

(資料6) Asset Purchase Agreement

Closing Date, a balance sheet for the Acquired Assets and Assumed Liabilities (the "Closing Date Balance Sheet") as of the Closing Date shall be prepared. The Net Asset Value of the Business as of the Closing Date shall be determined based on the Closing Date Balance Sheet.

2.3 Purchase Price Adjustment. In the event that the Purchase Price is more than the Net Asset Value of the Business as of the Closing Date, the Seller shall refund to Buyer an adjustment amount (plus applicable consumption tax) equal to the difference between the Purchase Price and the Net Asset Value of the Business as of the Closing Date. In the event that the Purchase Price is less than the Net Asset Value of the Business as of he Closing Date, the Buyer shall pay to the Seller an adjustment amount (plus applicable consumption tax) equal to the difference between the Purchase Price and the Net Asset Value of the Business as of the Closing Date.

2.4 Consumption Tax. Consumption tax applicable to the Purchase Price shall be added to the Purchase Price and be for the account of the Buyer.

2.5 Other Adjustments. The advanced accounts receivable shall be deducted from the Purchase Price as calculated on the Closing Date. If the Seller receives from any customer any payment to be credited to the Buyer on or after the Closing Date, promptly following receipt thereof, the Seller shall remit such amounts in their entirety to the bank account to be designated by the Buyer. Also, if the Buyer receives from any customers any payment to be credited to the Seller on or after the Closing Date, promptly following receipt thereof, the Buyer shall remit such amounts in their entirety to the bank account to be designated by Seller.

249

ARTICLE 3
EMPLOYEES

3.1 Transfer of Employees. All employees of the Seller engaged in the Business shall be transferred to the Buyer on the Closing Date.

ARTICLE 4
PRE-CLOSING COVENANTS

4.1 Pre-Closing Covenants. The parties hereto agree with the provisions of this Article 4 with respect to the period between the execution of this Agreement and the Closing Date.

4.2 General. Each of the parties hereto shall use its reasonable best efforts to take all actions and to do all things necessary, proper, or advisable in order to consummate and make effective the transactions contemplated by this Agreement.

4.3 Preservation of Business. The Seller shall cause the Business to keep its operations and properties substantially intact, including its present operations, physical facilities, working conditions, and relationships with lessors, licensors, suppliers, customers, and employees.

ARTICLE 5
CONDITION TO CLOSING

5.1 Governmental Approval. All approvals of the government (s) necessary for the performance of this Agreement shall have been obtained, and such approvals shall be in full force and effect on the Closing Date.

ARTICLE 6
CLOSING

6.1 <u>Closing</u>. The closing of the transactions contemplated in this Agreement (the "Closing") shall take place until the later of the Closing Date or the date upon which the Buyer's General Meeting of Shareholders authorizes the execution, delivery and performance of this Agreement in accordance with Article 7.1.

6.2 <u>Deliveries at the Closing</u>. At the Closing, each of the parties shall undertake as follows:
   (a) Delivery of such certificates and documents as are required under this Agreement;
   (b) Execution of all necessary agreements for transfer of the Acquired Assets from the Seller to the Buyer, and delivery of any documents necessary to legally effect such transfer, including, but not limited to, notices of assignment;
   (c) Execution of all necessary agreements for assumption of the Assumed Liabilities by the Buyer, and delivery of any documents necessary to legally effect such assumption, including, but not limited to, consents to assumption;
   (d) The Seller shall have obtained consents to assignment of the license, purchase, lease, sale, service and other agreements referred to in Article 1.2 (d) ; provided, that if the consent of any third party is required to effect the business transfer contemplated hereunder on or prior to the Closing Date, the Seller shall use its best efforts to obtain the same as soon as practical;
   (e) Payment by the Buyer to the Seller of the Purchase Price (plus applicable consumption tax) ; and
   (f) Delivery of all books of account and all other documents and records relating to the Business to enable the Buyer to carry on the same.

ARTICLE 7
Effective Date

7.1 General Meeting of Shareholders. This Agreement shall become effective after the General Meeting of Shareholders has duly authorized the execution, delivery and performance of this Agreement by the Buyer.

ARTICLE 8
GOVERNING LAW AND JURISDICTION

8.1 Governing Law. This Agreement shall be governed by and construed in all respects in accordance with the laws of Japan.

8.2 Jurisdiction and Venue. The parties agree that the exclusive place of jurisdiction for any action, suit or procedure relating to this Agreement shall be the Tokyo District Court. Each party irrevocably waives any objection it may have to the venue of such courts or the convenience of such forum.

IN WITNESS WHEREOF, the parties hereto have caused this Agreement to be executed by their duly authorized representatives as of the date first above written.

SELLER:

_____

_____
_____

BUYER:

(資料6) Asset Purchase Agreement

参考資料

(資料7) License Agreement（ライセンス契約書）

NONEXCLUSIVE LICENSE AGREEMENT

This Nonexclusive License Agreement（"Agreement"）entered into this __day of_____ by and between_____, a corporation organized and existing under the laws of Japan, having its principal office at_____, Japan（"LICENSOR"）, and_____ _____, a corporation organized and existing under the laws of Australia, having its principal office at_____, Australia（"LICENSEE"）,

WITNESSETH:

WHEREAS, LICENSOR is the owner of certain Patent Rights relating to _____; and

WHEREAS, LICENSEE desires to obtain from LICENSOR a nonexclusive license relating to said Patent Rights;

NOW, THEREFORE, it is agreed as follows:

ARTICLE 1: <u>Definitions:</u>

As used herein the following terms shall have the meanings indicated below:

(a)　"Patent Rights" means (a) Australia Letters Patent No._____, issued_____, _____ ("Patent"), and (b) any reissues, continuations-in-part and extensions of the foregoing now owned by LICENSOR or under which LICENSOR now has the right to grant licenses.

(b)　"Territory" means Australia and its territories.

254

(c) "Product" means any device, machine, or contrivance employing technology or know-how included in the Patent Rights.

(d) "Net Sales Price" means Licensee's sales price, less delivery charges, insurance charges, and government taxes, if included in such sales price

ARTICLE 2 : Grant of Nonexclusive License

Upon the terms, royalty payments, and conditions set forth herein, LICENSOR hereby grants LICENSEE a nonexclusive license within the Territory to use, manufacture, assemble, sell, and／or lease Product. LICENSEE shall not sublicense to any third party any of the rights received by it by virtue of this grant of a nonexclusive license.

ARTICLE 3 : Initial Payment and Royalties

(a) Upon execution of this Agreement, LICENSEE shall make an initial payment to LICENSOR of forty thousand (40,000) Australian dollars.

(b) LICENSEE shall pay to LICENSOR a royalty equal to thirty percent (30%) of the Net Sales Price of each Product sold to LICENSEE and not subsequently returned in accordance with the return policies of Licensor. Such royalties shall be calculated as of June 30 and December 31 each year and shall be payable in Australian dollars to the account designated by LICENSOR within 30 days of said dates.

ARTICLE 4 : Marking

LICENSEE agrees to affix to each Product a legible notice reading: "Licensed under one or more of the following Australian Patents," followed by a list that shall include "Australian Patent No._____" or as otherwise may be instructed by LICENSOR.

ARTICLE 5 : Usage and Design

The use, assembly, design, and manufacture of Product shall be the sole responsibility of LICENSEE. LICENSOR or its subsidiaries shall not be responsible to LICENSEE or any third party for direct, consequential, or any other sort of damages relating to the design, performance, or function of Product used, sold, and/or leased by LICENSEE. LICENSEE shall indemnify and hold harmless LICENSOR and its subsidiaries for all damages sustained by LICENSOR and its subsidiaries arising out of any claim or action relating to design, assembly, use, or performance of Product.

ARTICLE 6 : Right to Use Improvements

LICENSOR shall have the world-wide nonexclusive right to use, free of charge, any patentable alterations, additions, or improvements to Product made by LICENSEE.

ARTICLE 7 : Advertisement

LICENSEE shall make available to LICENSOR for its approval, which approval shall not be unreasonably withheld, copies of any of LICENSEE'S advertising materials which mention LICENSOR by name or refer to Product.

ARTICLE 8 : Warranty and Infringement

(a) LICENSOR warrants that it is an owner of the Patent and has a right to grant licenses relating to the Patent. LICENSOR disclaims all further warranties, of any nature whatsoever, whether express or implied, with respect to either the Patent or Patent Rights, including, without limitation, any claim or warranty that the Patent or Patent Rights do not or will not infringe the patent or other rights of any third party.

(b)　LICENSEE shall immediately notify LICENSOR in the event:

(1)　LICENSEE learns of any third party which is actually or probably infringing the Patent Rights; or

(2)　LICENSEE is either threatened or actually made a party to a lawsuit claiming infringement of patent rights based on use of Product.

ARTICLE 9 : Confidentiality

LICENSEE shall keep strictly confidential any and all nonpublic information relating to Product, the Patent Rights, or LICENSOR'S business which it may receive from LICENSOR in connection with this Agreement.

ARTICLE 10 : Non-assignability

Neither this Agreement nor any of the rights granted hereunder shall be assigned or transferred in any way whatsoever by LICENSEE without the express prior written consent of LICENSOR.

ARTICLE 11 : Term

(a)　Unless terminated as provided herein, this Agreement shall continue in force as long as LICENSOR has patented rights in Product.

(b)　Either party shall have the right to terminate this Agreement upon the occurrence of any of the following events:

(1) Failure of the other party to perform the duties and obligations incumbent upon it under this Agreement upon written notice to that effect to such other party and upon the failure of such other party to correct such failure within sixty (60) days after such written notice; or

(2) Insolvency or application of bankruptcy, civil rehabilitation or corporate reorganization procedures filed by or against the other party, or any similar event with respect to the other party.

(c) Expiration or termination of this Agreement for whatever reason shall not release LICENSEE from obligations to pay the royalties prescribed under Article 3.

ARTICLE 12 : Notices

(a) Any notice required or permitted to be given under this Agreement shall be in writing and delivered personally or either by registered or certified mail, return receipt requested, to the parties at the addresses herein above stated.

(b) In the event of a change of address, the party concerned shall advise the other party of such change in writing as herein specified.

ARTICLE 13 : Governing Law

This Agreement shall be governed and construed in accordance with the laws of Japan; provided, however, that all questions concerning the construction and effect of the Patent Rights shall be governed by the laws of Australia.

ARTICLE 14 : Language

The original language of this Agreement is English, which shall be controlling in all respects.

ARTICLE 15 : Jurisdiction

Any legal action commenced by LICENSOR relating to or arising out of this Agreement may only be brought in the courts of Australia; any legal action commenced by LICENSEE against LICENSOR or any of its subsidiaries or affiliates relating to or arising out of this Agreement may only be brought in the district court of Tokyo, Japan.

ARTICLE 16 : Entire Agreement

This Agreement represents the entire agreement between the parties with respect to the subject matters herein, and there are not any other terms or agreements between the parties not contained herein. This Agreement may be modified only by an instrument in writing signed by both parties.

IN WITNESS WHEREOF, the parties hereto have caused this Agreement to be executed by their duly authorized officers on the day and year first hereinabove written.

LICENSOR

By: _____
Its:

LICENSEE

By: _____
Its:

【事項索引】

〔英数字〕

AAA　69
ABTC　177
ADR　70
BIT　76
CIETAC　69
CISG　4, 41
EPA　108
ERISA　173
FATA　148
FCPA　145
FIU　148
FTA　127
GATS　109
GATT　125
GEF　181
HHI　117
ICC　4, 36, 69
ICN　108
ICSID　77
INCOTERMS　4, 10, 36
JCAA　69
JSE　69
LCIA　69
LOB条項　158
M&A　30, 115
MARフォーム証券　37
MRA　137
OECD　144
PE　33
RTA　127
SGフォーム証券　37
SPS協定　182
SSNIP　117
TBT協定　136
TRIMs　125
TRIPS　125
UCC　5
UNCITRAL　5
UNEP　181
WCO　135
WIPO　186
WTO　123
WTO協定　109, 123
3倍賠償　106, 131

〔あ行〕

アウトソーシング　196
アクト・オブ・ステート・ドクトリン
　75
アポスティーユ　82
アンチダンピング協定　129
アンチダンピング税　129
アンチダンピング措置　129
域外指定型相互承認　137
域外適用　104
一括適用免除規則　17, 19, 111, 114,
　190
移転価格税制　160
インフォーム要件　141
英米法　3

エクスロー口座　35
オーストラリア・グループ　138

〔か行〕

外国為替先物予約　52
外国関係会社　166
外国子会社配当益金不算入　153，157
外国主手続　99
外国税額控除　155
外国仲裁判断の承認・執行　8，94
外国倒産手続の承認援助手続　96，99
外国判決の承認・執行　7，89
外国法人　154
回転信用状　51
学生・教授免税条項　158
掛算方式　161
瑕疵担保責任　11
過小資本対策税制　25，163
仮定的独占者テスト　116
株式取得契約　33
株主間契約　21
川上、川下もしくは隣接市場の閉鎖性・排他性　116
為替リスク　52
環境社会配慮　55
関税同盟　127
関税評価協定　135
関税分類　135
関税率　135
間接外国税額控除　157
間接管轄　67，90，98，194
カントリーリスク　54
企業結合　22，113，115，189

疑似外国会社　153
基準認証制度　136
帰属主義　151
キャッチオール規制　139，140，193
協会貨物約款　37
協会ストライキ担保条約　37
協会戦争担保特約　37
競業避止義務　26，170
競争制限的協定　19，113，109
共同体規模　122
居住者　152，154
拒否権　29
緊急輸入制限　129
クラスアクション　106
クレーム　11，46
クロス・ファイリング　101
原価基準法　162
検査　11，46
原産地規則協定　136
原子力供給国グループ　138
建設PE　150
限度税率　159
厳密一致の原則　50
効果主義　104
公序則　63
構造的な措置　117
行動に関する措置　117
衡平と善　61
合弁契約　21，113
効率性　117
合理の原則　17，19，111
コール・オプション条項　26
子会社　149，153

国外関連者　160
国外支配株主等　164
国際裁判管轄　7，64，168，171，193，202
国際私法　7
国際出願制度　186
国際消尽　186
国際訴訟競合　84
国際仲裁における証拠収集に関するIBAルール　72
国際倒産管轄　96，98
国際並行倒産　96，100
国際礼譲　109
ココム管理　139
個別労働民事紛争　169
混合型企業結合　116
コンソーシアム契約　21
コンプライアンス　6

〔さ行〕

最恵国待遇　126
最後に発送した者が勝つ原則　44
最小限度の接触　65
再販売価格基準法　162
再輸出規制　143，193
在留資格制度　175
詐欺防止法　43
シェンゲン協定　176
事業（営業）譲渡　31
事業譲渡類似株式譲渡　33
資金供給者等　164
資産取得契約　34
市場アクセス　196

持続可能な開発　180
実質的支配関係　160
実質法　3
指定委任型相互承認　137
支店　149，151
支店PE　150
司法共助　78
私法統一国際協会　47
社会保障協定　172
従価税　135
従属法　6
主権免除の原則　74
守秘義務　170
需要者要件　141
準拠法　3，58，167，183，200
準物的管轄権　65
上級委員会　127
譲許　126
商業賄賂　147
証言録取　81
譲渡可能信用状　51
商標ライセンス契約　21
商品を供給しなければ発生しない費用　131
職務発明　185，194
書式の争い　10，44
書類取引の原則　50
人的管轄権　64
垂直型企業結合　116
垂直的制限行為　189
垂直的取引制限　109
水平型企業結合　115
水平的制限行為　189

水平的取引制限　109
数量制限　126
スタンドバイ信用状　49
制限的免除主義　74
性質決定　6
セーフ・ハーバー　117
セーフガード　129
セーフガード協定　133
セーフティ・ゾーン　113
絶対的強行法規　6, 61
専属的管轄合意　66
選択的セーフガード　134
総合主義　151
相互協議　159
相互の保証　69
相殺関税　133
属地主義　96
属地主義の原則　63
租税条約　4, 158

〔た行〕

ターム・シート　32
大陸法　3
代理店契約　14
代理店保護法　16, 20
代理人PE　150
大量破壊兵器キャッチオール規制　140
多角的貿易交渉　126
タグ・アロング・ライト条項　27
タックス・スペアリング　159
タックスヘイブン対策税制　153, 165
短期滞在者免税条項　176

ダンピング・マージン　130
チェック・ザ・ボックス規定　154
仲介貿易取引規制　140, 142, 193
駐在員事務所　149
仲裁機関　61, 71
仲裁規則　8, 61, 71
仲裁合意　8, 68, 72, 169, 203
仲裁地　8, 71
仲裁法　69
懲罰的損害賠償　92
帳簿および記録条項　146
通貨オプション　53
通貨先物取引　53
通貨スワップ　53
通常兵器キャッチオール規制　140
積替え規制　139, 142
定款　22, 30
ディスクレパンシー　50
手形支払書類渡し　49
手形引受書類渡し　49
手続法　7
デッドロック　29
デュー・デリジェンス　32
電子商取引　197
電子署名　198
倒産実体法　95
倒産手続開始国法　95
当然違法　111
同族株主グループ　166
特殊関係非居住者　166
独占禁止法（独禁法）　16, 104, 188
特定外国子会社等　165
独立価格比準法　162

独立企業間原則　151
独立抽象性の原則　50
ドラッグ・アロング・ライト条項　27
取引単位営業利益法　163

〔な行〕

内国法人　154
内国民待遇　126，196
荷為替信用状　12，49
ニューヨーク条約　4
能動的消費者　201

〔は行〕

ハーグ証拠条約　80
ハーグ送達条約　4，78
ハーグ認証不要条約　4，82
ハードコア制限　17，19，111，114，190
パートナーシップ　24
敗訴者負担　72
ハイブリッド・エンティティ　154
パネル　127
反贈賄条項　146
販売店契約　14
非永住者　155
非居住者　154
ビザ　174
ビザ免除措置　177
秘密保持契約　23
ファースト・オファー・ライト条項　27
ファースト・リフューザル・ライト条項　27

フォーミュラ交渉　126
フォーラム・ノン・コンヴィニエンス　87，109
物的管轄権　64
フランチャイズ契約　14
ブリュッセルⅠ規則　65，89
ブロッキング法　81
平均回避可能価格　131
並行輸入　19，186
貿易保険　49，54
法廷地　3
保護国法　6，63，184
保証責任　11
補助金協定　132
補助金相殺措置　129
ホッチポット・ルール　97
ホワイト国　141
本船の手すり　40

〔ま行〕

マネー・ロンダリング　148
ミサイル・テクノロジー・コントロール・リジーム　138
ミラーイメージ原則　44
民訴条約　4
明示保証責任　46
メモランダム・オブ・アンダースタンディング　23
免除対象外制限　17，19，112，192
黙示保証責任　11，46
問題解消措置　117

〔や行〕

優先権　186
ユニドロワ国際商事契約原則　45
用途要件　141
与信管理　54
予防原則　180

〔ら行〕

リーニエンシー・ポリシー　106
利益分割法　163
リクエスト・オファー交渉　197
リスト規制　139，140，193
リミテッド・パートナーシップ　24
リミテッド・ライアビリティー・カンパニー　24
リミテッド・ライアビリティー・パートナーシップ　24
レター・オブ・インテント　23
ローマⅠ規則　59
ローマⅡ規則　59
ロシアン・ルーレット条項　27
ロング・アーム法　65
ロンドン保険業者協会　37

〔わ行〕

ワッセナー・アレンジメント　138

【著者紹介】

牛嶋　龍之介（うしじま　りゅうのすけ）

〔略歴〕　1980年桐朋高等学校卒業、1984年早稲田大学法学部卒業、1990年弁護士登録（第二東京弁護士会）、1996年ニューヨーク大学ロースクール比較法学修士取得、1997年ニューヨーク州弁護士登録

〔役職等〕　日本弁護士連合会法制審議会国際私法（現代化関係）部会・国際裁判管轄制度部会バックアップ会議委員（2003年7月～2006年1月）、日本弁護士連合会国際裁判管轄規則の法令化に関する検討会議委員（2006年2月～現在）、日本弁護士連合会外国弁護士及び国際業務委員会副委員長（2011年6月～現在）

〔主要著書〕　「国際カルテル事件における外国購入者からの損害賠償請求訴訟と独禁法の域外適用」（自由と正義2010年5月号）、「Essentials of Merger Review」（共著、American Bar Association、2008年9月）、「マリーンホース国際カルテル事件における米国司法省及び英国公正取引庁の画期的な協力関係による取組み並びに日本における刑事的執行に関する批判的考察」（国際商事法務2008年3月号）、「法の適用に関する通則法の成立と日弁連」（共著、自由と正義2006年11月号）、「米国反トラスト法の域外適用～国際カルテル事件を中心として～」（国際商事法務2003年8月号）、『弁護士制度に関する海外調査報告書―MDPを中心として―』（共著、日本弁護士連合会2001年5月）等

三宅・山崎法律事務所
（外国法共同事業　金杜外国法事務弁護士事務所）
〒100-0014　東京都千代田区永田町1丁目11番28号
　　　　　　相互永田町ビル5階
TEL：03-3580-5931　FAX：03-3580-5400
URL：http://www.mylaw.co.jp/

入門　国際取引の法務

平成23年 8 月25日　第 1 刷発行

　　　　　　　　　　　　　　　　定価　本体2,600円（税別）

著　者　牛嶋　龍之介
発　行　株式会社　民事法研究会
印　刷　大日本印刷株式会社

発行所　株式会社　民事法研究会
　　　　〒150-0013　東京都渋谷区恵比寿3-7-16
　　　　〔営業〕TEL 03(5798)7257　FAX 03(5798)7258
　　　　〔編集〕TEL 03(5798)7277　FAX 03(5798)7278
　　　　　　http://www.minjiho.com/　　info@minjiho.com

落丁・乱丁本はおとりかえします。ISBN978-4-89628-707-3　C2032　¥2600E
カバーデザイン　袴田峯男

▶すべての問題に迅速・的確に対処できる実践的手引書！

事業再編シリーズ❸

事業譲渡の理論・実務と書式〔第2版〕

―労働問題、会計・税務、登記・担保実務まで―

編集代表　今中利昭　　編集　山形康郎・赫　高規・竹内陽一・
丸尾拓養・内藤　卓

Ａ5判・304頁・定価　2,940円（税込、本体2,800円）

本書の特色と狙い

- ▶第2版では、企業結合に関するガイドライン等の改定・策定に対応させるとともに、最新の判例・実務の動向を織り込んで大幅に改訂増補！
- ▶経営戦略として事業譲渡を利用・活用しようとする経営者の立場に立った判断資料としての活用とともに、企画立案された後の実行を担う担当者が具体的事例における手続確定作業に役立つよう著された関係者必携の書！
- ▶手続の流れに沿って理論・実務を一体として詳解するとともに、適宜の箇所に必要な書式を収録しているので極めて至便！
- ▶事業譲渡手続を進めるにあたって必須となる、労働者の地位の保護に関わる労働問題や会計・税務問題、登記および担保実務まで周辺の諸関連知識・手続もすべて収録！
- ▶企業の経営者や企画・法務・税務担当者、弁護士、司法書士、公認会計士、税理士等の法律実務家にとっても必備の書！「会社分割」「会社合併」に続くシリーズの第3弾！

本書の主要内容

- 第1章　事業譲渡の意義と法的諸問題
- 第2章　組織再編手法の1つとしての事業譲渡選択のポイント
- 第3章　事業譲渡の類型別による法律と実務
- 第4章　事業譲渡の瑕疵と紛争
- 第5章　事業譲渡・譲受けの会計処理
- 第6章　事業譲渡・譲受けの税務
- 第7章　労務分野における事業譲渡の諸問題
- 第8章　事業譲渡の登記・担保実務

発行　民事法研究会

〒150-0013 東京都渋谷区恵比寿 3-7-16
（営業）TEL.03-5798-7257　FAX.03-5798-7258
http://www.minjiho.com/　info@minjiho.com

■難解な実務対応について懇切・丁寧に解説した待望の書!■

詳解 国際租税法の理論と実務

Ａ５判・517頁・定価 4,725円（税込 本体4,500円）　　志賀 櫻 著

▷▷▷▷▷▷▷▷▷▷▷▷▷▷▷　本書の特色と狙い　◁◁◁◁◁◁◁◁◁◁◁◁◁◁◁

▶国際租税法の第一人者である著者が、クロスボーダー取引が日常化している今日の状況下における最新の理論と実務の指針を明示した待望の書！

▶自国の租税法規および相手国の租税法規並びに両国間の租税条約を法源とし、さらにはOECDモデル租税条約とそのコメンタリーを法源とする極めて難解な法領域について、歴史的な検証を踏まえて懇切・丁寧に解説！

▶加えて、特殊国際租税法的な「暗黙知」の領域の解明をすることによって、さらに具体的・実践的に理解を促進！

▶弁護士・公認会計士・税理士をはじめ企業で国際取引にかかわるビジネスマンおよび研究者など、およそ国際租税の問題を取り扱う方々の必備書！

　　　　　　　　　　　　本書の主要内容

第１章　国際租税法序説
第２章　国内法
第３章　租税条約
第４章　租税条約と国内法―公法の牴触―
第５章　移転価格税制
第６章　タックス・ヘイブン対策税制
第７章　過少資本税制
第８章　クロスボーダーの金融取引課税
第９章　グローバライゼーション、IT化、共通番号制度と国際租税
[重要事項解説]
〈１〉最高裁における近時の重要な判決
　　　〜OECDモデル租税条約の裁判規範性〜
〈２〉多様な事業体の問題
〈３〉国際私法
〈４〉OECD租税委員会
〈５〉ｅ-コマースとサービスＰＥ
〈６〉「利得のＰＥへの帰属」報告書
〈７〉トリーティ・ショッピングとLOB条項等
〈８〉租税情報交換協定（TIEA）
〈９〉移転価格税制の問題点
〈10〉移転価格税制の諸概念
〈11〉クロスボーダーの金融取引とその障害としての源泉課税
〈12〉スウェーデンの国民ID

発行　民事法研究会

〒150-0013　東京都渋谷区恵比寿3-7-16
（営業）TEL. 03-5798-7257　FAX. 03-5798-7258
http://www.minjiho.com/　info@minjiho.com

▶基本知識から就業規則の改訂文例まで！

人事・法務担当者のための
メンタルヘルス対策の手引

髙井・岡芹法律事務所　所長弁護士　岡芹　健夫　著

Ａ５判・208頁・定価　1,890円（税込、本体1,800円）

● 全国社会保険労務士会連合会最高顧問　社会保険労務士　大槻　哲也　先生　推薦 ●

本書の特色と狙い

▶弁護士として10数年を経た著者の経験を中心に、メンタルヘルスにかかわる具体例、相談例をもとに、Ｑ＆Ａ形式で、メンタルヘルス対策のための企業側の基本的な方針を提示！

▶メンタルヘルスの基本的な知識から、社内体制のつくり方・中小企業の場合の考え方・会社でメンタルヘルス担当者となった場合の対応の仕方・管理職の対応の仕方など、会社全体でのメンタルヘルス対策の実施方法を、わかりやすく丁寧に教示！

▶採用時におけるメンタルヘルス問題への対応、突然メンタルヘルスの不調を訴える社員への対応、診断書を受け取ったときの留意点、休業・復職を繰り返す社員への対応、リハビリ出社・リハビリ出勤など、法令・通達や裁判例を踏まえ実務的・実践的なアドバイスが満載！

▶メンタルヘルスの不調者への対応は、就業規則上の根拠をもって行うことがトラブル防止に有効！　時代に合った就業規則の改訂文例やそれに基づく休職発令書などの文書例も示す！

本書の主要内容

第１章　メンタルヘルスの実情と法律（５問）
第２章　採用時に留意すべきポイント（３問）
第３章　メンタルヘルスに対する常日頃の体制づくり
　Ⅰ　会社全体の体制づくり（３問）
　Ⅱ　担当者・管理職の職務（２問）
第４章　メンタルヘルスの不調者の発見と発見時の対応（８問）
第５章　休職とその期間中の対応
　Ⅰ　休職まで（５問）
　Ⅱ　休職中の対応（４問）
第６章　休職から復職または退職へ（９問）
第７章　復職に際しての留意点等
　Ⅰ　リハビリ出社・リハビリ出勤（２問）
　Ⅱ　復職後の留意点（３問）
　Ⅲ　復職後の再発（２問）
第８章　精神障害が業務上疾病である場合（３問）
第９章　就業規則の改訂文例
　私傷病休職制度の適用関係／メンタルヘルスの不調が疑われる者への受診命令／出勤停止等の措置／私傷病休職命令の要件／私傷病休職からの復帰の判断／リハビリ出社・リハビリ出勤に関する定め／復職後の欠勤に対する対応（休職期間の通算規定）／その他

発行　**民事法研究会**

〒150-0013　東京都渋谷区恵比寿3-7-16
（営業）TEL. 03-5798-7257　　FAX. 03-5798-7258
http://www.minjiho.com/　　info@minjiho.com